語言服務書系·出土文獻研究

華南師範大學文學院
國家語言文字推廣基地（華南師範大學）　　主　辦

出土文獻語言研究

第四輯

張玉金　主　編
劉　晶　副主編

暨南大學出版社
JINAN UNIVERSITY PRESS

中国·广州

圖書在版編目（CIP）數據

出土文獻語言研究．第四輯/張玉金主編；劉晶副主編．—廣州：暨南大學出版社，2022.12

（語言服務書系．出土文獻研究）

ISBN 978 - 7 - 5668 - 3593 - 2

Ⅰ.①出…　Ⅱ.①張…②劉…　Ⅲ.①出土文物—文獻—語言學—研究—中國

Ⅳ.①H109.2②K877.04

中國版本圖書館 CIP 數據核字（2022）第 244075 號

出土文獻語言研究（第四輯）
CHUTU WENXIAN YUYAN YANJIU（DI-SI JI）
主　編：張玉金　副主編：劉　晶

出 版 人：張晉升
策劃編輯：杜小陸　黃志波
責任編輯：黃志波
責任校對：孫劭賢　林玉翠　陳慧妍　黃子聰　黃曉佳
責任印製：周一丹　鄭玉婷

出版發行：暨南大學出版社（511443）
電　　話：總編室（8620）37332601
　　　　　營銷部（8620）37332680　37332681　37332682　37332683
傳　　真：（8620）37332660（辦公室）　37332684（營銷部）
網　　址：http：//www.jnupress.com
排　　版：廣州良弓廣告有限公司
印　　刷：廣州市友盛彩印有限公司
開　　本：850mm×1168mm　1/16
印　　張：14.75
字　　數：330 千
版　　次：2022 年 12 月第 1 版
印　　次：2022 年 12 月第 1 次
定　　價：59.80 圓

（暨大版圖書如有印裝質量問題，請與出版社總編室聯繫調換）

前　言

　　出土文獻語言研究具有特別重要的學術價值，這是由出土文獻本身的學術價值決定的。

　　所謂出土文獻，是指出土文物上的文字資料，如甲骨文、金文、簡牘文字、帛書、玉石文字、貨幣文字、璽印文字、封泥文字、陶文等。出土文獻可以大致分為兩類：一類是檔案，即文書；另一類是典籍，即古書。前者如包山楚簡中的《集箸》《集箸言》《受期》《疋獄》等編，雲夢睡虎地和龍崗出土的秦代法律文書；後者如郭店楚簡中的《老子》、上博楚簡中的《周易》等。

　　出土文獻對於漢語史、古代漢語的研究具有特別重要的價值。

　　首先，出土文獻時代地域明確。

　　研究漢語史和古代漢語，首先要弄清楚漢語發展史中特定時代、特定地域的語言面貌，所以要求所使用的語料的時代地域都明確。不少傳世古書的年代和地域存在疑問，學術界爭議很大，使用這樣的語料難以達到研究的目的。

　　討論出土文獻的時代問題時，會涉及三個時間，即文獻的形成年代（文獻是在甚麼時代寫成的）、抄寫年代（該文獻是在甚麼時代抄寫的）、墓葬年代（文獻是在甚麼時代埋入墓葬的）。在這三者當中，最為明確的是墓葬年代，這是該種文獻的時代下限。就文書類出土文獻而言，其形成年代、抄寫年代、墓葬年代都比較接近，有些甚至是同時的，如遣冊類文獻（隨葬品清單）。而古書類出土文獻的時代問題則較為複雜，這種文獻的形成年代、抄寫年代、墓葬年代往往相隔較遠，也就是說其形成年代往往早於抄寫年代，而抄寫年代往往早於墓葬年代。但是，由於這種文獻的墓葬年代明確，所以確定這種文獻的時代也不太難。即以楚簡《老子》為例，它的墓葬年代是戰國中期偏晚，這是時代下限。而《老子》一書不太可能為老聃所親著，而應為老聃的弟子或再傳弟子所編成，其形成時代很可能在戰國早期。這樣楚簡《老子》從形成年代到墓葬年代有一百幾十年的時間。在這段時間裏，《老子》有可能被改動，但是改動的人只能是戰國早期到中期偏晚的人，而不會是此後的人，這樣就不會有戰國中期偏晚以後語言要素的攙入。

　　討論出土文獻的地域問題時，也會涉及三個地域，即出土地域（墓葬所在的地域）、作者地域（某種文獻作者所屬的地域）、流傳地域（文獻曾流傳過的地域）。在這三者當中，最為明確的是出土地域。文書類出土文獻的地域問題不太複雜，其作者地域、流傳地域、出土地域往往是一致的。有些文獻寫成後沒有經過流傳即進入墓葬，如遣冊類文獻；有些文獻在進入墓葬之前可能經過流傳，但不會超出一國的範圍。古書類出土文獻的地域問題比較複雜。有些文獻的出土地域和作者地域可能是一致的，如楚簡《老子》是從楚墓中出土的，老子是楚人，他的弟子、再傳弟子可能多數也是楚國人。有些文獻的出土地域和作者地域就可能不一致。如楚簡《緇衣》是從楚墓中出土的，但其作者很可能是魯國人，是從魯國流傳到楚國的。再如睡虎地秦簡《日書》是從秦墓中出土的，但其作者可能是楚人。從楚國流傳到秦國後，可能還被改造了。

其次，出土文獻保持語言原貌。

研究漢語史和古代漢語，要求所使用的語料保持語言原貌，不能有錯誤，不能有後代語言現象的攙入。傳世文獻如《尚書》《詩經》《左傳》《墨子》等，經過長期流傳、反復傳抄、屢經校勘、多次刊刻，難免失真。而出土文獻長期被掩埋在地下，未經流傳，能夠真實地保留當時語言的面貌，具有珍貴的語料價值。我們拿楚簡《老子》和今本《老子》（用的是王弼本，即王弼的《老子道德經注》）進行比較，來看看傳世《老子》在流傳過程中的失真情況。這裏僅比較兩個本子中的一小部分文字：

皋（罪）莫重虍（乎）甚欲，咎莫僉（憯）虍（乎）谷（欲）得，化（禍）莫大虍（乎）不智（知）足。（楚簡甲本《老子》）

禍莫大於不知足，咎莫大於欲得。（王弼本《老子》）

今本脫掉"皋（罪）莫重虍（乎）甚欲"一句，而且後兩句還顛倒了次序，先說"禍"句，後說"咎"句。楚簡本用"虍（乎）"，今本用"於"；楚簡本用"僉（憯）"，今本用"大"。

可見，與傳世文獻《老子》相比，楚簡《老子》更接近其原貌。

最後，出土文獻對於古代漢語各學科的研究都有重要的價值。

第一，用出土文獻能夠糾正《說文解字》中的一些錯誤，從而能對文字的形義作出正確的解釋。例如"王"字，《說文解字》的解釋是：字從三橫畫，代表天道、地道、人道，中間一豎代表通達，能夠通達天道、地道、人道的，就是王。但是這種解釋是錯誤的。"王"字本像鋒刃向下的斧鉞形，而斧鉞是王者權威的象徵。出土文獻的發現和研究還推動了文字學理論研究的發展，如文字起源理論、漢字結構理論、漢字字體發展理論的研究都有新的進展。

第二，出土文獻能夠解決音韻學研究中的疑難問題，推動漢語音韻學的發展。例如以"去"為聲符的字，有兩種並不相近的讀音：一是屬於魚部，如"呿""袪"等字；二是屬於葉部，如"劫""怯"等字。這是為甚麼呢？原來是小篆把兩個讀音不同的字混在一起了。一個是從大從口，會意字，表示張大嘴，是"呿"的初文，也就是離去的"去"；另一個是像器蓋和器身之形，"盍"的上部即是如此，這個字應該讀為"盍"。出土文獻為音韻學的研究提供了新的材料，專家們利用出土文獻研究古音，取得了很多重要成果，如研究了東冬的分合、宵談的對轉等。未來音韻學要想取得更大的發展，利用出土文獻是途徑之一。

　　第三，出土文獻能夠糾正《說文解字》對於本義解釋的錯誤，為某些詞的本義提供例證，能夠幫助人們正確區別古代同義詞。例如"庶"字，《說文解字》的解釋是"屋下眾"，但是從古文字來看，此字是從石從火，本義是煮。在上古時代，陶器出現以前，人們以火燒熱石頭烙烤食物，或者以熱石投於盛水的器中煮熟食物，"庶"字正是這種生活方式的反映。又如"自"字，《說文解字》認為其本義是"鼻子"，但是並沒有舉出例證來。不過這種例證在甲骨文中比較常見，甲骨文中有"疾自"一語，正是說鼻子有病。再如"追"和"逐"是一對同義詞，這兩個詞的區別如何，原來並不是很清楚。但是根據對甲骨文的研究，發現這兩個字的區別是很明顯的，即追人為"追"，追動物為"逐"。通過對出土文獻中詞彙的深入研究，能夠推動古漢語詞彙學的大發展。

　　第四，出土文獻對於古漢語語法學的研究意義更為重大。如果沒有甲骨文，對殷商時代的語法根本就無法進行研究。而運用甲骨文，我們可以描繪出殷商時代語法的基本面貌。如我們現在知道殷商時代的賓語前置句有三大類：第一類是否定句中的代詞賓語前置，所涉及的否定詞是"不""勿"，其代詞是"我""余""爾"。第二類是"唯＋賓＋動"式和"惠＋賓＋動"式的賓語前置句。"惠＋賓＋動"式不見於古文獻，"唯＋賓＋動"式只在《尚書》等古文獻中偶爾見到。第三類是名詞賓語可以直接放在動詞前，但要符合兩個條件：一是要與"惠＋賓＋動"式句構成對貞，二是在名詞賓語前要出現否定副詞"弜"。

　　總之，出土文獻時代地域明確、保持語言原貌，對於文字學、音韻學、詞彙學、語法學等學科的研究都有特別重要的科學意義，因而應該重視對這種語料的整理和運用，並將其用於語言研究。

　　《出土文獻語言研究》是由張玉金主編的學術集刊。第一輯出版於 2006 年，是由廣東高等教育出版社出版的，編委都是當時在職的華南師範大學教授。第二輯出版於 2015 年，開始由暨南大學出版社出版，編委則約請國內外在出土文獻語言研究方面卓有成就的著名專家擔任。第三輯出版於 2020 年，仍由暨南大學出版社出版。

　　《出土文獻語言研究》原為不定期出版物，自 2022 年起改為定期出版物，仍由暨南大學出版社出版。2022 年下半年出版第四輯，連續出版。

　　能夠把不定期出版物改為定期出版物，得益於華南師範大學文學院院長段吉方教授的大力支持，他十分重視、支持教師的學術研究。

　　本學術集刊旨在為國內外出土文獻語言學界提供一個具有較高水準的學術交流平臺，主要發表原創性的出土文獻語言研究方面的學術論文，也適量發表原創性的古文字考釋和古漢語研究方面的學術論文，不發表已經在其他刊物上發表過的學術論文，敬請學界朋友們賜稿。

張玉金

2022 年 11 月

目　錄

前　言 …………………………………………………………………………… 001

出土文獻語言研究綜論

張玉金　出土文獻語言歷時研究的理論與方法 ……………………………… 001

葉玉英　21 世紀以來利用古文字資料研究漢語上古音的回顧與展望 ……… 020

殷商西周甲骨金文及其語言研究

陳光宇　兆辭"二告"與龜菁並用 …………………………………………… 040

鄭繼娥　商代甲骨文金文中"用"的對比研究 ……………………………… 052

秦曉華　異文與商周金文中句子成分的省略 ………………………………… 062

趙　偉　釋殷墟卜辭中的偏正結構"某刊（禦）" ………………………… 071

劉書芬　耿雯雯　眔、字和兔的形義關係 ………………………………… 083

喬盼峰　《甲骨文合集》札記 ………………………………………………… 098

出土春秋戰國文獻及其語言研究

張富海　安大簡《詩經》補釋一則 …………………………………………… 106

許俊煒　從非楚文字特徵看安大簡《詩經》的流傳 ……………………… 114

吳　鵬　安大簡《卷耳》"維以永懷""維以永傷"訓釋淺議 …………… 128

朱學斌　戰國文字飾符"口"隸定的誤導搭配 …………………………… 135

王　涵　上博八《李頌》"丨"字釋讀補說 ……………………………… 152

出土秦漢文獻及其語言研究

吳辛丑　談馬王堆漢墓竹簡遣冊中代詞"其"的一種特殊用法 ………… 160

吳秋珏　讀《嶽麓書院藏秦簡》（叁）札記 …………………………… 169

出土文獻與傳世文獻研究

龐光華 《詩經》諧音藝術新考 …………………………………………………… 176

胡 偉 西漢文獻的關係動詞及句法研究 ……………………………………… 190

尹世英 "其"在《左傳》中的調查與辨析 ………………………………… 199

周 翔 說"交交"及相關字 ……………………………………………………… 211

劉 晶 琴曲《霹靂引》解題中的數術內容考 ………………………………… 218

出土文獻語言歷時研究的理論與方法[*]

張玉金

提　要　出土文獻語言歷時演變研究，是漢語史研究的一個重要組成部分。其使用的語料是出土文獻，由於所使用的語料的特殊性，這種研究有其自身的特點。本文探討了出土文獻語言歷時演變研究的特殊性及其理論與方法。

關鍵詞　出土文獻　歷時演變　理論與方法

2020 年，筆者在《文獻語言學》第十輯上發表了《關於出土文獻語言的斷代描寫研究》一文，本文在此基礎上，探討出土文獻語言歷時研究的理論與方法問題。

一、歷時研究的基礎

歷時研究要在斷代描寫研究的基礎之上進行。

（一）漢語歷時研究

漢語史的研究要在斷代描寫研究的基礎之上進行。一般是先進行上古漢語、中古漢語、近代漢語、現代漢語的斷代描寫研究，然後再進行歷時考察。例如：

向熹的《簡明漢語史》（1993）的篇章結構如下：

上　編　漢語語音史

第一章　上古漢語語音系統

第二章　上古到中古漢語語音系統的發展

第三章　從中古到近代漢語語音系統的發展

中　編　漢語詞彙史

第一章　上古漢語詞彙的發展

第二章　中古漢語詞彙的發展

第三章　近代漢語詞彙的發展

下　編　漢語語法史

　＊　本文是"古文字與中華文明傳承發展工程"規劃項目"出土文獻學科建設與中國古典學的當代轉型"（項目編號：GZ607）的階段性研究成果。

　　第一章　上古漢語語法的發展

　　第二章　中古漢語語法的發展

　　第三章　近代漢語語法的發展

　　結　論

　　梁銀峰的《漢語動補結構的產生與演變》（2006）主要有以下七章：

　　第一章　緒論

　　第二章　泛動補結構形態——先秦（含秦）

　　第三章　動補結構的醞釀期——兩漢

　　第四章　動補結構的萌芽期——魏晉南北朝

　　第五章　動補結構的普遍運用期——隋至宋金

　　第六章　動補結構的成熟期——元明清

　　第七章　結束語

　　張延俊的《漢語被動式歷時研究》（2010）主要有以下七章：

　　第一章　導言

　　第二章　漢語被動式的特點、類型及用途

　　第三章　遠古漢語被動式

　　第四章　上古漢語被動式

　　第五章　中古漢語被動式

　　第六章　近古漢語被動式

　　第七章　漢語被動式形成與發展的原因、機制和規律

　　徐志林的《漢語雙賓句式的歷史發展及相關問題研究》（2013）的上編主要有以下五章：

　　第一章　上古漢語

　　第二章　中古漢語

　　第三章　近代漢語

　　第四章　現代漢語

　　第五章　總結

　　上面幾部著作的篇章結構反映出歷時研究要在斷代描寫研究的基礎之上進行，只有一段段的狀況搞清楚了，才能進行發展演變研究。

(二) 上古漢語歷時研究

如果要研究上古漢語發展史，可把上古時期分為殷商（253 年）、西周（275 年）、春秋（294 年）、戰國秦代（269 年）、西漢（231 年）五個時段，先利用出土上古文獻分別描寫各個時段的語言系統，在把各個時段的語言系統描寫出來之後，再用"史"的綫索把它們串聯起來，考察從殷商至西漢時代語法系統的演變，並探討其演變的原因及規律。

下面是兩部歷時研究著作的篇章結構：

姚振武的《上古漢語語法史》（2015）共分十六章：

第一章　名詞和動詞的發展
第二章　形容詞的發展
第三章　數詞、稱數法與量詞的發展
第四章　代詞的發展
第五章　副詞的發展
第六章　介詞的發展
第七章　連詞的發展
第八章　結構助詞的發展
第九章　語助詞的發展
第十章　語氣詞的發展
第十一章　構詞法的發展
第十二章　主謂結構的發展
第十三章　動詞與受支配成分關係的發展
第十四章　定中關係的發展
第十五章　處置式的產生與發展
第十六章　"動結式"的產生與發展

張玉金的《出土先秦文獻虛詞發展研究》（2016）共分六章：

第一章　出土先秦文獻介詞的發展
第二章　出土先秦文獻連詞的發展
第三章　出土先秦文獻助詞的發展
第四章　出土先秦文獻語氣詞的發展
第五章　出土先秦文獻兼詞的發展
第六章　出土先秦文獻虛詞發展綜論

這兩個歷時研究成果都是在分時段研究的基礎上進行的。

（三）上古時代的各個時段

對於上古時代可以分為如下一些時段，每個時段可以再分為一些時期：

（1）殷商時段：殷墟甲骨文的時代可以分為殷商早期、殷商中期、殷商晚期。

（2）西周時段：西周金文的時代可以分為西周早期、西周中期、西周晚期。

（3）春秋時段：春秋金文的時代可以分為春秋早期、春秋中期、春秋晚期。

（4）戰國秦代時段：出土戰國文獻的時代可以分為戰國早期、戰國中期、戰國晚期、秦代。

（5）西漢時段：出土西漢文獻的時代可以分為西漢早期、西漢中期、西漢晚期。

研究上古漢語史應該先把各個時段的狀況描寫清楚，再探究上古漢語的發展史。

二、歷時研究的語料

（一）出土文獻的語料價值

筆者（2017）在《出土文獻的語料價值》一文中，談到出土文獻對於漢語史、古代漢語的研究具有特別重要的價值：

首先，出土文獻時代、地域明確。研究漢語史和古代漢語，首先要弄清楚漢語發展史中特定時代、特定地域的語言面貌，所以要求所使用的語料時代和地域明確。不少傳世古書的年代和地域存在疑問，學術界爭議很大，使用這樣的語料難以達到研究的目的。

其次，出土文獻保持語言原貌。研究漢語史和古代漢語，要求所使用的語料保持語言原貌，不能有錯誤，不能有後代語言現象的摻入。傳世文獻如《尚書》《詩經》《左傳》《墨子》等，經過長期流傳、反復傳抄、屢經校勘、多次刊刻，難免失真。而出土文獻長期被掩埋在地下，未經流傳，能夠真實地保留當時語言的面貌，具有珍貴的語料價值。

我們拿楚簡《老子》和今本《老子》（用的是王弼本，即王弼的《老子道德經注》）作比較，來看看傳世《老子》在流傳過程中的失真情況。僅比較兩個本子中的部分文字：

> 江沺（海）所以為百浴（谷）王，以其能為百浴（谷）下，是以能為百浴（谷）王。聖人之才（在）民前也，以身後之；其才（在）民上也，以言下之。其才（在）民上也，民弗厚也；其才（在）民前也，民弗害也。天下樂進而弗詀（厭）。以其不靜（爭）也，古（故）天下莫能與之靜（爭）。辠（罪）莫重慮（乎）甚欲，咎莫憯（憯）慮（乎）谷（欲）得，化（禍）莫大慮（乎）不智（知）足。智（知）足之為足，此亘（恒）足矣。（楚簡甲本《老子》）

> 江海所以能為百谷王者，以其善下之，故能為百谷王。是以欲上民，必以言下之；欲先民也，必以身後之。是以聖人處上而民不重，處前而民不害。是以天

下樂進而不厭。以其不爭，故天下莫能與之爭。禍莫大於不知足，咎莫大於欲得。故知足之足，常足矣。（王弼本《老子》）

第一句（每句以句號為界，下同）：江海（海）所以為百浴（谷）王，以其能為百浴（谷）下，是以能為百浴（谷）王。今本在"為百谷王"前加"能"，在其後加"者"，把"能為百浴（谷）下"改為"善下之"，把"是以"改為"故"。

第二句：聖人之才（在）民前也，以身後之；其才（在）民上也，以言下之。楚簡甲本先說"前""後"，後說"上""下"。今本則相反，先說"上""下"，後說"先""後"（把"前"改為"先"）。今本又在句子前加了"是以"。

第三句：其才（在）民上也，民弗厚也；其才（在）民前也，民弗害也。楚簡甲本說"民弗厚"，今本說"民不重"；楚簡甲本說"民弗害"，今本說"民不害"。

第四句：天下樂進而弗詁（厭）。今本在"天下"前加"是以"，而且把"弗"改為"不"。

第五句：以其不靜（爭）也，古（故）天下莫能與之靜（爭）。今本"不爭"下脫"也"字。

第六句：皋（罪）莫重虖（乎）甚欲，咎莫僭（憯）虖（乎）谷（欲）得，化（禍）莫大虖（乎）不智（知）足。今本脫掉"皋（罪）莫重虖（乎）甚欲"一句，而且後兩句還顛倒了次序，先說"禍"句，後說"咎"句。楚簡甲本用"虖（乎）"，今本用"於"；楚簡本用"僭（憯）"，今本用"大"。

第七句：智（知）足之為足，此亙（恒）足矣。今本"知足"前加"故"，"知足之"後脫"為"，後一小句前今本脫"此"字，又把"恒"改為"常"。

可見，與傳世文獻《老子》相比，郭店楚簡《老子》更接近其原貌。

（二）以出土文獻為基本資料，以傳世文獻為旁證

研究漢語史要注重"二重證據法"，將"地下之新材料"和"紙上之材料"結合起來。

1. 同時資料和後時資料

日本漢學家太田辰夫先生（1987）提出了"同時資料"和"後時資料"兩個概念，前者大致相當於出土文獻，後者大體相當於傳世文獻。他說：

　　所謂"同時資料"，指的是某種資料的內容和它的外形（即文字）是同一時期產生的。甲骨、金石、木簡等，還有作者的手稿是這一類……所謂"後時資料"，基本上是指資料的外形的產生比內容的產生晚的那些東西，即經過轉寫轉刊的資料……中國的資料幾乎大都是後時資料，它們特別成為語言研究的障礙。根據常識來說，應該是以同時資料為基本資料，以後時資料為旁證，但沒有同時資料的時代就只有根據例子的多寡和其時代前後的狀況如何來推測，這樣還得不出明確的結論。①

　　太田辰夫首先提出了"同時資料"和"後時資料"這兩個概念，並且提出了一個非常重要的觀點，即研究漢語史時，要以"同時資料"為基本資料，以"後時資料"為旁證，這兩個概念和觀點對於漢語史研究意義重大。

2. "出土文獻"並不都是"同時資料"

黃德寬先生（2017）在《漢語史研究要避免落入新材料的陷阱》一文中指出：

　　　　語料的選擇是漢語史研究的基礎和前提……

　　　　在近出一些漢語史研究論著中，有些學者認為戰國秦漢簡帛等出土資料大體上相當於"同時資料"，並基於這種認識來討論上古漢語史的有關問題。其實，這種認識是不準確的，許多出土文獻應屬於太田辰夫所說的"後時資料"。從戰國秦漢簡帛書籍形成的角度看，受材料的限制，當時的書籍形態與後世並不一樣，大多數書籍本來是分篇單行的，當彙集單篇成書時，各篇編次先後和內容多寡會出現差異；從流傳的過程來看，這些文獻大都經歷過複雜的傳抄過程，有的甚至經過口傳轉寫，不同時期的傳抄者對文本進行增刪改造時有發生。因此，新發現的戰國秦漢簡帛資料並不能簡單地等同於"同時資料"。只有墓主人下葬時的遣策以及那些未經傳抄的應用性文書等，才可能是較為明確的"同時資料"，如戰國包山楚墓遣策、文書、卜筮禱祠記錄等。新發現的戰國秦漢古書文獻類材料，一般都經過傳抄甚至口傳，只能是地下出土的"後時資料"，如郭店簡、上博簡、清華簡以及馬王堆漢墓帛書和銀雀山漢墓竹簡等古籍文獻，大都是典型的"後時資料"。

　　　　對這些出土文獻的形成和性質，有的學者未作深入分析，以簡帛抄寫時間作為語料的時代，如將上博簡、清華簡作為戰國中期或中—晚期的材料。實際上，清華簡中《尚書》類文獻形成的時代顯然在西周時期。秦漢時期的簡帛文獻資料中，有許多應該早於墓葬和抄寫的年代，作為語料使用時對其時代的判斷也要做具體分析。如銀雀山漢墓出土了《孫子兵法》《孫臏兵法》《晏子》《六韜》《尉繚子》《守法守令等十三篇》等文獻，由於出土這批簡的漢墓下葬時間在武帝初年，這些文獻抄寫年代基本可以確定在文、景到武帝初年。雖然這些文獻成書年代難以確定，但它們大多形成於戰國時代則是可以肯定的。在運用這些出土文獻材料時，有的研究者將銀雀山"全部簡文都看做秦漢時期的語言材料"，根據這一認識，進而得出"秦漢時期漢語書面語與口語是非常接近的"這樣重要的結論。雖然不能排除銀雀山漢墓文獻在流傳和傳抄過程中受到秦漢時期語言發展的某些影響，但是將銀雀山漢簡直接作為秦漢時期的語料，並依此得出一些關於秦漢時

---

① 太田辰夫著，蔣紹愚、徐昌華譯：《中國語歷史文法》，北京：北京大學出版社1987年版。

期漢語特點和發展的結論，顯然是難以令人置信的。[1]

黃先生提出了一個重要觀點，即"出土文獻"並不都是"同時資料"，而且大致指出哪些是同時資料，哪些是後時資料，還批評了一些學者把一些出土古書都視為"同時資料"的錯誤做法，這是十分重要的。

（三）上古漢語發展研究所使用的語料

如果要研究上古漢語虛詞的發展，可先利用出土上古文獻分別描寫各個時段的虛詞系統，然後再用"史"的綫索把它們串聯起來。

第一，描寫殷商時段虛詞系統時使用的出土文獻有殷墟甲骨文、殷代金文。

關於《尚書》裏的《商書》（湯誓、盤庚、高宗肜日、西伯戡黎、微子），一些學者認為描寫商代語言，要使用這種語料。這是不可信的，這種語料已經不能反映當時語言的真實面貌。

第二，描寫西周時段虛詞系統時使用的出土文獻有西周金文、西周甲骨文。

可參照的資料有上博楚簡《周易》、馬王堆帛書《周易》、阜陽漢簡《周易》、清華竹簡《尚書》、阜陽漢簡《詩經》（雅頌）、安大簡《詩經》（雅頌）等。

用來進行比較的傳世文獻有《易經》（卦爻辭）、《詩經》（雅頌）、《尚書》（14篇）、《逸周書》（9篇）等。

《周禮》是否形成於西周的文獻，尚待研究。

第三，描寫春秋時段虛詞系統時使用的出土文獻有春秋金文、侯馬盟書、溫縣盟書、石鼓文、秦公大墓石磬文字。

可參照的資料有阜陽漢簡《詩經》（國風）、安大簡《詩經》（國風）、武威漢簡《儀禮》、馬王堆帛書《易傳》。

用來進行比較的傳世文獻有《春秋》、《詩經》（國風）、《尚書》（2篇）、《易傳》、《儀禮》、《穆天子傳》等。

《老子》《孫子》《論語》《左傳》《國語》是否為春秋文獻，尚待研究。

第四，描寫戰國秦代虛詞系統時使用的出土文獻有戰國秦代金文、戰國秦代簡牘文字（包括信陽楚簡、五里牌楚簡、仰天湖楚簡、楊家灣楚簡、望山楚簡、九店楚簡、包山楚簡、郭店楚簡、上博楚簡、新蔡楚簡、香港中大楚簡、清華楚簡、睡虎地秦簡、睡虎地秦牘、青川秦牘、放馬灘秦簡、嶽山秦牘、龍崗秦簡、周家臺秦簡、里耶秦簡、北大秦簡、曾侯乙墓竹簡等）、戰國帛書（有長沙子彈庫戰國楚帛書等）、戰國秦代玉石文字（包括秦駰玉版銘、行氣玉銘、玉璜箴銘、守丘石刻、詛楚文、岣嶁碑、嶧山刻石）。

可參照的資料有郭店楚簡《老子》、北大漢簡《老子》、馬王堆帛書《老子》、定州漢簡《論語》、馬王堆帛書《春秋事語》和《戰國縱橫家書》、馬王堆帛書醫書（如五十二病

---

[1]　黃德寬：《漢語史研究要避免落入新材料的陷阱》，《文匯報》，2017年2月3日（W06版）。

方、足臂十一脈灸經、陰陽十一脈灸經、導引圖等）、銀雀山漢簡《孫子兵法》和《孫臏兵法》等。

用來進行比較的傳世文獻有《老子》《孫子兵法》《左傳》《國語》《論語》《墨子》《戰國策》《莊子》《韓非》《孟子》《荀子》《呂氏春秋》《禮記》《大戴禮記》《公羊傳》《穀梁傳》《司馬法》《吳子》《商君書》《尉繚子》《六韜》《竹書紀年》，以及李斯文、全秦文等。

第五，描寫西漢時段虛詞系統時使用的出土文獻有尹灣漢墓簡牘、隨州孔家坡漢墓簡牘、張家山漢簡、居延漢簡、額濟納漢簡、敦煌漢簡、銀雀山漢簡（前兩種全部採用，後五種部分採用）等。

用來進行比較的傳世文獻有《新書》《新語》《淮南子》《春秋繁露》《史記》《鹽鐵論》《新序》《說苑》《列女傳》等。

要收集齊到目前為止發表的所有出土上古文獻，從文字考釋、詞語訓釋、語句通釋、思想內容、時代性和地域性等方面概述前人和時賢對這些文獻的研究成果，並形成自己的見解。

三、歷時研究的課題

（一）分段描述各個時段的狀況

如果要研究上古漢語虛詞發展史，可把上古時代分成殷商、西周、春秋、戰國秦代、西漢五個時段；以出土上古文獻為語料，用統一的理論框架描寫每個時段的虛詞系統，弄清楚每個時段到底有多少個虛詞，每個虛詞的詞性、意義、用法及地域性如何，該怎樣歸類等；對所遇到的疑難或有爭議的問題進行專題研究。

（二）描述發展的具體狀況

如可以研究出土先秦文獻介詞的歷時演變。

介詞是一個系統，其中還包括一些子系統，如主事介詞、客事介詞、與事介詞、憑事介詞、境事介詞、因事介詞、關事介詞、比事介詞等。

但是這些子系統並不是一開始就都有的，而是逐漸發展、成熟起來的。就殷墟甲骨文來說，當時還沒有憑事介詞、因事介詞、比事介詞等。這些子系統是從西周時代開始逐漸發展起來的。

早期即使有某個子系統，也不太發達，其中包括的介詞也比較少。比如殷商時代客事介詞只有一個"于"，到了戰國時代，則增加了"以""自""到"三個。

就出土文獻來看，"於（于，乎）""以"等介詞的出現和使用時代是不同的。如表1所示：

表 1　介詞的出現和使用時代

虛詞	時代			
	殷商	西周	春秋	戰國秦代
於（于，乎）	○	○	○	○
以		○	○	○
用		○	○	○
如				○
與				○
及	○	○	○	○
眔	○	○		
為				○
因				○
自	○	○	○	○
從	○	○	○	○
由	○	○	○	○
道				○
至	○	○	○	○
到				○
迺				○
晉		○		
哉	○			
卯	○			
向				○
在	○	○	○	
當				○
方				○
即	○			
先	○			
後	○			
盡				○
終	○	○	○	○
至於	○	○	○	○
以至				○
以就				○
自從				○

注：上表中的“○”代表有這樣的用例，空白表示沒有見到這樣的用例。

同一個介詞有不同的寫法，這些寫法也有其時代性。如從現有的出土先秦文獻來看，

"于"始見於殷商時代，而"於"始見於春秋時代，"乎"始見於戰國時代。"于"由多到少，戰國時代最少見；"於"由少到多，到了戰國時代最常見；"乎"始終不多見，它主要用於句末疑問語氣詞。

同一個介詞在不同的時代雖然都可以見到，但其使用頻率卻可以是不同的，也就是有常用和不常用之別。如介詞"用"在西周時代已經產生，當時已經有工具介詞、材料介詞和因事介詞等用法，比較常用。到了戰國時代，介詞"用"仍有這些用法，此外還發展出依據介詞和時間介詞等用法。不過在戰國時代，由於介詞"以"已經被廣泛使用了，介詞"用"就不常用了。

不但介詞有時代性，介詞的用法也具有時代性。一個介詞往往有多種用法，但是這些不同的用法往往不是在同一時代產生的，而是在不同時代逐漸發展出來的。

如"在"的處所/位事介詞用法和時間介詞用法從殷商時代起到戰國秦代都存在，而範圍介詞用法只見於戰國秦代。

又如介詞"由"始見於殷商時代，當時只有時間介詞的用法。到了戰國秦代，介詞"由"則出現了施事介詞、方位介詞、範圍介詞、原因介詞等用法，只是都不太常用。

再如"以"在西周時代已經語法化為介詞，這個介詞已經有工具介詞、憑據介詞、原因介詞、共事介詞和客事介詞等用法。到了春秋時代，已經可以見到材料介詞的用法。到了戰國時代，西周時代介詞"以"的各種用法得以繼承，同時又發展出當事介詞、方式介詞、時間介詞等用法。

一個介詞可以有多種用法，這些不同用法之間是可以梳理出演變源流關係來的。這就是說，一個介詞內部的各種用法也構成一個系統，各個成員之間是有聯繫的。以介詞"以"為例，它的本義是提挈、攜帶，由此義引申為拿、用的意義。

這種意義的"以"首先虛化為工具介詞"以"。這種工具介詞"以"的意義也是"拿""用"。動詞"以"同時虛化為材料介詞，材料介詞"以"也是"拿、用"的意思。

方式介詞、依據介詞顯然是由工具介詞、材料介詞進一步虛化而來的。由後者向前者發展的動因，主要在於介詞"以"引進內容的變化：工具介詞、材料介詞"以"一般是引進表示具體有形事物的名詞語，而方式介詞、依據介詞"以"一般引進的是抽象名詞，這個抽象名詞用以表示完成動作行為所採取的方法、形式所依據的標準、前提或基礎。

原因介詞"以"應源自依據介詞"以"。這兩種"以"常常不易分辨，說明兩者有極為密切的關係。

受事介詞"以"源自工具介詞。

出土戰國文獻中的"以"還有用作當事介詞的，這種"以"可能源自受事介詞"以"，因為受事、當事都是動詞後的配價成分。當然，這種用法的"以"也可能是受"於"類化而產生的。

共事介詞"以"是由率領義的動詞"以"虛化而來的。率領義的動詞"以"在殷商時代已很常見，後來直接虛化為共事介詞"以"。

　　時間介詞"以"的情況複雜一點。解惠全等（1987）認為是源自"憑藉"義的介詞"以"，而周守晉（2004）則認為是源自工具介詞。由於時間介詞"以"常常可譯為"用"，因而周守晉（2004）說可能更好一些。最初"以＋表日名詞"就是用這個日子幹甚麼的意思。但是不少時間介詞"以"已經不能譯為"用"，而可以譯為"在""到"或"從"。這種變化可以視為時間介詞"以"意義的泛化（語法意義的泛化），也可以認為是時間介詞"以"受到了時間介詞"於"的類化。這兩個詞既然都可以引進時間詞語，那麼時間介詞"以"也可以跟"於"一樣有"在、到、從"的意義。

　　介詞"以"的語義功能源流可用圖1表示：

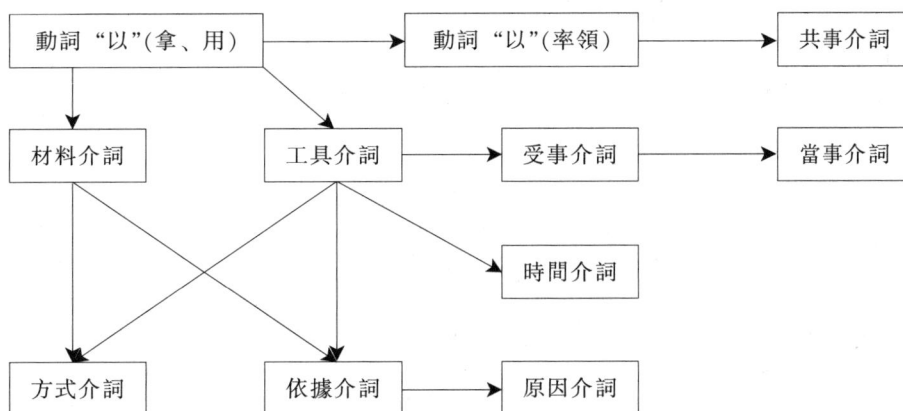

圖1　介詞"以"的語義功能源流

　　當事介詞、時間介詞的發展，可能受到介詞"於"的類化。

　　"於"由"往、到"義的動詞虛化為意義為"到"的位事/處所介詞，這是一個語法化的過程。作動詞時，"於"的賓語都是處所詞語，虛化為位事/處所介詞後亦然。

　　意義為"到"的位事/處所介詞"於"本來是終點介詞，後來其語法意義泛化，不但作終點介詞，也用作所在介詞和起點介詞。

　　"於"由"在、到、從"義的處所介詞變為有"在、到、從"義的時間介詞，這是由於隱喻的作用，由表空間義轉為表時間義。

　　"於"的對象介詞、客事介詞、與事介詞和比事介詞等的用法，都應該是由意義為"到"的位事/處所介詞發展而來的，因為"往、到"義跟"對、向、跟、給"義是相通的：往某個地方去其實就是向着/對着某個方向。

　　主事介詞"於"應源自位事/處所介詞"於"。

　　處所介詞"於"是"在、到、從"的意思。由此義逐漸抽象化和泛化，引申為"在……中/裏""從……中"，這樣就變成了範圍介詞；由處所介詞的意義引申為"在……方面"，就變成了方面介詞。

　　因事介詞、憑事介詞等用法其實都是源自範圍介詞。先看下引兩例：①"余必使爾罷於奔命以死。"（《左傳·成公七年》）②"於諸侯之約，大王當王關中，關中民咸知之。"

（《史記·淮陰侯列傳》）前引例①中的"於"，何樂士（2006）認為可譯為"由於"；例②中的"於"，何樂士（2006）認為可譯為"根據"。其實，這兩個"於"原來都是"在……中"的意思，只是由於"於"的賓語和前面動詞的特定語義關係，我們可以像何樂士（2006）那樣翻譯罷了。又如"辱於老夫"中的"於"，我們分析為原因介詞，但也可以看成範圍或處所介詞，意思是"從……這裏"。

我們認為介詞"於"語義功能的發展應如圖2所示：

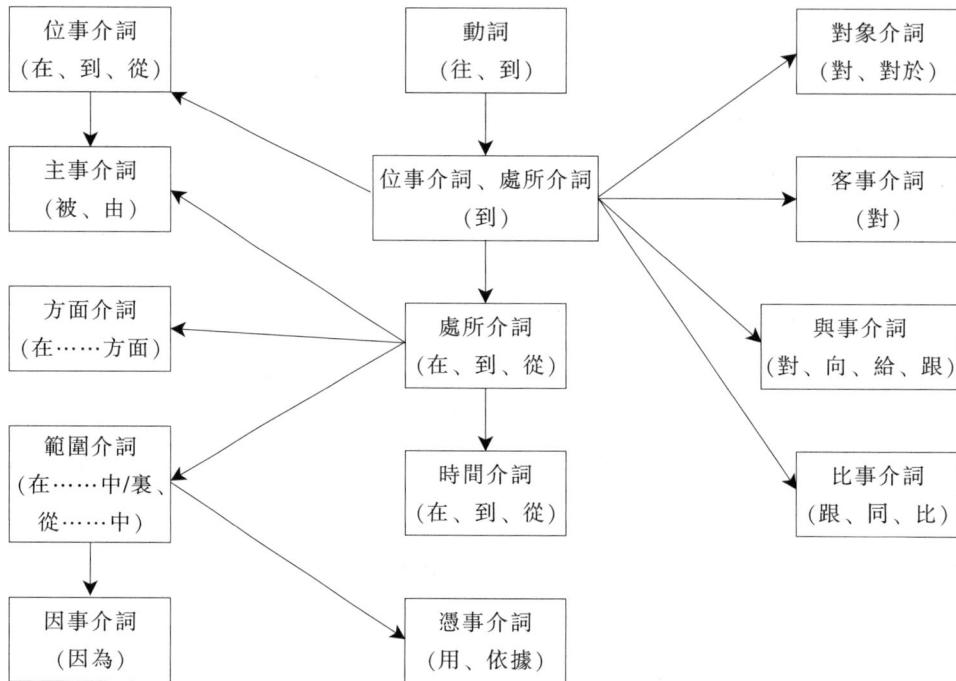

圖2　介詞"於"語義功能的發展

介詞用法的發展是有規律性的。如"於（于）"是由位事/處所介詞發展出時間介詞，同時又發展出範圍介詞。不但"於（于）"如此，"在""即""當""自""從"等都是如此。

又如原因介詞"于""於"來源於表示處所起點的介詞"于""於"；同樣，原因介詞"由"也是源自表示起點的處所方位介詞"由"。

兩個詞意義相同相近，所由虛化的具體句法環境相類，其用法的演變就可能是相同的。如"以"和"用"意義相同，兩者用法的發展也類似。動詞"用"首先虛化為工具介詞和材料介詞，再由工具介詞和材料介詞虛化為依據介詞，由依據介詞再進一步虛化為原因介詞；還由工具介詞發展出時間介詞的用法。這跟"以"是一致的。

（三）探討其發展的源頭

如可以研究出土先秦文獻介詞的起源。

以往的觀點是，介詞主要是由動詞語法化/虛化而來的，這種觀點大抵是正確的。例如"在""當""由""從""至""以""用""與""及""為""眾""先"等介詞，都是源自動詞的。

介詞 "于" 亦然。關於介詞 "于" 的來源，過去主要有三種不同的看法。第一，認為是由 "往" 義的動詞 "于" 虛化而來的。持此說的有郭錫良（1997、2005）、王鴻濱（2004）、梅祖麟（2004）、蒲立本（2006）等。第二，認為介詞 "于" "於" "乎" 來源於上古的泛聲。持此說的是趙仲邑（1964）。他看到了上古漢語介詞 "于" "於" "乎" 跟 "以" "與" "為" 有很大不同，認為可以根據來源把上古漢語的介詞分為兩個不同的系統，即來源於泛聲的介詞和來源於動詞的介詞。第三，認為介詞 "于" 來源於遠古漢語的格助詞。持此說的是時兵（2003）。他認為原始漢語的語法基本格局與古藏語大體相同，都是 SOV 型語言，沒有前置介詞，而使用格助詞標識體詞性成分在句子中的地位以及與其他成分的關係。"于" 的真正來源是遠古漢語的格助詞，它的語法功能與古藏語向格助詞 la 大致相當。

筆者贊同第一種說法，因為在甲骨文中 "于" 有動詞用法，而且不少見。例如："壬寅卜：王于商？"（《合集》33124）"貞：使人于岳？｜貞：勿使人于岳？"（《合集》5520）"貞：令畄白于敦？"（《英藏》1977）"貞：呼去伯于冥？｜貞：呼去伯于冥？"（《合集》635）

應注意的是，並不是所有介詞都源自動詞，例如介詞 "方" 應是源自副詞 "方"。

複音介詞的來源就更複雜一些：介詞 "至於" 的源頭應是動詞 "至" + 介詞 "於"；介詞 "以至" 的源頭應是連詞 "以" + 動詞 "至"；介詞 "以就" 的源頭應是連詞 "以" + 動詞 "就"；介詞 "自從" 的源頭應是介詞 "自" 和 "從" 的並列。

我們不但要知道介詞絕大多數是源於動詞的，還要進一步研究介詞是從動詞的哪個義項發展而來的。如關於介詞 "與" 的來源，周生亞（1989）曾指出，"與" 原來是一個意義為給予的動詞，由此虛化為虛詞。虛詞 "與" 產生的路線應為動詞→介詞→連詞。于江（1996）也認為虛詞 "與" 來源於 "給予" 義的動詞。這種動詞後面通常帶上動作的對象，後來逐漸虛化，成為表示 "為、替、和" 等意義的介詞、連詞。

而筆者認為，介詞 "與" 確實是來源於動詞 "與"，但並不是來源於 "給予" 義的動詞，而是來源於 "跟隨" "在一起" 義的動詞。這種意義的動詞 "與" 在古漢語中是存在的，例如："桓公知天下諸侯多與己也，故又大施忠焉。"（《國語・齊語》）"日月逝矣，歲不我與。"（《論語・陽貨》）王力等（2000）認為，前例中的 "與" 為 "跟隨" "親附" 義，後例中的 "與" 為 "在一起" 的意思。

考察漢語介詞時應注意對其源頭的探究，因為一個介詞的源頭在一定程度上決定了這個介詞在語法功能和語法意義上的特點。

比如介詞 "與" 所由虛化的具體語法環境為 "NP₁ + 與 + NP₂ + VP" 這樣的連動式，"NP₁" 和 "NP₂" 一般是表人名詞語。所以 "與" 字介賓短語（不管介詞 "與" 的賓語是否省略）都出現在謂詞語前作狀語，沒有例外。

介詞 "方" 是源自副詞 "方" 的，所以介詞 "方" 的賓語最初都是動詞語，後來它才可以用名詞語為賓語。

　　介詞往往是由動詞的某一義項發展而來的，這一義項一般就是介詞後來語法化的語義基礎和起點。如動詞“以”的本義是提挈、攜帶，由此義引申為拿、用的意義。這種意義的“以”首先虛化為工具介詞“以”。這種工具介詞“以”的意義也是“拿”“用”，用甚麼工具做甚麼事，也就是拿着這個工具。意義是“拿”“用”的動詞“以”同時虛化為材料介詞，材料介詞“以”也是“拿”“用”的意思，用甚麼材料做甚麼，也就是拿着這個材料。介詞“以”的其他用法，大都是在工具介詞、材料介詞的基礎上發展出來的。

（四）研究發展的機制

　　如可以解釋動詞虛化為介詞的機制。

　　動詞虛化為介詞的基本前提是它經常出現在某種句法結構的位置上。一個動詞如果經常出現在“□＋O＋VP”或“VP＋□＋O”中“□”的位置上，就可能語法化為介詞。

　　例如介詞“在”所由虛化的具體句法環境應是“在＋處所詞語＋VP”和“VP＋在＋處所詞語”；“當”所由虛化的具體句法環境應該是“當＋NP＋VP”；“由”“從”所由虛化的具體句法環境是“由/從＋O＋VP”；“以”所由虛化的具體句法環境是“以”作前一個動詞的連謂結構；“與”所由虛化的具體語法環境應為“NP$_1$＋與＋NP$_2$＋VP”這樣的連動式；動詞“及”虛化為介詞“及”的句法結構位置應是“及”和它的賓語出現在“VP”之前；介詞“于”是由連動式“V$_1$V$_2$O”中的“V$_2$”變來的。

　　我們知道，漢語句子結構信息的安排，一般是舊信息或已知信息在前面，新信息或焦點在後面。這樣漢語連動式中第一個動詞所表示的往往是舊信息或已知信息，其本身是表示伴隨意義的，後一個動詞才是句子的中心。由於第一個動詞經常作為非中心動詞來用，它的意義開始變弱和虛化，逐漸失去動詞的性質，變成一個只起介引作用的介詞。處於連動式後一動詞位置上的某些動詞，由於語音的弱化、詞義的抽象化，也有可能虛化為介詞。

　　句法位置的變化是前提，而要實現這種虛化還需要動詞詞義的變化。一個動詞經常表示伴隨動作，就會引起動詞詞義的弱化、泛化和虛化。

　　以“用”為例，當它作動詞的時候，其後賓語所表示的事物往往是具體的事物，例如：“於以用之？公侯之事。”（《詩經·召南·采蘩》）“然則一羽之不舉，為不用力焉；輿薪之不見，為不用明焉。”（《孟子·梁惠王上》）

　　但當它向介詞虛化時，後面賓語所表示的就可以是抽象事物了。例如：“伯賜賞，用作寶簋。”（《生史簋銘》，《集成》7·4100）“賜貝百朋，伯姜對揚天子休，用作寶尊彝。”（《伯姜鼎銘》，《集成》5·2791）“若敬乃正，勿法（廢）朕令，盂用對王休，用作祖南公寶鼎。”（《大盂鼎銘》，《集成》5·2837）

　　語法化後的介詞所帶的賓語比作為動詞所帶的賓語在意義類型上多樣化了。以“用”為例，它首先由動詞虛化為工具介詞和材料介詞，再由工具介詞和材料介詞虛化為依據介詞，由依據介詞再進一步虛化為原因介詞，還由工具介詞發展出時間介詞的用法。

　　在由動詞向介詞語法化的過程中，漢語中早已存在“P＋NP＋VP”和“VP＋P＋NP”

這樣的句式，成了虛化的類推源動力。句法位置的變化和固定，動詞詞義的弱化、泛化和虛化，這些變化在類推源動力的作用下得以強化，人們需要對它所在結構重新進行分析。"V + O + VP" 和 "VP + V + O" 被分析為 "P + NP + VP" 和 "VP + P + NP" 這樣的結構，從而完成了由動詞向介詞的轉變。

（五）研究發展的原因與規律

如可以研究先秦文獻介詞發展的原因和規律。

介詞由殷商時代到戰國秦代的發展，是有多方面原因的。

首先是時代因素。從殷商到戰國秦代，歷時較長，語言必然會有變化，因為語言是一種歷史現象。前面已經說過，出土先秦文獻中介詞的歷時演變是多方面的，如詞本身的、使用頻率的、書寫形式的、用法的等。

其次是地域因素。這主要表現在出土戰國文獻中的介詞上。如有些介詞只出現在秦簡之中，有些介詞只出現在楚簡裏；介詞的書寫形式也有地域性，介詞框架也具有地域性。

再次是思維因素。隨着社會的發展，人們的思維逐漸精密。思維的精密化要求語言能更精確地表達人們的思想。相應地，要求句子結構更加複雜和多變。而這正是介詞發展的重要動因。句子越複雜，核心動詞跟相關句法語義成分的關係越多樣，動詞對一些句法語義成分的控制就越弱，這樣為了明確一些句法語義成分跟核心動詞的關係，就要使用介詞來介引。

最後是語言因素。語言中存在大量的動詞，當它們具備一定的條件時，就會向介詞進行轉化。介詞轉化出來後，就有一個跟動詞競爭的問題。競爭的結果可能是動詞完全失去了動詞的意義和功能，成為一個地道的介詞；也可能是動詞與介詞長期共存，形成動介兼類詞。

前面說過，由動詞向介詞的語法化是有規律性的。如兩個詞意義相同相近，其用法的演變就可能是相同的。這樣就會形成一些同義介詞，這些同義介詞之間也會有競爭，最終有勝利者，也有失敗者。如介詞 "以" 和 "用" 競爭的結果是 "以" 取得勝利。

出土先秦文獻介詞發展的規律可以概括為以下幾點：

第一，出土先秦文獻中的介詞一般都是由動詞虛化而來的。不但上古漢語中的介詞如此，近代漢語和現代漢語中的介詞多數也是由動詞虛化而來的。現代漢語各方言中的介詞絕大多數也都是從動詞虛化而來的，許多介詞都有同形的動詞用法。這是漢語介詞來源的一般規律。當然也有個別例外，如介詞 "方" 是由副詞發展而來的。如前所述，複音介詞的來源更複雜一些。

第二，從殷商時代到戰國秦代，漢語介詞的數量越來越多。由表 1 來看，在殷商時代有介詞 "於（于、乎）" "及" "眔" "自" "從" "由" "至" "戠" "邲" "在" "即" "先" "後" "終" "至於" 等，到了西周、春秋時代又增加了 "以" "用" "晉" 等，到了戰國秦代又增加了 "如" "與" "為" "因" "道" "到" "遝" "向" "當" "方" "盡" "以至" "以就" "自從" 等。

　　第三，介詞所介引的語義成分的類型越來越豐富。就虛詞的子系統來說，殷商時代還沒有介引憑事、因事、比事的介詞，後來介引這些語義成分的介詞就逐漸產生了。

　　就一個具體介詞而言，其所介引的語義成分也是越來越豐富的，如介詞"及"在殷商時代主要用作條件介詞；在西周時代，介詞"及"主要用作共事介詞；到了戰國時代，介詞"及"的用法多樣化了，可以作共事介詞、時間介詞、對象介詞、方面介詞、條件介詞等。這樣一來，介詞就可以介引多種句法成分和語義成分，使漢語句子的句法語義結構更加嚴密、細緻和複雜。

　　第四，同義介詞越來越多。殷商時代同義介詞還不多，到了戰國秦代則明顯增多。如共事介詞不僅有"於（于、乎）"，還有"與""及""以"；當事介詞不僅有"於（于、乎）"，還有"為""以""以就"；原因介詞有"以""用""為""因""由"；依據介詞有"以""用""因"等。這些同義介詞之間存在細微的差別，可以用來精細地表達人們的思想，這也是語言走向精密化的一種表現。

　　第五，介詞框架已開始出現。隨着方位詞的發展，以介詞為前置詞而以方位詞為後置詞的介詞框架在先秦時代已經出現，並且有了較快的發展。如出土戰國文獻中的"以上""以下""以西""以東""以南""以北""以來""以逾"等方位詞，可以跟介詞構成如下介詞框架："自……以上""自……以下""自……以西""從……以南""從……以北""自……以來"等，表達特定的句法語義關係。

　　不同的介詞也可以構成一些介詞框架，這種例子在甲骨文中已經可以見到，如"自……至於……"。到後來這種介詞框架就更為複雜多樣，如戰國時代有"自……以至……""從……以至……""自……以就……"等，這些框架在其他時代的文獻中是見不到的。

　　第六，在介詞發展過程中體現出比較明顯的新陳代謝規律。如共事介詞在殷商和西周時代主要用"眔"，但是到了春秋戰國時代它就基本消亡了，代之而起經常使用的是介詞"與"。西周時代的原因介詞主要是"用"，但到了戰國時代，原因介詞主要是"以"，介詞"用"很少使用了。即使是書寫形式，也體現出新陳代謝的規律，如介詞"於（于、乎）"，最初用"于"，後來用"於"。

（六）研究其因地而異的狀況

　　如可以研究出土先秦文獻介詞的地域性。

　　從出土戰國文獻來看，有些介詞只出現在秦簡中，有些介詞只出現在楚簡裏。只出現在秦簡中的介詞如"到""遝""道"等，只出現在楚簡裏的介詞如"因""由"等。而介詞"與"在秦簡、楚簡中都常見，在中山國金文中也可以見到，但在曾簡中一次也見不到。這是由於介詞"與"沒機會出現，還是由於當地人不用介詞"與"呢？這是值得以後研究的問題。

　　介詞的書寫形式也有地域性。如"乎"這種寫法只有客事介詞、與事介詞、關事介詞和比事介詞四種用法，而且它只出現在楚簡之中。

介詞框架也具有地域性。如"主語＋之＋在＋處所名詞＋也"或"其＋在＋處所名詞＋（也）"這樣的框架，只見於曾國金文裏。例如："妥賓之在楚也為坪皇，其在申也為遲（夷）則。"（《曾侯乙鐘銘》，《集成》2·327）"大（太）族（簇）之在周也為刺（厲）音，其在晉也為槃鐘。"（《曾侯乙鐘銘》，《集成》2·322）"宣鐘之在晉也為六墉。"（《曾侯乙鐘銘》，《集成》2·293）"穆音之在楚為穆鐘，其在周為刺（厲）音。"（《曾侯乙鐘銘》，《集成》2·738）

又如"當……（也）"這種框架，只見於楚簡之中。例如："竺（當）是時也，厩（瘠）役（疫）不至，祆（妖）羕（祥）不行。"（《上博楚簡二·容成氏》）"古（故）竺（當）是昔（時）也，亡並▨"（《上博楚簡二·容成氏》）"竺（當）是昔（時），弜（強）溺（弱）不絅（辭）諹（揚）。"（《上博楚簡二·容成氏》）

四、歷時研究的理論和方法

第一，普方古結合的方法。把普通話、方言語法和古漢語結合起來進行研究，相互啓發，相互促進。

第二，漢語史研究的多重證據法。這是董志翹先生在《漢語史研究與多重證據法》（2020）一文中提出來的，主要有四點：一是傳世文獻及出土文獻與國外之故書的相互印證；二是傳世文獻與出土的無文字考古材料的相互印證；三是傳世文獻及出土文獻與田野調查、方言材料的相互印證；四是傳世文獻及出土文獻與相關異域語料的相互印證。

第三，適合歷史研究的語言學理論。石毓智的《語法化的動因與機制》（2006）提出，適合歷史研究的語言學理論有語法化理論、認知語言學、話語分析、語用學、語言類型學、結構主義語言學等。

第四，歷史語法學理論。可以參看屈承熹的《歷史語法學理論與漢語歷史語法》（1993）。

參考文獻

［1］陳夢家：《殷墟卜辭綜述》，北京：科學出版社1956年版。

［2］陳昭容：《關於"甲骨文被動式"研究的檢討》，臺灣師範大學國文學系、"中央研究院"歷史語言研究所編：《甲骨文發現一百周年學術研討會論文集》，臺北：文史哲出版社1998年版。

［3］董蓮池：《甲骨文中的于字被動式探索》，《古籍整理研究學刊》1998年第4、5期。

［4］董志翹：《漢語史研究與多重證據法》，華學誠主編：《文獻語言學》（第十輯），北京：中華書局2020年版。

［5］古文字詁林編纂委員會編纂：《古文字詁林》（第一冊），上海：上海教育出版社1999年版。

［6］何樂士：《專書語法研究的幾點體會》，《古漢語語法研究論文集》，北京：商務印書館2000年版。

［7］黄德寬：《漢語史研究要避免落入新材料的陷阱》，《文匯報》，2017 年 2 月 3 日（W06 版）。

［8］梁銀峰：《漢語動補結構的產生與演變》，上海：學林出版社 2006 年版。

［9］陸儉明：《八十年代中國語法研究》，北京：商務印書館 1993 年版。

［10］裘錫圭：《談談古文字資料對古漢語研究的重要性》，《中國語文》1979 年第 6 期。

［11］屈承熹著，朱文俊譯：《歷史語法學理論與漢語歷史語法》，北京：北京語言學院出版社 1993 年版。

［12］沈培：《關於殷墟甲骨文中所謂“于字式”被動句》，北京大學中國古文獻研究中心編：《北京大學中國古典文獻研究中心集刊》（2），北京：北京燕山出版社 2001 年版。

［13］石毓智：《語法化的動因與機制》，北京：北京大學出版社 2006 年版。

［14］太田辰夫著，蔣紹愚、徐昌華譯：《中國語歷史文法》，北京：北京大學出版社 1987 年版。

［15］唐鈺明、周錫䪖：《論上古漢語被動式的起源》，《學術研究》1985 年第 5 期。

［16］向熹：《簡明漢語史》，北京：高等教育出版社 1993 年版。

［17］徐志林：《漢語雙賓句式的歷史發展及相關問題研究》，北京：中國文史出版社 2013 年版。

［18］姚振武：《上古漢語語法史》，上海：上海古籍出版社 2015 年版。

［19］于省吾主編：《甲骨文字詁林》（第一冊），北京：中華書局 1996 年版。

［20］張斌主編：《現代漢語描寫語法》，北京：商務印書館 2010 年版。

［21］張顯成：《簡帛文獻學通論》，北京：中華書局 2004 年版。

［22］張延俊：《漢語被動式歷時研究》，北京：中國社會科學出版社 2010 年版。

［23］張玉金：《甲骨卜辭中“唯”和“惠”的研究》，《古漢語研究》1988 年第 1 期。

［24］張玉金：《甲骨文虛詞詞典》，北京：中華書局 1994 年版。

［25］張玉金：《甲骨卜辭語法研究》，廣州：廣東高等教育出版社 2002 年版。

［26］張玉金：《關於殷墟甲骨文中有無被動句式的問題》，《殷都學刊》2006 年第 3 期。

［27］張玉金：《出土戰國文獻中的虛詞“及”》，《古漢語研究》2010 年第 4 期。

［28］張玉金：《出土戰國文獻中虛詞“與”和“及”的區別》，《語文研究》2012 年第 1 期。

［29］張玉金：《出土戰國文獻中“不”和“弗”的區別》，《中國語文》2014 年第 3 期。又收入《語言文字學》（人大複印資料）2014 年第 9 期。

［30］張玉金：《出土先秦文獻虛詞發展研究》，廣州：暨南大學出版社 2016 年版。

［31］張玉金：《出土文獻的語料價值》，《文匯報》，2017 年 2 月 3 日（W05 版）。

［32］趙誠編著：《甲骨文簡明詞典》，北京：中華書局 1988 年版。

The Theories and Methods of Diachronic Study of the Language of Unearthed Texts

Zhang Yujin

Abstract：The study of the diachronic evolution of the language of unearthed texts is an important part of the study of Chinese language history. This kind of study hasits own characteristics because unearthed texts which are used as the linguistic datain this study have their particularity. This paper discusses the particularity, theories and methods of the study of the diachronic evolution of the language of unearthed texts.

Key words：unearthed texts, diachronic evolution, theories and methods

（華南師範大學文學院）

21 世紀以來利用古文字資料研究
漢語上古音的回顧與展望*

葉玉英

提　要　本文對 21 世紀以來利用古文字資料的漢語上古音研究進行了回顧與展望，從五個方面回顧了 21 世紀以來利用古文字資料的漢語上古音研究，分別是音系構擬、上古聲母或韻母的專題研究、音變研究、諧聲通假研究、出土文獻與傳世典籍異文與上古音。對於利用古文字資料研究上古音的前景，本文指出今後應利用古文字資料對上古音作分期分域的研究，從字詞關係入手，比較不同時期、不同地域的用字習慣，發現語音綫索；以詞為中心，開展形、音、義系統的斷代研究；並對出土文獻和傳世文獻異文進行系統整理，發掘共時的語音特徵和歷時的語音演變，進一步研究漢語上古語音演變史。

關鍵詞　上古音　古文字　出土文獻　字詞關係

20 世紀 80 年代，李方桂曾經說過："古韻學的出路在於古文字。"① 朱德熙（朱德熙，1974；李方桂、李榮、俞敏、王力、周祖謨、季羨林、朱德熙，1984）也在多個場合呼籲研究上古音的人要注意古文字材料，把上古音研究和古文字研究結合起來。李新魁（1984）、向光忠（2004）也是較早重視古文字與音韻研究相結合的前輩學者。魯國堯在 2002 年中國音韻學研究會第十二屆國際學術研討會開幕辭中也呼籲音韻學人應該重視出土簡帛的研究。在古文字學界，于省吾、裘錫圭、曾憲通三位先生在 20 世紀先後撰文，利用古文字資料研究上古音中的問題，獲諸多關注。進入 21 世紀以來，隨着古文字研究的繁榮興盛，利用古文字資料研究上古音也逐漸成為一個分支，引起古文字學界和音韻學界的高度重視。目前，無論是古文字學界還是音韻學界，都公認古文字資料是研究漢語上古音最重要的內證材料。中央宣傳部、教育部、國家語委等八部委共同制訂了《"古文字與中華文明傳承發展工程"總體規劃》。該規劃的"圍繞古文字重大基礎課題開展綜合與專題研究"部分包含漢字與漢語關係和漢語史研究。上古音作為漢語史研究的重要組成部分，無疑也應得到重視。值此冷門絕學迎來發展春天之際，對 21 世紀以來利用古文字資料研究漢語上古音作全面的回顧是十分有必要的，同時我們將在前賢和時賢的研究基礎上，對利用古文字資料研究漢語上古音作一些展望。

＊　本文是國家社科基金重大項目"出土文獻與商周至兩漢漢語上古音演變史研究"（項目編號：22&ZD301）和國家社科基金一般項目"出土文獻用字差異與戰國雅言語音及秦楚方音研究"（項目編號：21BYY135）的階段性研究成果。

①　轉引自曾憲通：《從"蚩"符之音讀再論古韻部東冬的分合》，張光裕等編：《第三屆國際中國古文字學研討會論文集》，香港：問學社有限公司 1997 年版，第 753 頁。

一、21 世紀以來利用古文字資料研究漢語上古音的回顧

（一）音系構擬

1. 西周金文音系構擬

目前僅見師玉梅《西周金文音韻考察》（2004）。師玉梅採用《殷周金文集成》（1—18）、《保利藏金：保利藝術博物館精品選》及續編、《近出殷周金文集錄》（全四冊）、《盛世吉金》，以及《考古》、《文物》、《考古與文物》、《考古學報》（1985—2004）中西周青銅器銘文的形聲字、通假字以及與後世一些字發生聯繫的孳乳分化字，整理出 "西周金文諧聲字表" "西周金文通假字表" "聲母實際相逢及幾遇數表" "韻部實際相逢及幾遇數表" 和 "四等實際相逢及幾遇數表"，在此基礎上構擬西周時期的聲韻調系統。師玉梅認為西周時期的單輔音聲母有 25 個：

唇音：	幫_非	滂_敷	並_奉			明_曉	明_微
舌音：	端_{知章}	透_{徹昌}	定_{澄禪船}	書	以_邪	泥_{娘日}	來
齒音：	精_莊	清_初	從_崇	心_山	邪_船		
牙音：	見	溪	群_匣			疑_曉	疑
喉音：	影			曉	匣_云		

"明_曉" 和 "疑_曉" 為清鼻音。師玉梅還推測西周時期有 s-頭類複聲母的存在，如st-、sn-、sŋ-等，並認為部分書母字和邪母字與塞音、塞擦音也存在聯繫，可能也與這類複輔音有關。師玉梅還採用音韻學界的研究成果，對西周金文聲母上的語音關係，如唇音與曉母、唇音與曉母以外的喉牙音、唇音與來母、唇音與余母、唇音與舌音、唇音與日母等作音理上的解釋，並對每一小節論及的諧聲和通假字作詳細的考訂。這些音理上的解釋和考訂工作有利於增加其研究結論的可信度。雖然有些音理解釋未必合理，如用急讀、緩讀來解釋 Cr-類複輔音的分化，認為 CrV 急讀變成 CV，緩讀變成 CV_1LV_2，CV_1LV_2 再分化為 CV_1 和 LV_2。我們認為急讀、緩讀造成的音變不具有普遍性。Cr-類複輔音在上古漢語中大量存在。這應該是音節類型的問題，即從原始漢語到中古漢語發生了潘悟雲（2017）所說的雙音節語素——一個半音節語素—帶複輔音語素—帶複雜輔音語素—簡單輔音語素的過程，$^*C^r->C-$，$^*C.r->r-$。

韻母部分，師玉梅據西周金文中的諧聲和通假資料討論侵蒸及相關諸韻，幽部及相關諸韻，宵部與覺部，文部與真、元二部，葉部與月部、緝部與物部等通轉問題。師玉梅還整理了 132 器中共 231 個韻段中獨韻、合韻的數據，並在此基礎上指出西周時期冬、東不分，冬、東、陽三部都收-ŋ尾，之幽音近，真文音近。師玉梅所用通假例證多數是同聲旁的字。

我們知道，在古人的用字習慣裏，同聲旁的字可以通用，所以據同聲旁的字來判斷韻部的分合是不可靠的。如關於侵、蒸的關係，師玉梅在文中用的六個例證是：朕—媵（中伯壺蓋）、臘—朕（番匊生壺）、媵—朕（伯侯父盤）、媵—朕（陳侯簠）、媵—朕（媵侯簠）、朕—媵（媵侯方鼎）。① 這樣的例證難以證明西周時期是否發生了 *-m > -ŋ 音變。

師玉梅據幾遇數認定西周金文有平、上、去、入四聲。其數據為：平上互諧 205、平去互諧 139、平入互諧 25、上去互諧 82、上入互諧 9、去入互諧 76。師玉梅用諧聲資料來論證聲調，我們認為不可信。古人造形聲字時選擇聲符，不太可能嚴格到聲調也要一樣。其在文中舉出的後世有平上異讀、平去異讀、平入異讀、上去異讀、上入異讀、去入異讀的字，未加任何論證，有失主觀。不過師玉梅在文中所舉的一字分化的例子，多與形態有關，如"立（入）位（去）""受（上）授（去）""生（平）姓（去）""教（去）學（入）""合（入）會（去）"等，反而可以用來證明西周時期還沒有聲調，而是如鄭張尚芳（2003）所指出的，平聲不帶韻尾，上聲帶-ʔ尾，去聲帶-s尾。

2. 戰國楚方言音系的構擬

21 世紀以來，隨着楚簡的不斷面世，關於楚簡音韻研究的碩博士學位論文和專著也不斷湧現，如趙彤《戰國楚方言音系》、吳建偉《戰國楚音系及楚文字構件系統研究》、胡海瓊《〈上海博物館藏戰國楚竹書〉通用字聲母研究》、李存智《上博楚簡通假字音韻研究》、胡傑《先秦楚系簡帛語音研究》、曾昱夫《戰國楚地簡帛音韻研究》、劉鴻雁《郭店楚簡語音研究》、韓麗亞《楚簡文書音韻研究》、霍冬梅《上博館藏戰國楚竹書音韻研究》、邊田鋼《戰國楚聲母研究中應注意的問題》等。其中，只有趙彤《戰國楚方言音系》和吳建偉《戰國楚音系及楚文字構件系統研究》明確指出其構擬的是楚方言音系。以下我們簡要介紹這兩項研究，並作一些評述。

（1）趙彤《戰國楚方言音系》（2006）。

趙彤的博士學位論文於 2003 年通過答辯，2006 年修訂出版。該文用的古文字資料有郭店楚簡、《上海博物館藏戰國楚竹書》（1—4）、馬王堆帛書《老子》以及楚系金文中的諧聲和韻文，但也用了大量的傳世典籍中的韻文（《楚辭》用韻、宋賦用韻、《莊子》用韻、《淮南子》用韻）。趙彤（2006）據此總結了楚方言的聲、韻、調系統。

①韻母。

趙彤認為在戰國楚方音中，冬部獨立，支歌分立、脂微分立、祭月分立、侯魚分立、東陽分立、真耕分立、文元分立、真文分立。與《詩經》音系相比，戰國楚方言的韻部系統發生了一些重要變化：一是《詩經》音系中的長入聲字在戰國楚方言中變為去聲，從而轉入陰聲韻部。長入變為去聲後，一般是轉入相應的陰聲韻部，但是有一個特例：由於歌部在戰國楚方言中變為 a，與之相應的月部長入字在變為去聲後是 ai，所以沒有跟歌部合併，而是形成一個獨立的祭部。二是脂部的一部分字轉入了微部，真部的一部分字轉入了

---

① 玉英按：侯方鼎（《集成》2154）中也是"媵"字，而不是"朕"字，媵侯簠和媵侯方鼎中的"媵"皆當讀為"滕"。

文部。這兩條是平行的變化。三是除了歸字範圍的變化外，各韻部的音值也發生了變化：幽-o > ou、覺-ok > ouk、冬-om > ouŋ；緝-əp > -op、侵-əm > om；魚-a > -ɔ、鐸-ak > ɔk、陽-aŋ > -ɔŋ；葉-ap > -ɔp、談-am > -ɔm；歌-ai > a、宵-u > au、藥-uk > auk、祭 ath > aih。趙彤（2006）在書中歸納的戰國楚方言韻部系統如表1：

表1　戰國楚方言韻部系統

第一類（ə 類）	第二類（o 類）	第三類（ɔ 類）	第四類（a 類）	第五類（e 類）
之 ə	侯 o	魚 ɔ	歌 a	支 e
職 ək	屋 ok	鐸 ɔk		錫 ek
蒸 əŋ	東 oŋ	陽 ɔŋ		耕 eŋ
	幽 ou			
	覺 ouk		宵 au	
	冬 ouŋ		藥 auk	
微 əi			祭 aih	脂 ei
物 ət			月 at	質 et
文 ən			元 an	真 en
	緝 op	葉 ɔp		
	侵 om	談 ɔm		

從上面的韻母表來看，趙彤（2006）認為戰國楚方言裏已經發生"高化—複化"的鏈移式音變，且為拉鏈式，最初是由於後高元音 u 的複化引起的，即宵 ou > au 複化導致幽 o—u > ou，侯 ɔ > o，魚 a > ɒ > ɔ。這一結論似乎與其"侯魚分立"的觀點相抵牾。趙彤統計屈宋莊用韻中侯部獨用為 10 韻次，魚部獨用為 159 韻次，侯魚合韻為 3 韻次，兩部轍離合指數為 0.9。因此，他認為魚、侯分為兩部是比較清楚的。既然魚、侯合韻次數極少，轍離合指數也很低，那麼就沒有證據表明魚已經發生 a > ɒ > ɔ 音變。汪榮寶（1923）利用梵漢對音和日本譯音考定魏晉以前魚部字仍讀 a。王志平（2016）認為首次"元音大轉移"不像趙彤說的那麼早，也不像鄭張尚芳、朱曉農說的那麼晚。① 楚方音裏已經發生 *a > *o > *u這樣的鏈式音變。這是在個別方言區發生的鏈式音變。它與漢魏通語中較晚發生的第二次 *a > *o > *u 短元音鏈移有所不同。蔡一峰（2018）據楚簡"多"字可用為"者"的 3 組例子推測漢語史上發生的首次"元音大轉移"在戰國時代已經醞釀甚或悄然啓動了。我們認為蔡一峰的態度比較謹慎。首次"元音大轉移"只能說在戰國楚方音裏已經啓動，但還不是大規模的轉移。

趙彤（2006）還主張祭、月分立。他認為楚簡從"ㄕ""幣""敗""拜""大""兌"

---

① 鄭張尚芳和朱曉農都認為漢語語音史上首次"元音大轉移"發生在魏晉以後、《切韻》以前，是一種推鏈式音變。參看鄭張尚芳：《漢語及其親屬語言語音演變中的元音大轉移》，周及徐主編，四川師範大學漢語研究所編：《語言歷史論叢》（第九輯），成都：巴蜀書社 2016 年版；朱曉農：《元音大轉移和元音高化鏈移》，《民族語文》2005 年第 1 期。

"蠆""筮""世""喋""祭""毳""歲""蓋""夬""外""埶""慧""害""會""衛"等聲旁的字已經從月部中獨立出來，成為去聲字。但文中無任何考證，因此不足信。

②聲母（參考趙彤，2006）。

A. 單輔音聲母。

唇音：p- ph- b- m-
舌尖音：t- th- d- n- l- r-
舌尖塞擦音：ts- tsh- dz- s-
舌根音：k- kh- g- ŋ- x- ɣ-
喉音：ʔ-
圓唇舌根音：kʷ- khʷ- gʷ- ŋʷ- xʷ- ɣʷ-
圓唇喉音：ʔʷ-

特別值得一提的是，趙彤構擬了一套圓唇舌根音用來解釋楚簡中舌根音與唇音的交替。趙彤（2006）對這個問題作了進一步的研究，指出在上古楚方言中發生了 $^*k^w->^*p$-的音變。這種音變發生的年代大致是在春秋中晚期，即前 7 世紀前期至前 5 世紀前期。

B. 複輔音聲母。

趙彤（2006）認為楚簡中一些特殊的聲母交替現象反映了漢語曾經存在複輔音聲母。漢語複輔音聲母主要有 CL-、SC-和 SCL 三種類型。其中 C 是基本輔音，L 是後置流音，S 是前置輔音。在戰國楚方言裏，複輔音聲母基本上已經簡化為單輔音聲母。從趙彤整理的"楚簡聲母諧聲關係表"來看，他是把所有的楚簡用字都視為楚方音的記錄。這是不符合事實的。

③聲調。

趙彤（2006）採納孫玉文的意見，認為上古漢語有平、上、去、長入、短入五個聲調。趙先生認為戰國楚方音中，長入已經變成去聲，因此只有平聲、上聲、去聲、入聲四個聲調。上聲標注-x 尾、去聲標注-h 尾。趙彤一面肯定上古有超音段的聲調，另一面又給上聲標注-x 尾，去聲標注-h 尾，可謂自相矛盾。

（2）吳建偉《戰國楚音系及楚文字構件系統研究》（2006）。

吳建偉構擬的戰國楚音系中的單聲母有：

唇音：p- ph- b- m-
舌尖音：t- th- d- n- r-
舌尖塞擦音：ts- tsh- dz- s- z-
舌根音：k- kh- g- ŋ-

喉音：x-　ɣ-　q-

邊音：l-

複輔音有：

kl-　gl-　pl-　bl-　sl-　ŋl-　ml-　khl-　rl-　qhl-

kr-　khr-　gr-　ŋr-　pr-　br-　sr-　qr-　shr-　qhr-

sb-　st-　sk-　sn-　sŋ-　sm-　sg-　mb-

skl-　sgl-　sql-

sgr-　skr-　sqr-

韻母有：

魚 a　鐸 ak　陽 aŋ　歌$_1$ al　月$_1$ at　元$_1$ an　宵$_1$ aw　藥$_1$ awk　談$_1$ am　盍$_1$ ap

佳 e　錫 ek　耕 eŋ　歌$_2$ el　月$_2$ et　元$_2$ en　宵$_2$ ew　藥$_2$ ewk　談$_2$ em　盍$_2$ ep

侯 o　屋 ok　東 oŋ　歌$_3$ ol　月$_3$ ot　元$_3$ on　宵$_3$ ow　藥$_3$ owk　談$_3$ om　盍$_3$ op

之 ɯ　職 ɯ　蒸 ɯŋ　微$_1$ ɯl　物$_1$ ɯt　文$_1$ ɯn　緝$_1$ ɯp　侵$_1$ ɯm　幽$_2$ ɯw

覺$_2$ ɯwk

脂$_2$ il　質$_2$ ik　真$_2$ iŋ　脂$_1$ i　質$_1$ it　真$_1$ in　緝$_2$ ip　侵$_2$ im　幽$_3$ iw　覺$_3$ iwk

幽 u　覺 uk　終 uŋ　微$_2$ ul　物$_2$ ut　文$_2$ un　緝$_3$ up　侵$_3$ um　幽$_1$ uw　覺$_1$ uwk

以上兩個楚方言音系在聲母上的區別主要是對複輔音的留存問題觀點不同。趙彤承認歷史上曾經有過複輔音，但在戰國楚方音中已經消失。但吳建偉認為戰國楚音系中有系統的複輔音聲母。葉玉英（2017b）通過對比秦楚用字差異，根據楚人獨用字和秦人獨用字的對比，發現楚方言還保留了成套的複聲母，不僅有 *Cr-、*Cl-型，還有 *S-冠、*m-冠、*n-冠、*h-冠、*ɦ-冠和 *ʔ-冠。葉玉英（2020a）還指出戰國楚方音中還保留有 *m̥-、*n̥-、*ŋ̥-、*l̥-、*m̥ʰ-、*n̥ʰ-、*n̥ʰʲ-、*l̥ʰ-、*r̥ʰ-等清鼻流音聲母。

我們認為前人和時賢的研究存在一個共同的問題，就是沒有區分楚簡中的戰國各國通行字和楚人獨用字。吳建偉（2006）"戰國楚文字通用字總匯" 收了 1 515 個字，問題也在於沒有區分戰國各國通用字和楚人獨用字。如總匯中所收的 "正/征" "且/祖" "大/泰" "或/又" "能/態" "才/災" "亡/無" "不/丕" "谷/俗" "龔/恭" 等在甲骨文、金文中就已通用。因此，吳先生據這個 "戰國楚文字通用字總匯" 析出的所謂楚方言音系並不能真正揭示楚方音的特點。胡海瓊（2007）對上博簡通用字的界定是 "既是戰國楚地的通行字，又和傳世文獻用字構成換用關係的那批字"。但胡海瓊所謂的 "戰國楚地通行字" 也並非楚人獨用字。正因為他們把楚簡中的所有文字不加區分地用於楚方音研究，所以才會得出相反的結論，或難以確定音系性質。我們認為只有楚人獨用字才能揭示楚方音的特點。如表2：

表2　戰國楚系文字獨用字表

詞	楚系獨用形聲字	楚系獨用假借字	楚系獨有的變形音化	楚系獨用的雙聲符字
筰	🀄（包山簡277），從"昔"聲			
夕		🀄（清華壹·楚居5），從"亦"聲		
敝			🀄（郭店·緇衣33），變形音化從"采"聲	
趙				🀄（清華貳·繫年102），從少、勺皆聲

今按：楚簡表"盛箭的竹器"的"筰"用"🀄"字來記錄，從"竹""昔"聲，可隸作"箈"。由此可知，在戰國楚方音裏，"筰"的聲母是個清擦音，而不是塞擦音。"夕"在楚簡假借"亦"為之。"亦"從"亦"聲，可見在楚方音裏，"夕"的聲母是*lj-。"敝"在楚簡中作"🀄"。甲骨文"敝"字作"🀄"（小屯南地甲骨3608）。楚簡"🀄"字是由"🀄"字省去形符"攴"再變形音化從"采"聲。這表明在楚方音裏，"敝"的韻部與雅言有所不同。趙國、趙氏之"趙"，秦文字作"趙"，三晉文字作"肖""趙""郜"，燕文字假借"肖"為字。清華簡貳《繫年》"趙"字作"🀄"（簡96）、"🀄"（簡97）、"🀄"（簡102）等形。其中，"🀄"是個雙聲符字。"少"與"肖"屬同一諧聲系列，代表的是雅言的讀音。在楚語中，"勺"的讀音應該與"趙"接近。因此，"🀄""🀄"記錄的才是楚語中的讀音。

3. 秦方言音系

目前利用秦系古文字資料對秦音作專題研究的僅見葉玉英的專著《古文字構形與上古音研究》第三章"秦音中以母與喉牙音之關係考"、翟春龍的博士學位論文《秦音研究》、王相帥的碩士學位論文《楚地秦簡音韻研究》及期刊論文《睡虎地秦簡〈為吏之道〉用韻現象研究》。翟春龍在《秦音研究》中構擬了秦方言音系，如表3、表4：

表3　韻母系統

	*ə	*i	*ɑ	*ɔ	*o	*u
*-ø　*-ʔ	之部	支部	魚部	侯部	幽部	宵部
*-k	職部	錫部	鐸部	屋部	覺部	沃部
*-ŋ	蒸部	耕部	陽部	東部	冬部	

（續上表）

	*ə	*i	*ɑ	*ɔ	*o	*u
*-i　*-iʔ	微部	脂部主元音是 i，不帶 *-i 韻尾	歌部			
*-ʔt	末部	至部	祭部			
*-t	物部	質部	月部			
*-n	文部	真部	元部			
*-p	緝部		盍部			
*-m	侵部		談部			

表 4　聲母系統

幫 p	滂 ph	並 b			（曉）m̥	明 m	
精 ts	清 tsh	從 dz	心 s				
端 t	透 th	定 d			（心）n̥	泥 n	（徹）l̥
			書 ʃ	以 ɹj			
見 k	溪 kh	群 g	曉 x	云 ɰ	（曉）ŋ̊	疑 ŋ	
影 ʔ							

　　翟文中構擬了清鼻音 *m̥-、*ŋ̊-、n̥。葉玉英（2020a）指出戰國秦方言及戰國晚期（前 3 世紀前後）至漢初雅言中所保留的清鼻流音有 *m̥-、*ŋ̊-、*m̥h-、*ŋ̊h-、*ŋ̊j-、*l̥-、*l̥h-、*l̥hj-、*r̥-、*r̥h-。

　　翟文認為秦音中的聲調是三個，分別是平聲、上聲、去聲（入聲）。

　　儘管翟文中提出時空分析法，認為應該注意釐清諧聲關聯的層次性，調查諧聲字在出土材料、傳世文獻中的時空分佈，如遠古諧聲字、同時通行於秦方言區以外的諧聲字。這是很有見地的觀點，可惜翟春龍在文中沒有很好地將其貫徹於自己的研究中。在文末附錄 6 "秦文字諧聲譜（聲母編）" 下收的字並沒有區分哪些是遠古諧聲字，哪些是同時通行於秦方言區以外的諧聲字，哪些是秦方言獨用的諧聲字。

　　我們認為只有秦人獨用字才能反映秦方音，如表 5：

表 5　秦系文字獨用字表

詞	秦系獨用形聲字	秦系獨用假借字	秦系獨有的變形音化	秦系獨用的雙聲符字
雅	𢾟 （睡虎地·法律答問 12）			
予		鼠 （秦簡常見）		

（續上表）

詞	秦系獨用形聲字	秦系獨用假借字	秦系獨有的變形音化	秦系獨用的雙聲符字
春			🈐（睡虎地·日書乙202），變形音化從"出"聲	
鬼				🈐（睡虎地·日書乙251），從骨、鬼皆聲

今按：《說文》："雅，楚烏也。一名鸒。一名卑居。秦謂之雅。從隹、牙聲。""雅"字最早見於秦文字，因此我們將其歸入秦系文字獨用字表。秦簡中常見"鼠"記錄第一人稱代詞"予"的例子，這可為我們考察秦方言中的清流音提供例證。"春"在秦簡中作"🈐""🈐"等形，皆變形音化從"出"聲。秦簡"出"字作"🈐"（日書乙42）可證。古音"春"是文部字，"出"是物部字。這表明秦方音中"春"的韻母是入聲。秦簡"鬼"有"🈐"和"🈐"兩種寫法。我們認為"🈐"記錄的是雅言中的"鬼"，"🈐"記錄的則是秦方言中的"鬼"。"🈐"是在"鬼"字上再加聲符"骨"而成的雙聲符字。這表明秦方音中"鬼"的韻母是入聲。

（二）上古聲母或韻母的專題研究

葉玉英的博士學位論文《古文字構形與上古音研究》對"中古精母字的上古來源"作了專題研究。其博士後出站報告《中古精莊組字來源於 *S-複輔音說箋證》又利用古文字資料對中古精莊組字的來源作了進一步的探討。王蘊智（2014）認為有一部分中古塞擦音來自舌音端組。其他如張富海《據古文字論"色""所""疋"三字的上古聲母》《據古文字論"氏""視"等字的上古聲母》，麥耘《古文字所見上古複聲母四則》，金俊秀《上古聲母構擬三則》，蔡一峰的博士學位論文《出土文獻與上古音若干問題探研》第三章第一節"出土文獻所見以母與喉牙音的接觸"和第二節"出土戰國文獻所見喉牙音與唇音的交替"，沈瑞清《從出土先秦文字資料看"喻四"的上古分類問題》，野原將揮《再論上古音T類聲母與L類聲母》，施瑞峰《上古漢語的 *T-系、 *L-系聲母及相關古文字問題補說》等。劉波的博士學位論文《出土楚文獻語音通轉現象整理與研究》（2013）不僅討論出土楚文獻中的聲轉現象，也探討了韻轉現象。蔣建坤的博士學位論文《清華簡（壹~伍）上古音聲母材料的整理與初步研究》（2016）通過數據統計法對清華簡共1 299組相通字例進行了聲母關係的討論。

韻母的研究有梅祖麟《從楚簡"散（美）"字來看脂微兩部的分野》，孟蓬生《楚簡所見舜父之名音釋：談魚通轉例說之二》《"出言又（有）丨，利（黎）民所訓"音釋：談魚通轉例說之四》《上博簡"臧罪"音釋：談魚通轉例說之六》《"孤竹"補釋：談魚通轉例說之七》《"竜"字音釋：談魚通轉例說之八》《"執"字音釋：談魚通轉例說之九》《清華簡"翠"字試釋：談歌通轉例說之一》《〈說文〉"者"讀若"耿"疏證：談支通轉例說之一》《釋"奚"：歌支通轉例說之一》，程少軒《試說戰國楚地出土文獻中歌月元部的一些音韻現象》，史傑鵬《由郭店〈老子〉的幾條簡文談幽、物相通現象暨相關問題》，張富海《試論"豕"字的上古韻部歸屬》《上古韻部歸字辨析三則》《據古文字確定幾個魚部一等字的開合》，周波《"侮"字歸部及其相關問題考論》，趙彤《說"無"與"毋"及相關的古音問題》等。孟躍龍（2017）將其整理的《清華簡》（壹—伍）中 1 196 組語音關係字組作為基礎材料，結合傳世文獻和出土文獻材料，分別討論了上古韻部、開合、等第等方面的問題，並就上古東、冬、侵三部之間的語音關係、侯歌通轉、宵歌通轉三個問題作進一步的討論。

（三）音變研究

目前利用古文字資料研究漢語上古音演變史的成果中還沒有專著。白一平、沙加爾（2021）雖然利用部分古文字資料討論了一些上古音的構擬問題，但涉及音變的僅"聞"字一例。師玉梅（2004）指出一些音變現象，如部分侵部字的韻尾可能有 m > -ŋ 的變化，部分葉、緝部字的韻尾可能存在-p > -t 的過程。附錄七"聲韻演化模式探索"提出"發音部位轉移分化模式""擦音通轉變化模式""聲韻割裂模式""s-頭脫落模式""韻尾衍生或脫落模式"五類聲韻演化模式。

相關論文如曾憲通《從"蚩"符之音讀再論古韻部東冬的分合》（1997）、《再說"蚩"符》（2005）討論了西周春秋金文和楚簡中從"蚩"聲諸字，認為從"蚩"聲諸字反映冬部字還處在從早期的 [-m] 韻尾向 [-ŋ] 韻尾過渡的狀態。冬侵合韻屬於較早期的語音現象，冬東合韻當是冬從侵分出以後的事。蔡一峰（2018）第二章第一節"從出土戰國文獻的幾組字看冬部的變動"探索了戰國時冬部自侵部分離、向東部趨近的運動路徑。第二節"從出土戰國文獻看歌部字變化的若干問題"認為歌部真正完成 ai > a 是在東漢，但有迹象表明早在戰國已經開始醞釀了。白一平《"執""勢""設"等字的構擬和中古 sy（書母＝審三）的來源》根據古文字資料中"執"假借為"設"以及"設"與"勢"的同源關係構擬"設"和"勢"的上古聲母為清鼻音 *ŋ̊-，並指出 *ŋ̊-是中古書母的來源之一。野原將揮和秋穀裕幸《也談來自上古 *ST-的書母字》利用現代漢語方言和戰國楚簡中的資料驗證了白一平、沙加爾構擬的中古書母的另一個來源 *ST-。陳斯鵬《"舌"字古讀考》、孟蓬生《吳國金文中"諸樊"之"諸"的構形與古音問題》、張富海《上古漢語-ps > -ts 音變在戰國文字中的反映》皆為探討-p > -t 或-ps > -ts 音變的文章。張富海《上古漢語 *kl-、*kr-類聲母的舌齒音演變》、葉玉英《論"戠"及相關諸字的上古聲母》都是關於戰國楚系出土文獻中 *KL- > T-音變的討論。葉玉英《楚系出土文獻所見 *n-、*l-不分現象及其源流與成因考》和《基於古文字材料的上古漢語清鼻流音之歷史考察》都是利用古文字資料對一個音韻現象作歷時考察的文章。李家浩（2016）討論了吳王劍"姑發諸反"與《史記》"諸樊"的語音關係，指出"姑""諸"都是附加語，認為這反映了吳越語與華夏語的不同。葉玉英（2020b）綜合歷史語言學、民族語言研究、文化考古學、民族考古學、古人類學、分子人類學等多學科研究成果，證明古越語與原始南島語、原始侗臺語一樣都是多音節的黏着語。從古越語到現代侗臺語經歷了語言類型的轉換，即從黏着語到分析語的轉換。用多音節的黏着語來解釋青銅器上的國名、人名也十分順適，二者可以互相印證。王志平（2017）認為“飛廉”為楚語詞，可以上溯到東夷語。由於楚國已經產生了“飛廉”化身為風伯的神話，說明這時的楚國“廉”字音讀已經開始 *gram > *ram 音變的過程。

上古方言中的音變研究如鄭張尚芳《從碩人鏡“齊夷”通假談上古精組聲母的取值》（2005）認為南北朝吳音從母讀 z 的特點也許可以追溯到漢末以上以至上古。李存智《上博楚簡通假字音韻研究》（2010）論及戰國楚方音中的音變，如“照三系與舌根音聲母”，李先生據吳國青銅器中諸樊“諸”作“姑”，認為章組字舌尖、舌根來源已有合流現象。王志平、孟蓬生、張潔等《出土文獻與先秦兩漢方言地理》（2014）第三章“出土文獻中所反映的方音系統及其差異”通過比較《銀雀山漢簡》《張家山漢簡》《馬王堆帛書》的通假字，指出漢初齊、楚方音複輔音的留存情況。第四章“出土文獻中方音的共時性和歷時性——以鼻冠音和清鼻流音為例”指出上古漢語中各鼻冠塞音的演化軌迹以及戰國楚簡、秦簡、漢簡中清鼻流音的留存情況。第五章“出土文獻中的聲轉所反映的方言音變”從音理上解釋見組與章組的音轉問題。第六、七章“出土文獻中的韻轉所反映的方言音變”討論了東談、蒸陽、支歌、談魚、侵真相通的音理。第八章“出土文獻中的聲韻並轉所反映的方言音變”討論“影、泥（娘）、日相通與之（職）、脂（質）通轉”“影、端、知、章相通與之（職）、脂（質）通轉”“影、來相通與魚、月、元通轉”等問題。楊建忠《楚系出土文獻語言文字考論》（2014）第六章“基於楚系出土文獻的［-m］韻尾演變考”考察了楚系出土文獻的［-m］韻尾變入［-n］和［-ŋ］的情況。邊田鋼（2015）探討了“楚地來 *r->l-、以 *l->j-的鏈式音變”“楚方言心、以母與影母相通的地域特色”“清鼻音變擦音”“齊魯地區、秦晉地區、楚地的元音大轉移”“支、脂、之三部關係的方言地理類型”“支、錫、耕與歌、月、元兩系韻部關係方言地理類型差異”等問題。邊田鋼（2018）對上古後期“支、脂、之三部關係的方言地理類型”作了進一步研究，指出支、脂、之三個韻部在上古早期相互獨立，但從上古後期開始出現合併趨勢，且不同地域合併路徑各有不同，呈現出不同的方言地理類型差異。

（四）諧聲通假研究

1. 理論思考

洪颺（2008）就“古文字考釋中論證通假關係的準則”“出土文獻與傳世文獻對讀中通假關係的論證”“古文字考釋中通假關係的語音認識”等問題作了專題討論，並指出當前古文字考釋中論證通假關係存在的問題如字形偽證、語音偽證、上下文義偽證，以及古文字考釋中論證通假關係應該避免的傾向。楊建忠（2014）討論了古文字資料中通假關係和諧聲關係的複雜性，認為我們應該對通假字和諧聲字進行分時分域的研究，對諧聲字、諧聲系列逐個進行研究，進而進行上古音研究。張富海（2018）批判了雙聲假借說，並指出諧聲偏旁的讀音必定與整字的讀音相同或相近，某字所假借表示的詞的讀音必定與其本來的讀音相同或相近。音近有一定的原則：聲母方面，如同部位的塞音，同部位的鼻流音；韻母方面，如韻相同，開合相同。來國龍（2009）認為古文字和古文獻中的通假字中有一部分可能是由連讀音變造成的。來國龍（2017）以 "兔" 與 "逸" 的語音關係為例討論了古楚語與雅言的接觸問題，頗具啓發意義。葉玉英（2015）認為，利用古文字資料研究上古音，應該注意聲首是同形字的情況。我們應該探尋同形字的來源和形成過程，從而正確地劃分聲系，為古音研究和構擬提供堅實可靠的材料。葉玉英（2017a）認為利用傳世典籍和出土文獻研究漢語上古音都應該注意其中的文字問題，如同源字、形聲字、同形字、同義換讀、訛混、俗字、錯別字、異體字等。李守奎（2017）指出不同區別系統的文字不能彼此互證，古音研究中還應該注意古文字中存在的一字多音義現象。劉波（2017）舉了 17 組出土文獻中的通假例，指出言者的方言、說話時的口誤、發音時的輕重緩急，甚或是現代漢語語音中的 "連讀音變"，以及古今音變等，都可能會影響書寫者的記錄。尤其是先秦時期文字沒有固定的書寫規範，典籍多為口耳相傳所授，在將他人語音轉變為文字記錄時可能就會存在着言者在語音上的種種現象，因此由文字記錄下來的音轉現象是非常複雜的。王志平（2018）提出上古音研究的原則與方法。原則有二：一是立足上古漢語實際，融會語言學普遍理論；二是事實重於理論，音理服從音例。方法亦有二：一是出土文獻與傳世文獻相結合的舊 "二重證據法"；二是 "歷史文獻考證法" 與 "歷史比較法" 相結合的新 "二重證據法"。王先生還在文中指出古文字與出土文獻音韻研究中需要注意的問題：一是仔細辨析字形，切忌混同字形；二是謹慎分析諧聲，辯證使用《說文》；三是警惕濫用通假，重視今本異文。葉玉英（2019）指出利用古文字資料研究上古音應該注意以下問題：一是今文字是同一聲系的字，在古文字階段聲符未必相同；二是假借字與聲系分合；三是處理諧聲和通假資料要區分時代；四是楚簡文字材料既有雅言的成分，也有楚方言抑或其他方言的成分；五是戰國文字資料要分地域；六是古文字資料中的連綿詞用字。施瑞峰（2019）討論了上古聲母的諧聲類型在古文字釋讀工作中的重要作用，並作了個案分析。孟蓬生《漢語前上古音論綱》（一—五）（2019）對前上古音研究的觀念、材料、方法、研究成果及意義作了較為詳盡的介紹，並在其研究的基礎上對前上古音系的基本格局（僅限於韻部）作了一些推測。白一平、沙加爾（2021）認為先秦文字是一個主要以音節為基礎的系統，而不是以詞為基礎。在大多數例子中，一個聲符代表一類音節，這類音節有一定發音方式的聲母，有一定的主要元音和一定的韻尾。

2. 出土文獻諧聲通假資料的整理與研究

（1）聲系資料的整理與研究。

黃德寬主編的《古文字譜系疏證》（2007）是聲系資料整理的集大成者。徐在國《上博楚簡文字聲系（1—8）》（2013）也是非常重要的聲系資料。徐在國《清華簡文字聲系(1—8)》即將出版。孟蓬生於 2017 年獲批的國家社科基金重大項目 "漢字諧聲大系" 也將是集大成之作。葉玉英於 2020 年初完成的國家社科基金項目 "古文字異部位諧聲通假與上古音研究" 梳理了 332 個涉及異部位諧聲通假的聲系資料。楊建忠主持的國家社科基金重點項目 "16 批戰國楚簡諧聲通假資料庫建設與上古音研究" 也已結項。

葉玉英《〈說文〉聲系、〈廣韻聲系〉與古文字聲系合證：以見類為例》《〈廣韻聲系·

端系〉指誤》《〈廣韻聲系〉指誤（一）》是將古文字聲系與《說文》聲系、《廣韻聲系》合證的研究。葉玉英《古文字聲系與上古音聲母構擬舉隅》《"丙"及從"丙"之字考論》討論了與"數""肆""須""丙"相關的聲系的上古音構擬問題。

利用古文字資料研究異部諧聲通假問題的成果中，鄭妞《上古牙喉音特殊諧聲關係研究》採用了一些古文字資料。韓國學者金俊秀的博士學位論文《古文字特殊諧聲研究》是以古文字資料為基礎來研究特殊諧聲的。不過金氏僅考察了"恩""凶""井""迹""允""癹""舜""回""賓"九個聲系。周克庸《複輔音聲母：形聲字與聲符"異紐"現象的一種解釋》，葉玉英《楚系出土文獻所見 *n-、*l-不分現象及其源流與成因考》《基於古文字材料的上古漢語清鼻流音之歷史考察》《論"戠"及相關諸字的上古聲母》《異部位諧聲與〈說文〉"讀若"語音層次的考察》《談談漢字異部位諧聲中的例外》《"今"聲系及其上古音構擬》《"合"聲系及其上古音構擬》，葉磊《"小"聲系及其上古音構擬》等都是利用異部位諧聲資料研究上古音的成果。

（2）形聲字的整理與研究。

黃天樹對甲骨文中的有聲字作了較為全面的整理，其代表作有《殷墟甲骨文"有聲字"的構造》《殷墟甲骨文形聲字所佔比重的再統計》。形聲字研究單篇論文還有蔡信發《形聲字同形異字之商兌》（2001）、吳振武《古文字中的"注音形聲字"》（2002）、黃文傑《戰國時期形聲字聲符換用現象考察》（2002）、王建民《從馬王堆醫書中的俗字看漢字形聲化》（2002）、虞萬里《由簡牘字形的隸定分析形聲字通假的背景》（2004）、陳鴻《戰國形聲字之異體與戰國古音研究》（2005）、師玉梅《出土文獻證〈說文〉形聲字的訛變與誤斷》（2007）、陳年福《從甲骨文論早期形聲字的聲符形化現象》（2016）、孫合肥《戰國"注音形聲字"聲符加注探析》（2020）等。

碩博士學位論文中有關甲骨文形聲字的整理與研究有宋微《甲骨文形聲字分期研究》（2008）、楊軍會《甲骨文形聲字研究》（2009）、曹君《殷商甲骨文形聲字研究》（2010）等；有關殷周春秋金文形聲字和韻讀的有宋鵬飛《殷周金文形聲字研究》（2001）、江學旺《西周金文研究》（2001）、魏常春《兩周金文形聲字發展探析》（2007）、鄭春霞《西周金文有音合體字考察》（2007）、吳威《〈金文編〉形聲字構形系統研究》（2008）等；有關戰國各區系形聲字研究的有張院利《戰國楚文字之形聲字研究》（2012）、袁方《戰國晉系出土文獻形聲字研究》（2013）、蔣建坤《清華簡（壹～伍）上古音聲母材料的整理與初步研究》（2016）等；有關漢代出土文獻形聲字整理的有李豐娟《〈銀雀山漢墓竹簡（壹）〉形聲字研究》（2007）、吳婷《〈武威醫簡〉形聲字研究》（2009）、楊捷《〈武威漢簡·儀禮〉形聲字研究》（2010）、潘希榮《〈說文〉重文形聲字類型比較研究》（2010）等。

（3）通假資料的整理與研究。

出土文獻通假資料也不少，已出版發行的主要有王輝《古文字通假字典》，白於藍《簡帛古書通假字大系》，劉信芳《楚簡帛通假彙釋》，劉鈺、袁仲一《秦文字通假集釋》，羅福頤《臨沂漢簡通假字表》等。碩博士學位論文中，甲骨文通假資料整理主要有李翠榮

《殷墟甲骨文通假字初步研究》（2007）、邢華《甲骨文假借字分類研究》（2008）；西周春秋古文字通假資料的整理有朱力偉《兩周古文字通假用字習慣時代性初探》（2013）；秦簡通假字整理有趙立偉《〈睡虎地秦墓竹簡〉通假字、俗字研究》（2002）、廖燕《里耶秦簡通假字、古今字研究》（2015）、劉雨林《〈嶽麓書院秦簡〉［壹—三］通假字研究》（2016）；楚簡通假字整理有張青松《郭店楚簡通假字初探》（2002）、傅銘《上博館藏戰國楚竹書（一）通假字淺析》（2004）、韓麗亞《楚簡文書音韻研究：以通假字為研究對象》（2007）、呂佩珊《〈上海博物館藏戰國楚竹書（一—六）〉通假字研究》（2011）、馮麗梅《〈清華大學藏戰國竹書〉（壹—肆）通假字研究》（2015）、梁鶴《〈清華大學藏戰國竹簡（壹）〉〈清華大學藏戰國竹簡（貳）〉通假字整理》（2015）、劉茂偉《〈清華大學藏戰國竹簡（三）〉〈清華大學藏戰國竹簡（肆）〉通假字整理》（2016）、黃婷婷《戰國楚簡（5種）通假關係的音韻學檢視》（2018）；戰國其他通假字整理有李瑤《戰國燕、齊、中山通假字考察》（2011）、廖燕《里耶秦簡通假字、古今字研究》（2015）、徐俊剛《非簡帛類戰國文字通假材料的整理與研究》（2018）、戴鴿《郭店楚簡通假關係的音韻學檢視》（2019）；漢代簡帛通假字整理有麥耘《〈帛書老子校注〉音韻求疵》（2002）、沈祖春《馬王堆漢墓帛書［壹］假借字研究》（2008）、范紅麗《銀雀山漢墓竹簡［貳］通假字研究》（2012）、鄭偉《簡帛〈老子〉形聲字音韻釋例》（2020）等。

（4）韻文資料的整理與研究。

進入21世紀以來，韻文的整理與研究也取得了一些成果，如羅江文的期刊論文《〈詩經〉與兩周金文韻文押韻方式比較》（2001）、何珊的碩士學位論文《西周金文韻讀研究》（2011）、徐新亮《春秋戰國金文用韻考》（2011）、顧史考《楚簡韻文分類探析》（2011）、楊懷源和孫銀瓊合著的《兩周金文用韻考》（2014）、鄧佩玲《〈晉公盆〉銘文的文字及韻讀問題》（2018）、宗靜航《西周金文韻讀研究淺議》（2019）以及張兵於2020年獲批的國家社科基金一般項目"楚簡韻文整理與研究"等。

（五）出土文獻與傳世典籍異文及上古音

目前利用出土文獻與典籍異文進行上古音專題研究的成果比較少。其中利用安大簡《詩經》異文研究上古音的成果比較多，主要有：孟蓬生《安大簡〈詩經〉"豐""荒"通假補證：兼論丰聲字的前上古音》，趙彤《讀安大簡〈詩經〉古音札記》，俞紹宏《據安大簡考辨〈詩經〉韻讀一例》，苗豐《安大簡"參差"小記》《安大簡"參差"續記》《安大簡"維鳩處之"小議》等。徐在國《"窈窕淑女"新解》，杜澤遜《安大簡〈詩經·關雎〉"要翟"說，陳民鎮《從安大簡看〈詩經〉的疊音詞》是關於連綿詞的研究。黃甜甜的博士學位論文《清華簡"詩"文獻綜合研究》第七章第一節論及簡本和今本《蟋蟀》的用韻差異。朱國祥的碩士學位論文《〈說文解字〉書證引〈詩〉考》第二章"《說文》引《詩》書證用來表示語音作用"指出19例異文，並討論異文之間音韻地位的異同。吳辛丑（2002）第五章第一節"簡帛異文與上古音的考訂問題"梳理了楚簡《老子》《緇衣》與馬王堆帛書《老子》、今本《禮記・緇衣》的異文，並指出異文之間的語音關係。葉玉英（2018）考察梳理了帛書《周易》的用字情況，並將它與阜陽漢簡《周易》、上博三《周易》、今本《周易》的用字作了對比，試圖從這些異文所揭示的語音資訊中了解戰國秦漢的語音狀況。

二、利用古文字資料研究上古音的展望

（一）利用古文字資料對上古音進行分期分域的研究

分期研究就是斷代研究。目前上古音研究影響比較大的主要有四家：王力系統、鄭張尚芳—潘悟雲上古音系統、白一平—沙加爾系統和斯塔羅思金系統。然而，無論是哪一套上古音系統，都是用一個系統涵蓋從殷商到魏晉長達一千多年的語音。儘管各家在其論著中已經指出上古音歷史上發生的一些音變現象，但由於他們使用的材料主要是傳世典籍、梵漢對音、日本吳音，所以只能指出東漢到魏晉期間發生音變現象。如包擬古（Bodman Nicholas，1980；潘悟雲、馮蒸譯，1995）指出 *k-l- > 中古 t-、*kh-l- > *hl- > 中古 th-、*g-l- > *l- > 中古 d-、*p-l- > t-、*ph-l- > th-、*b-l- > d- 等幾種音變類型，認為 *p-l- > t-、*b-l- > d-、*l- > d 的時間是漢代末年。近年來，學界已形成一個共識，即要真正實現上古音研究的分期分域研究，只能依靠出土文獻。因為出土文獻具有時代性、地域性非常明確的優點。

早在 20 世紀 80 年代，趙誠、管燮初、周祖謨、陳振寰、郭錫良等先生就已開始嘗試利用甲骨文、西周金文、漢代簡帛文字材料對上古音進行分期研究。在他們之後，不僅有學者繼續進行上古音的斷代研究，還有戰國語音的分域研究。近年來，利用古文字材料研究上古音逐漸成為熱點，相關研究成果不斷湧現。古文字研究的蓬勃發展和豐碩成果也為上古音的分期分域研究提供了堅實的基礎。我們認為，全面整理不同時代的出土文獻中的語音材料並在此基礎上進行上古音的分期分域研究的時機已經逐漸趨於成熟。

（二）從字詞關係入手，比較不同時代、地域的用字習慣，從而發現語音綫索

如第一人稱代詞 "我" "吾" "虘" "虘" 記錄的其實是同一個詞，只是時代或地域不同。甲骨文用 "我"；西周金文除了用 "我" 外還用 "吾"（沈子它簋蓋）。西周金文用 "吾" 作第一人稱代詞僅一例，很可能是方言音變；"虘" 作第一人稱代詞見於春秋齊系文字（鎑鎛）、三晉文字（中山王方壺、中山王鼎、書也缶）、燕系文字（㭕氏壺）；楚簡皆作 "虘"。由此可見，第一人稱代詞 "我" 在不同時代、地域的讀音有別，商代讀 *ŋalʔ，西周時期有 *ŋalʔ、*ŋa 兩讀，春秋戰國時期的齊方音、燕方音、三晉方音讀 *hŋa，楚方音讀 *ŋ̊^{h}a。

古文字學界關於戰國文字不同地域用字習慣的研究可為我們研究戰國各地方音的不同提供有利的證據。如楚簡 "聞" 皆從 "耳" "昏" 聲，作 "𦖞"（包山 130 反）、"𦕿"（長沙銅量），可隸作 "䎽"；郭店楚簡《五行》簡中 "聞" 則一律從 "采"、從 "耳"，作 "𦖔"（簡49）、"𦕤"（簡23）、"𦖔"（簡49）、"𦕤"（簡15）、"𦖔"（簡23）、"𦖔"（簡

26）、"（簡50），從"采"聲，可隸作"番"；晉系的中山王鼎"聞"字作""。侯馬盟書作""，但皆用作"昏"；從"耳""門"聲的"聞"字最早見於齊系和秦系文字，齊璽"聞"字作""（璽匯31），齊璽中"聞司馬"即官名"門司馬"。秦文字作""（睡虎地·日書甲種148）、""（秦印·聞賜）。

白一平、沙加爾（2021）認為秦文字"聞"從"門"聲，是因為"聞"韻母發生了-un > -ən音變，變得與"門"同音。

我們認為"聞"在戰國不同地域文字中的不同用字習慣正揭示了方音的差異，即"睧"記錄的是戰國雅言，可擬作 *mun；"番"記錄的是楚方音，可擬作 *ban；"聞"記錄的是秦方音和齊方音，可擬作 *mɯn。又如楚簡"鄰"字作""（上博四·曹沫之陳6）、""（郭店楚簡·老子甲9），這其實是在甲骨文""（小屯南地甲骨1111）上加"文"聲而成。戰國晉系文字亦作""（中山王鼎），與楚系文字同。可見"哭"是戰國各國通用字，代表的是雅言的讀音。秦文字作""（睡虎地秦簡·法律答問99），這是秦方音字，表明秦方音中"鄰"的聲母已經不是複輔音，而是 *r-。

葉玉英（2017b）通過比較秦楚用字上的不同，得出楚方言比秦方言更保守的結論。楚方言保留了成套的複聲母，不僅有 *Cr-、*Cl-型，還有 *S-冠、*m-冠、*n-冠、*h-冠、*ɦ-冠和 *ʔ-冠，而秦方言中的複聲母卻幾乎消失殆盡。

表6　秦楚用字差異表

詞	秦文字	楚文字	詞	秦文字	楚文字
祺	祺（睡虎地·日書甲156背）	禮（天星觀卜筮簡）	祟	祟（睡虎地·日書乙216）	禮（包山簡214）、禮（包山簡235）、禮（清華伍·湯處於湯丘5）
美	美（里耶秦簡 8 - 771正）	美（清華壹·楚居13）	許	許（睡虎地·秦律十八種140）	許（包山簡87）
禁	禁（睡虎地·秦律十八種193）	禁（上博三·周易26）	寸	尊（睡虎地·日書甲67背壹）	斧（上博七·凡物流形甲9）

今按：從秦楚用字差異來看，秦文字與各國通用字相合的明顯多於楚文字，但也有其獨特的用字習慣，如"祺""禁"最早見於秦文字，是漢代以後才成為通用字的。從秦楚用字差異可探尋秦方音與楚方音的不同之處。如"祺"在楚方言中作"禮"，從"無"聲，可見其在秦方音和楚方言中的韻部是不同的。"許國"之"許"，在楚文字中從"無"聲，可知其在秦方音和楚方音中的聲母不同。

（三）以詞為中心，開展形音義系統的斷代研究

系統整理甲骨文記錄的詞，梳理記錄這個詞的字的構形及音義關係，從而構建甲骨文形音義系統；辨析西周春秋金文記錄的詞中，哪些是沿襲了商代的詞，哪些是西周春秋時期出現的新詞，沿襲商代的詞對應的字有無不同，其音義關係是怎樣的，最後構建西周金文形音義系統。戰國各個地域文字材料所記錄的詞有何異同，同一個詞在不同地域的用字有無不同，哪些是新出的雅言詞，哪些是方言詞，其音義關係是怎樣的，最後按地域構建不同的形音義系統。

（四）全面系統整理出土文獻與傳世典籍異文

《詩經》異文的整理已有多部專著，但關於《尚書》《易》《儀禮》《春秋》《左傳》《戰國策》《國語》《論語》《老子》以及醫學文獻等異文的分類整理還沒有展開。整理異文應該區別共時和歷時的關係。共時的通假資料可揭示共時的語音特徵，歷時的異文則可為我們提供音變的綫索。

（五）漢語上古語音演變史研究

關於漢語上古語音演變史的研究，最重要的工作是上古雅言語音演變史研究，上古方音的形成、上古方音音系以及音變研究。

上古雅言語音演變史的系統研究第一步是分期研究，分商代語音、西周春秋語音、戰國雅言語音、秦漢雅言語音四個階段；第二步是歷時比較研究，比較商代與周代語音的差異、西周春秋語音與戰國雅言語音的差異、戰國雅言語音和秦漢語音的差異；第三步是音變節點的研究，重點是研究戰國時期的音變類型、音變模型、地理類型等。

上古方音的形成研究第一步是方言字詞關係的研究，第二步是各方言中的音變研究，第三步是方言語音系統的研究，最後解決戰國的方音區劃問題。

（六）利用古文字資料編撰漢字古音字典

目前的漢字古音字典只有高本漢的《漢文典》是有辭例的，且收了部分古文字字形。21 世紀以來，古文字學和上古音研究都已取得豐碩的成果，我們應該吸收古文字研究新成果和上古音研究新進展，編撰一部古文字學界和音韻學界都需要的古音字典。

參考文獻

[1] 白一平：《"埶""勢""設"等字的構擬和中古 sy（書母 = 審三）的來源》，武漢大學簡帛研究中心主辦：《簡帛》（第五輯），上海：上海古籍出版社 2010 年版。

[2] 白一平、沙加爾：《上古漢語新構擬》，上海：上海教育出版社 2021 年版。

[3] 包擬古著，潘悟雲、馮蒸譯：《原始漢語與漢藏語》，北京：中華書局 1985 年版。

[4] 邊田鋼：《上古方音聲韻比較研究》，浙江大學博士學位論文，2015 年。

[5] 邊田鋼、黃笑山：《上古後期支、脂、之三部關係方言地理類型研究》，《浙江大學學報》（人文社會科學版）2018 年第 4 期。

[6] 蔡一峰：《出土文獻與上古音若干問題探研》，中山大學博士學位論文，2018 年。

[7] 陳斯鵬：《"舌"字古讀考》，《文史》編輯部編：《文史》（二〇一四年第二輯），北京：中華書局 2014 年版。

[8] 洪颺：《古文字考釋通假關係研究》，福州：福建人民出版社 2008 年版。

[9] 胡海瓊：《〈上海博物館藏戰國楚竹書〉通用字聲母研究》，中山大學博士學位論文，2007 年。

[10] 侯乃峰：《上博楚簡儒學文獻校理》（全二冊），上海：上海古籍出版社 2018 年版。

［11］蔣建坤：《清華簡（壹～伍）上古音聲母材料的整理與初步研究》，吉林大學博士學位論文，2016 年。

［12］來國龍：《說“殺”“散”：兼談古文字釋讀中的通假字問題》，武漢大學簡帛研究中心主辦：《簡帛》（第四輯），上海：上海古籍出版社 2009 年版。

［13］來國龍：《從楚簡中“兔”和“鼠”字的混淆談古楚語與雅言的接觸與影響》，林慧莉、程少軒編：《古文字與漢語歷史比較音韻學》，上海：復旦大學出版社 2017 年版。

［14］李方桂、李榮、俞敏等：《上古音學術討論會上的發言》，北京大學中文系《語言學論叢》編委會編：《語言學論叢》（第十四輯），北京：商務印書館 1984 年版。

［15］李家浩：《談“姑發諸反”與“諸樊”之間的語音關係》，中國社會科學院語言研究所《上古漢語研究》編輯部編：《上古漢語研究》（第一輯），北京：商務印書館 2016 年版。

［16］李守奎：《古音研究中應當注意的幾個文字問題》，“上古音與古文字的整合”國際研討會，香港—澳門，2017 年 7 月。

［17］李新魁：《漢語音韻學研究概況及展望》，中國音韵學研究會編：《音韻學研究》（第一輯），北京：中華書局 1984 年版。

［18］劉波：《出土楚文獻語音通轉現象整理與研究》，吉林大學博士學位論文，2013 年。

［19］劉波：《由出土楚文獻中的音轉現象看古人的“一聲之轉”》，林慧莉、程少軒編：《古文字與漢語歷史比較音韻學》，上海：復旦大學出版社 2017 年版。

［20］孟蓬生：《漢語前上古音論綱（一至五）》，“語言與文獻”公眾號，https：//mp. weixin. qq. com/s/jKpVa0ys8Mu6soE8sBtWUQ，2019 年 7 月 25 日；https：//mp. weixin. qq. com/s/mBoXZff_F25 − ZDaPj8B5yA，2019 年 7 月 26 日；https：//mp. weixin. qq. com/s/SThRYq6F0kRPAYZOwjkRDw，2019 年 7 月 27 日；https：//mp. weixin. qq. com/s/ − nrI − 078L pxP13Z7czeQZw，2019 年 7 月 28 日；https：//mp. weixin. qq. com/s/AXeymq25eGWnxW5Q1Vezzw，2019 年 7 月 29 日。

［21］孟躍龍：《〈清華大學藏戰國竹簡〉（1—5）音韻研究》，北京師範大學博士學位論文，2017 年。

［22］潘悟雲：《上古漢語的複雜輔音與複輔音聲母》，《中國民族語言學報》編委會編：《中國民族語言學報》（第一輯），北京：商務印書館 2017 年版。

［23］施瑞峰：《上古聲母諧聲類型及其對古文字釋讀的重要性》，復旦大學碩士學位論文，2019 年。

［24］汪榮寶：《歌戈魚虞模古讀考》，《國學季刊》1923 年第 2 期；《華國月刊》1923 年第 2、3 期。

［25］王蘊智：《古文字材料中所反映出的舌齒音流變現象》，中國古文字研究會、中山大學古文字研究所編：《古文字研究》（第三十輯），北京：中華書局 2014 年版。

［26］王志平、孟蓬生、張潔：《出土文獻與先秦兩漢方言地理》，北京：中國社會科學出版社 2014 年版。

［27］王志平：《上古漢語中的元音鏈式轉移與長短對立》，香港浸會大學孫少文伉儷人文中國研究所主辦：《學燈》（第一輯），上海：上海古籍出版社 2016 年版。

［28］王志平：《“飛廉”的音讀及其他》，李守奎主編：《清華簡〈繫年〉與古史新探》，上海：中西書局 2016 年版。

［29］王志平：《上古音與古文字研究芻議》，中國社會科學院語言研究所《上古漢語研究》編輯部編：《上古漢語研究》（第二輯），北京：商務印書館 2018 年版。

［30］吳建偉：《戰國楚音系及楚文字構件系統研究》，濟南：齊魯書社 2006 年版。

［31］吳辛丑：《簡帛典籍異文研究》，廣州：中山大學出版社 2002 年版。

［32］向光忠：《古文字與古聲韻之參究芻說：兼示〈說文〉古籀篆文諧聲系統之學術價值》，向光忠主編：《說文學研究》（第一輯），武漢：崇文書局 2004 年版。

［33］楊建忠：《利用古文字資料研究上古音的反思》，《古漢語研究》2014 年第 2 期。

［34］葉玉英：《古文字構形與上古音研究》，廈門：廈門大學出版社 2009 年版。

［35］葉玉英：《中古精莊組字來源於 *S-複輔音說箋證》，首都師範大學博士後出站報告，2011 年。

［36］葉玉英：《春秋時期古越語的音節結構與吳越銅器中國名、人名的解釋》，中國古文字研究會等編：《古文字研究》（第三十一輯），北京：商務印書館 2016 年版。

［37］葉玉英：《古音研究中應該注意的文字問題》，《吉林大學社會科學學報》2017 年第 1 期。

［38］葉玉英：《據秦楚用字之異考察複聲母在戰國秦楚方言中的留存》，《復旦學報》（社會科學版）2017 年第 3 期。

［39］葉玉英：《帛書〈周易〉用字及相關語音問題研究》，陳偉武主編：《古文字論壇：陳煒湛教授八十慶壽專號》（第三輯），上海：中西書局 2018 年版。

［40］葉玉英：《利用古文字資料研究上古音應該注意的問題》，婁育、李超、儲小旵主編：《漢語史新視閾：葉寶奎先生七秩壽慶論文集》，廈門：廈門大學出版社 2019 年版。

［41］葉玉英：《基於古文字材料的上古漢語清鼻流音之歷史考察》，（香港）《中國語言學報》2020 年第 1 期。

［42］葉玉英：《從古越語到現代侗臺語：語言類型轉換的實例》，上海師範大學語言研究所、東方語言學編輯部主編：《東方語言學》（第十九輯），上海：上海教育出版社 2020 年版。

［43］曾憲通：《從“蚩”符之音讀再論古韻部東冬的分合》，張光裕等編：《第三屆國際中國古文字學研討會論文集》，香港：問學社有限公司 1997 年版。

［44］曾憲通：《再說“蚩”符》，《古文字與出土文獻叢考》，廣州：中山大學出版社 2005 年版。

［45］翟春龍：《秦音研究》，清華大學博士學位論文，2018 年。

［46］張富海：《上古漢語-ps > -ts 音變在戰國文字中的反映》，復旦大學出土文獻與古文字研究中心編：《出土文獻與古文字研究》（第八輯），上海：上海古籍出版社 2019 年版。

［47］張富海：《諧聲假借的原則及複雜性》，《嶺南學報》（復刊第十輯　出土文獻：語言、古史與思想），上海：上海古籍出版社 2018 年版。

［48］趙彤：《戰國楚方言音系》，北京：中國戲劇出版社 2006 年版。

［49］趙彤：《中古舌根音聲母和雙唇聲母字在戰國楚系文獻中的交替現象及其解釋》，《中國語文》2006 年第 3 期。

［50］鄭張尚芳：《上古音系》，上海：上海教育出版社 2003 年版。

［51］朱德熙：《在長沙馬王堆漢墓帛書座談會上的發言》，《文物》1974 年第 9 期。

A Review and Prospects for the Study of the Old Chinese Phonology basing on Ancient Character Materials since the 21st Century

Ye Yuying

Abstract: This article offers a review and prospects for the study of the old Chinese phonology basing on ancient character materials since the 21st Century. It is demonstrated in five aspects to trace the study of old Chinese phonology with unearthed texts: reconstruction of old Chinese phonology, studies of initial onsets or rhymes, studies of sound changes, studies of Xiesheng or Tongjia, and studies of variant characters between unearthed texts and handed-down texts and old Chinese phonolongy. As for the prospects for the study of the old Chinese phonology, it is pointed out that the future study of old Chinese phonology through ancient character materials should be distinguished period and geographical studies, which is expected to start with the relationship among form, character, and word recorded, and then compare the character-use habits in different periods and regions to discover phonetic clues. It is hoped to commence a word-centered chronological study in form, sound, and meaning, with the systematic collation of variant characters provided by unearthed texts and handed-down texts, to uncover co-temporal phonological features and historical sound changes and further study the history of the sound change of ancient Chinese.

Key words: old Chinese phonology, ancient character, unearthed texts, character-word relationship

（廈門大學中文系）

兆辭 "二告" 與龜蓍並用*

陳光宇

提　要　甲骨文有兆辭 "二𠙽" "小𠙽" 等，其中 "𠙽" 字有兩派說法：一派以張秉權《說
"吉"："上吉" "小吉" 與 "大吉" "弘吉" 的比較研究》一文為代表，以為 "𠙽" 字非
"告"，而是 "吉" 字用於兆辭的省文，並將 "二𠙽" 讀為 "上吉" 或 "下吉"。另一派以黃錫
全《"告" "吉" 辨：甲骨文中一告、二告、三告、小告與吉、大吉、弘吉的比較研究》一文為
代表，舉證甚詳，從字形比較來論證 "𠙽" 與 "吉" 字判然有別，確為 "告" 字省文。目前
學界多將兆辭 "二𠙽" 讀為 "二告"，並從 "告" 字的角度來理解 "二𠙽" "小𠙽" 等含義。
在兩位學者的研究基礎上，本文從 "𠙽" 字的構形分析，殷商卜筮並用的文獻、考古證據，以
及 "龜兆告吉" 的占辭功能三方面來考慮 "𠙽" 字與蓍草筮占的可能關係。基於這些考量，兆
璺旁的 "二𠙽" "小𠙽" 等兆辭也許代表龜蓍並用的占卜過程，強調兆象加數卦才是占卜決疑
所依賴的完整數據。

關鍵詞　兆辭　二告　卜筮並用　蓍草　龜兆告吉

一、甲骨兆辭研究簡述

(一) 兆璺與兆辭

商代甲骨占卜，在整治好的龜甲獸骨背面先行有序地鑿鑽（鑿長槽、鑽圓孔）。占卜時
則用高熱炙炭施於槽洞使之爆裂產生卜字形的裂紋，豎者稱兆幹，向左、右橫出者稱兆枝。
兆幹、兆枝合稱兆璺，一個鑽鑿對應一個兆璺，兆璺是甲骨兆象的基本單位。兆幹、兆枝
的粗細、走向、長短使得兆璺呈現不同兆象，是商代卜官據以解讀吉凶的原始決疑數據。
占卜之後往往在兆璺附近刻辭記錄，稱為卜辭。完整的卜辭包括前辭、命辭、占辭、驗辭。
另外還有一種在兆璺旁，二或三字的刻辭，獨立於卜辭之外，稱為兆辭或兆語。其字體一
般小於卜辭，位於兆枝之下。而表示燒灼順序的數字則刻在兆枝之上。兆辭常見的有 "二
告" "小告" 等 "告類兆辭"①，"不綷黽" "茲用" 等。兆辭內容與卜辭無關，可能是與占

* 本文是國家社科基金項目 "出土文獻與商周至兩漢漢語上古音演變史研究"（項目編號：22&ZD301）的階段性
成果。

① 因為甲骨著錄及文獻一般都將 "𠙽" 釋讀為 "告"，所以筆者引述文獻仍以 "告類兆辭" 稱之。但在行文論述
時則儘量以甲骨文 "𠙽" 表示，例如寫成 "二𠙽" 或 "𠙽類兆辭"。

卜儀式過程有關的術語。因為形式單一簡略，不易展開語義與功能的研究。例如兆辭"不緈黿"的釋讀研究者有十數家，莫衷一是，迄無定論。在分析"黿"的字形、音義基礎上，筆者考慮硃砂與占卜儀式中刻辭塗色的關係，提出"不緈黿"也許與甲骨填朱有關的看法也有待驗證（陳光宇，2012；2020）。至於只有二字的告類兆辭研究者較少，歷來學者的釋讀不出"吉""告"二字。論述具代表性的有《說"吉"："上吉""小吉"與"大吉""弘吉"的比較研究》（張秉權，1951）及《"告""吉"辨：甲骨文中一告、二告、三告、小告與吉、大吉、弘吉的比較研究》（黃錫全，1982），二文舉證俱詳，但是結論相反。本文在此兩位學者的研究基礎上，考察告類兆辭可能的意涵與功能。

（二）凷類兆辭

主要甲骨文獻目前多將"凷"釋作"告"，我們在此將"一凷""二凷""三凷""小凷"等兆辭統稱為"凷類（或告類）兆辭"。劉玉雙（2021）統計《甲骨文合集》（以下簡稱《合集》）中告類兆辭的出現次數、出土及貞人組類，所得數據為：含"告"字卜辭 2 425 條，其中"二告"1 461 例，"小告"271 例，"三告"17 例，"一告"8 例，共計 1 757 例。有告類兆辭的甲骨多出土於小屯村北，其中賓組（賓 1 類、賓 2 類）刻辭使用"二告"次數最多。小屯村北的自小字類和自賓間類也有一些"告類兆辭"。歷組（村南）、無名組、黃組沒有告類兆辭。蔣玉斌（2018）提出卜辭舊讀為"卜告"的"外告"是另一種告類兆辭。但是在所知有"外告"一詞的 5 例甲骨中，其位置與兆璺似無固定關係，不明顯獨立於卜辭之外，且字體與卜辭大小相若，所用"告"字多與"二凷"之"凷"不同，所以本文討論凷類兆辭暫時不考慮"外告"一詞。

（三）凷類兆辭的釋讀

關於凷類兆辭的釋讀，以《說"吉"："上吉""小吉"與"大吉""弘吉"的比較研究》（張秉權，1951）及《"告""吉"辨：甲骨文中一告、二告、三告、小告與吉、大吉、弘吉的比較研究》（黃錫全，1982）二文為代表，可以分別稱為"吉字說"及"告字說"。在展開論述之前，我們先將二說的論證要點作一比較。

張秉權在《說"吉"："上吉""小吉"與"大吉""弘吉"的比較研究》一文中認為，商承祚在《福氏所藏甲骨文字考釋》所言"凷即告之省"是錯誤的，因為省文不能早於正文，而"凷"字出現在最早的賓組刻辭，不應該成為"告"字的省文。他支持孫詒讓在《契文舉例》所言"惟每版間有小字注凷字者，皆不與正文相屬，如云二凷，其義例不可知，竊疑凷即吉之省"。並且大量舉證，從句意分析指出在凷類兆辭的性質、用法、辭例均與"大吉""弘吉"等獨立術語相同，認為"二告""小告"為武丁或文武丁期的舊派術語，而"大吉""弘吉"為新派術語，在時間上可以銜接。為了辯解"凷"與甲骨文"吉"的字形不同，張氏認為甲骨文有兩種"吉"字，一為"王占曰吉"之吉，一為兆辭之吉，寫法不同。兆辭之吉又分兩種：一為新派的大吉、弘吉之吉，一為舊派的上吉、下吉（即二凷）之吉。張氏在其經典之作《甲骨文與甲骨學》一書中仍持此說，有一定的影響力。

黃錫全在《"告""吉"辨：甲骨文中一告、二告、三告、小告與吉、大吉、弘吉的比較研究》一文中首先比較孫詒讓的"吉"字說與商承祚的"告"字說，從"吉"字形體在五期甲骨文的演變，以及甲骨文"上、下"二字的形體，論證"二告"不可能釋為"上吉、下吉"。並指出原來以為是兆辭的吉、大吉、弘吉，實際上是簡化的占辭，不是兆辭。黃氏大量舉證，分析甲骨文"告"的字體，以為"告"字從牛，有繁簡不同的省形，其中有與"屮"字相同的省形出現於兆辭，以及兆辭的"屮"字出現於卜辭可以釋讀為"告"的例子。黃文頗具說服力，目前學界多從"告"字說。

二、甲骨文"屮""告""吉"的區別

甲骨文"吉""兆"二字均有繁簡異體，學者往往將"屮"視為"吉"或"告"之省文，遂有孫詒讓的"竊疑即吉之省"以及商承祚的"屮即告之省"。"屮"字在《小學堂》①、《新甲骨文編》（劉釗等，2009）中沒有收錄。《甲骨文字編》（李宗焜，2012）及《甲骨文編》（中國社會科學院考古研究所，1965）將屮類兆辭以"二告""小告""三告"的合文形體列於合文項。圖1選取《合集》中的"二屮"合文與"吉""告"二字進行比較。甲骨文"吉"與"告"的標準字形分別為"含"與"屮"。將此"吉""告"標準字形與"屮"進行比較，三字的下部構件相同，但上部構件明顯不同。三字應該容易區分，何以歷來學者對"屮"的釋讀走不出"吉""告"的範疇？筆者認為除了學者以為"屮"是"吉"或"告"的省文異體之外，可能也受《左傳·昭公五年》所記"龜兆告吉"一語的影響，認為龜甲兆璺旁的屮類兆辭理所當然地與"告吉"有關。如果要跳出"龜兆告吉"的範疇來研究屮類兆辭的可能意涵，首先需要檢視張、黃二氏的論證基礎，重新探討"屮"與"告""吉"二字的區別。

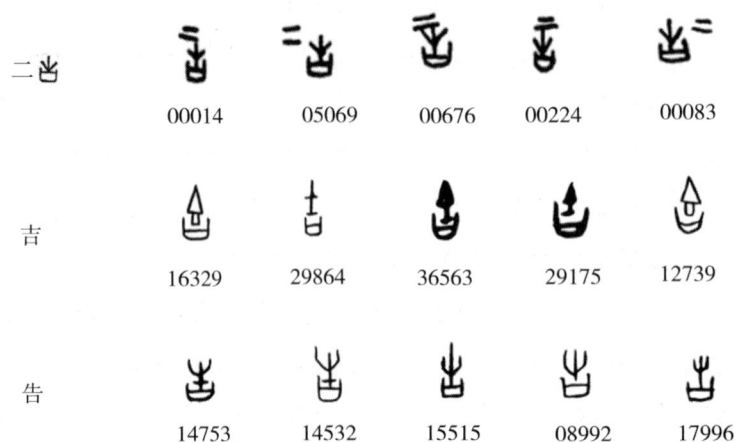

二屮	00014	05069	00676	00224	00083
吉	16329	29864	36563	29175	12739
告	14753	14532	15515	08992	17996

圖1　甲骨文"二屮""吉""告"比較（所列數字均為《合集》的甲骨片號碼）

---

① "小學堂"為臺灣大學中國文學系，"中央研究院"歷史語言研究所、資訊科學研究所、數位文化中心共同開發的古今文字資料庫，網址為 https://xiaoxue. iis. sinica. edu. tw/。

（一）屮與吉的區別

張秉權從句意分析比較着手，將武丁時代的屮類兆辭與所謂新派的 "大吉" "弘吉" 等詞語相對應，認為二者時代銜接，所以把 "二屮" "小屮" 視為 "吉" 字用在兆辭的特殊寫法。甲骨文 "吉" 字的標準字形寫作 "𠙼"，雖然異體很多，但與 "屮" 的字形均不相同，非常容易區分，也從來沒有混用的例子。以《合集》809 為例，"吉" 與 "屮" 同版出現，判然有別，確為不同的兩個字。張氏所言的 "特殊寫法"，實難成立。為了與 "大吉" "弘吉" 相對應，其將 "二屮" 讀為 "上吉、下吉"，無視兆辭 "二屮" 之 "二" 的橫畫，不作弧形，多半無分短長，無法區別 "上" "下"。另外，"吉" "大吉" "弘吉" 等詞語的字體多與卜辭大小相若，多不與兆璺相連。例如《合集》809 反："王占曰：其雨，佳庚，其佳辛雨，弘吉。" 其中 "弘吉" 一詞明顯是占辭。所以無論從字形比較、辭語性質，以及版面位置來看，兆辭的 "屮" 字都不能釋讀為 "吉"，作為兆辭的 "二屮" "小屮"，不能讀為 "二吉" "小吉"，更不能讀為 "上吉" "下吉"。

（二）屮與告的區別

商承祚在《殷契卜辭釋文》中言："祚按：屮字昔皆讀吉，非是。當是告字，其例有大告、小告、二告、三告，此二屮即二告也。告吉結體不同。"（參看張秉權，1951）。黃錫全（1982）以為甲骨文 "告" 之上部件从牛，甲骨卜辭可見从 "牛省形" 不同的 "告" 字。例如《合集》6142、《合集》6250 同版即有繁簡不同从牛省形的幾個 "告" 字。圖 2 列出 "牛" 部件的四種主要形體（A—D 型），並與甲骨文 "牛" "告" 及 "屮" 諸字比較。"牛省形" 部件除 C 型作斜直畫，其他三型兩翼均作半圓或折筆。另外，A、B、C 三型中間均為長豎。由圖 2 的比較可見，C 型部件與甲骨文部件 "屮" 極為相似。所以从 C 型的 "告" 字與兆辭的 "屮" 字，有時確實不易區別，可能是造成 "屮" "告" 難分、容易混淆的主要原因，但這也是黃氏論證 "屮" 是 "告" 省文的主要依據。現就其論點分三方面來檢討。

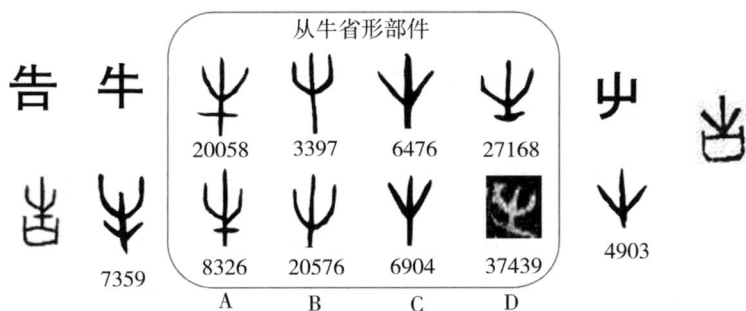

圖 2　甲骨文 "告" "牛" "屮" 三字與部件 "屮" "牛" 形體比較

首先，黃氏舉例證明兆辭的 "屮" 字也可以使用牛省形部件的 "告"：甲 2475（《合集》15222）、坊間 4.172（《合集》19429）的 "一告"，乙 5307（《合集》9947）、林

1.25.3（《合集》26201）、乙 202（《合集》20967）、《合集》26639 的"二告"，林 1.25.15（《合集》17830）、前 7.32.1（《合集》6050）的"三告"，以及見於乙 5225（《合集》14315）、鐵 34.4（《合集》15841）的"小告"。這些例子中的兆辭多刻成與圖 2 的 B、C 二型相似、從"屮"或從"䒑"的"告"字省文。例如《合集》9947 有三個"二告"兆辭，其中兩個刻作"凷"，一個刻作有似"告"字省文的"凹"。所舉諸例固然可以用來推論兆辭的"凷"，因為可以寫出從牛省形，所以是"告"之省文，但同樣也可以用來說明"凷""凹"形近，雖然可以區分，但確實有混淆誤刻的可能。例如《合集》938 及《合集》4735 兩版有見於卜辭的"凹"與見於兆辭的"凷"（圖 3），其中卜辭的"凹"確為"告"字省文，與兆辭的"凷"極為形似。但如果放大審視，卜辭之"凹"與兆辭之"凷"還是判然可別，應該是不同的兩個字。粗略估計《合集》上千例凷類兆辭，其中刻成如"凹"（從牛省形的"告"字）的佔比不多，可能不過百分之二三。從統計學角度來看，將這些少數例子作為"凷"與"告"等同的理由，似嫌薄弱。有篇討論"二告"功能的文章就說："將兩者（即與告）混為一字毫無道理，根本無法令人信服。"（馮少波，2018）

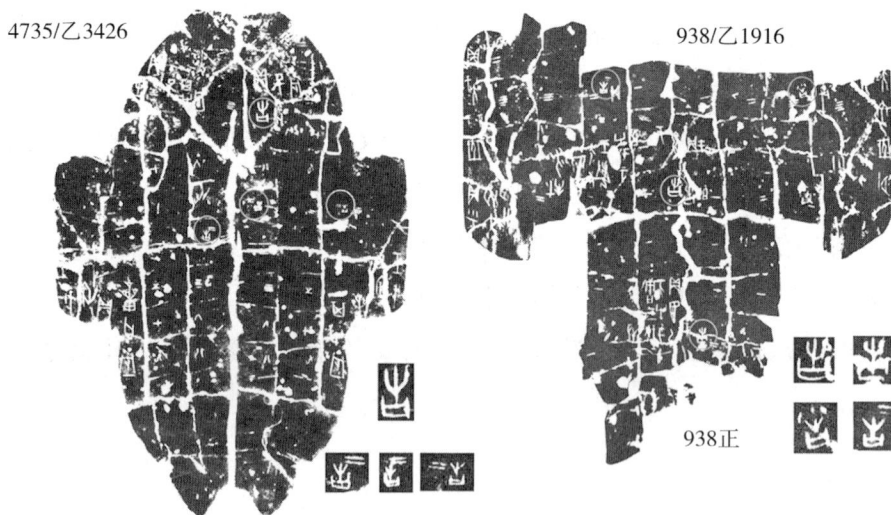

圖3　同版的"凷"與"告"字比較

在黃氏所舉辭例中，確有明顯從 A 型牛省形的"二告""三告"。圖 4 的三例均為出組卜辭，其上所刻"二告"字體、位置與一般所見兆辭"二凷"不同。檢視《合集》，這種與卜辭字體同大，字形從"牛"的"二告"在出組有 7 筆，何組有 5 筆，就全部凷類兆辭而言，佔比極少，不到百分之一。目前這些見於出組、何組卜辭的"二告"與賓組兆辭"二"的關係還有待研究。用如此少數的例子來證明兆辭的"凷"字應該釋讀為"告"，也有以偏概全之慮。

另外，我們再考慮如下三條出組二類卜辭：

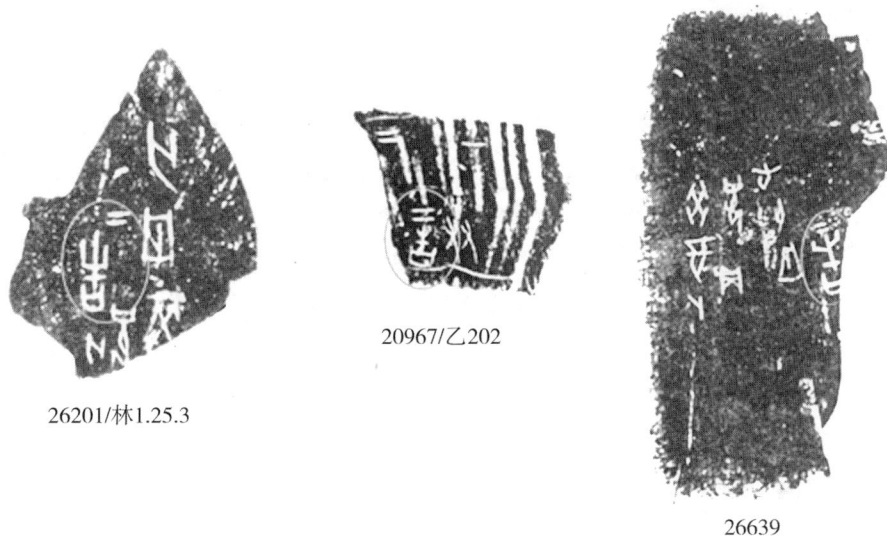

圖4　從 A 型牛省形的 “二告” 例（數字為《合集》的甲骨片號）

甲午卜，王貞曰：雨。吉，告，允雨。[《合集》22782（出二）]

丁未卜，王貞：今夕雨。吉，告，之夕允雨，至于戊申雨。在二月。[《合集》24773（出二）]

癸酉卜，王貞：旬亡禍。吉。告，在三月。[《合集》26482（出二）]

　　三條卜辭中，“吉、告” 連文，同見於文句，指的是占卜結果。因為不與占卜過程儀式有關，所以這三例的 “吉、告” 不具備兆辭的特點，可以視為簡化的占辭。因此，我們懷疑雖然 “二告” 與 “二屮” 形似，但可能意涵不同。“二屮” 出現於武丁賓組，而 “二告” 只見於祖甲、祖庚的出組與何組。若然，則見於出組、何組的 “二告” 應是占辭，而非兆辭。如果在卜辭文句出現的 “二告” 確為占辭，也可以反證兆辭 “二屮” 與占辭 “二告” 不能等同。

　　其次，黃氏舉例說明甲骨文的 “牛” 或從牛之字如牢、牡等，其從牛部件可以省作 “屮” 形（C 型），與 “屮” 的上部件 “↓” 極為接近，所以 “屮” 的上部件可視為 “牛” 省形。仔細觀察所舉諸例可知所從 C 型之 “屮”，中豎較長，與 “屮” 字所從之 “↓” 形還是可以區分的，所以不能徑以 “屮” 與 “↓” 二形相近作為 “屮” 字從牛省形的理由。以所舉《合集》12051 為例，其正反兩面的四個 “牛” 字與正面的 “二屮” “小屮” 比較，區別甚明。另外，筆者認為以 “屮” 形（C 型牛省形）來證明 “屮” 為 “告” 字省文，還忽視了無論 “屮” 或 “↓” 二形都與甲骨文從中的部件極為相近的事實。

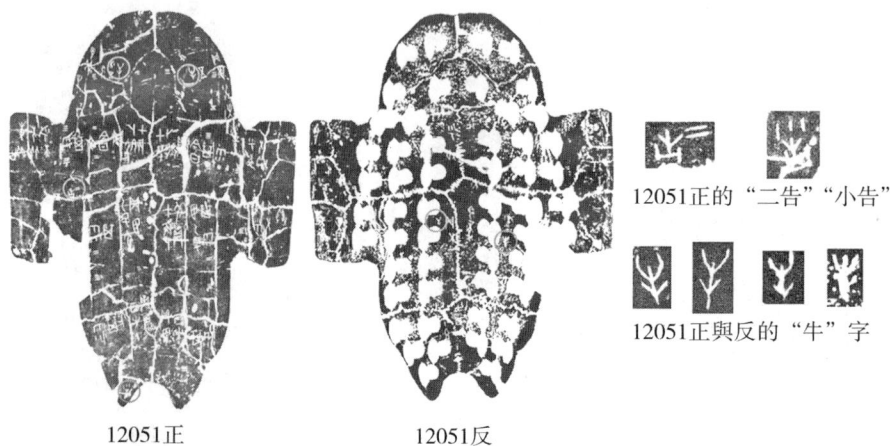

12051正的"二告""小告"

12051正與反的"牛"字

12051正　　　　　12051反

圖5　同版"牛"與"屮"字比較

最後，黃氏舉出四片甲骨刻辭爲例，認爲兆辭的"屮"也可以作爲"告"而出現於卜辭文句。圖6所示乙6476的"告"確爲從C型牛省形，但乙2045的"告"則形似兆辭的"屮"。此二片可以綴合，實爲同版。乙4957的"告"與乙3375的"告"似乎也與兆辭的形似。這些例子固然可以用來支持"屮"是"告"字省文，二者是一字異體，可以互相混用的看法，但同樣也可以用來說明從牛省形（"丫"）的"告"與從中形（"↓"）的"屮"確有混淆的可能。考慮兆辭的"屮"刻寫成從牛省形的"告"字之佔比極少，以及卜辭文句中"告"字刻作"屮"的佔比也極少的現象，加上從C型牛省形與從中形兩種部件極爲相近，容易混淆刻寫的可能性，黃氏所舉例子還不足以作爲"屮"等同於"告"的堅實證據。

乙2045　　　　乙6476　　　　乙3375　　　　乙4957

圖6　見於卜辭文句的"屮"字

（三）"告字說"的總檢討

歷來學者都將"屮"釋讀爲"吉"或"告"，從字形及辭例的比較分析來看，"屮"與"吉"字絕不相同，將兆辭"二屮"讀爲"上吉、下吉"也難以成立。學者目前多將"屮"視爲"告"字省文，將兆辭"二屮""三屮"讀爲"二告""三告"。屈萬里（1984）解釋《甲》2260的兆辭"三告"時說："此二字蓋記事之辭，言灼卜三次乃見坼璺而告以吉凶也。"劉玉雙（2021）進一步以爲施灼龜甲得見裂痕表示人與神靈溝通。"三告"表示與神靈溝通三次才有所告，因此將《合集》22782 所言 "吉，告" 理解為 "吉利，兆告"。以神靈溝通的兆告來理解兆辭，顯然深受《左傳》"龜兆告吉" 一語的影響。但是溝通或燒灼的次數與吉凶決疑究竟有何直接關係，則不得而知。既言 "龜兆告吉"，說明無論是 "告" 或 "吉"，其意涵都已進入占辭的結論性範圍，所以 "吉" 或 "告" 字應該置於占辭而非兆辭，不能與兆辭的 "凵" 等同。縱觀《合集》上千例的凵類兆辭，所用 "凵" 字絕大多數與甲骨文 "告" 字可以區分。從統計學角度來看，如果因為 "凵" 與從 C 型牛省形的 "告" 相似，有混淆或混用的例子，就徑下結論，以 "凵" 為 "告" 之省文，可能失之太偏。要理解作為 "凵" 字用在兆辭的意涵，可能還是應該跳出 "龜兆告吉" 的傳統框架，另從 "凵" 的造字本義去探求。

三、兆辭 "凵" 的構形分析與造字本義

兆辭的 "凵" 字在《甲骨文編》及《甲骨文字編》中以合文形式 "一凵" "二凵" "三凵" "小凵" 列出。《新甲骨文編》未收此字。此字的上下兩個構成部件是 "屮" 與 "口"，可以分別隸定為 "屮" 及 "口"。

（一）上部構件 "屮"

兆辭的 "凵" 字上部構件與甲骨文 "告" 與 "吉" 的標準字形明顯不同。單從部件形體比較，"凵" 字的上部構件與從屮的甲骨文所用部件 "屮" 完全相同。甲骨文從屮之字在《小學堂》中查得 64 字，從艸之字查得 33 字。例如 "苞"（苞，《合集》20624）、"芻"（芻，《合集》93）、"芳"（芳，《合集》33225、37517）、"莫"（莫，《合集》27397）、"折"（折，《合集》20594）等。這些從屮的甲骨文，其部件 "屮" 均作 "屮" 形。《說文》："屮，草木初生也。" 所以就部件形體而言，"凵" 字從屮，其造字本義應該與 "草" 有關。再從卜筮角度來看，在兆璺旁所刻的 "凵" 字，如果確定從屮，與草木有關，則最可能的候選植物就是蓍草。《史記》這樣描述蓍草："聞蓍生滿百莖者，其下必有神龜守之，其上有青雲覆之。" 先秦文獻記載的筮法所用蓍草究竟是甚麼樣的植物，已經無從可考。但是如果去除故籍中神秘玄怪的色彩，先秦所說的蓍草可能就是現代所稱蓍草的蒿類植物。《中華古漢語大辭典》："蓍，野草名，別稱蓍草，鋸齒草，蚰蜒草，多年生直立草本植物。我國古代用來占卜。"（參看楊清虎，2014）現代蓍草雖然不是一根百莖，但如圖 7 所示，確實也是一根多莖，而其莖稈分支處極似 "凵" 的上部構件。所以就象形而言，將 "凵" 所從 "屮" 形部件聯繫到蓍草的莖梗，應該沒有問題。

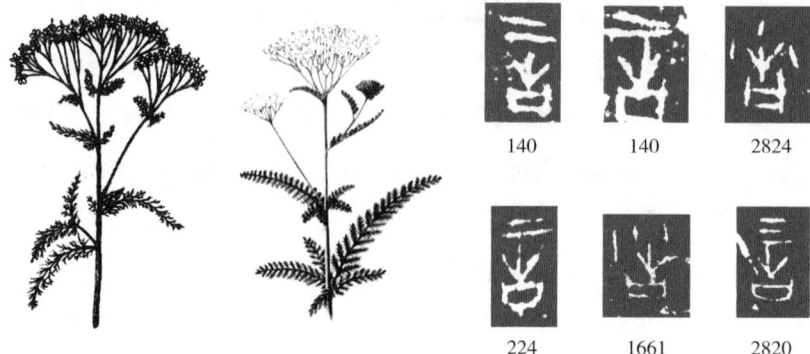

圖 7　蓍草與兆辭 "凵" 的比較（數字為《合集》號碼）

（二）下部構件‧‧

兆辭 "凵" 字下部件作 "凵" 形，在《新甲骨文編》《甲骨文編》及《甲骨文字編》中均隸定為言食之器的 "口"。查看从口的甲骨文字，其口字偏旁可以區分為寬口與窄口兩種形體。如 "𠯛"（吹）、"𣢼"（次）、"𣢍"（飲）等字使用的窄口部件可以確定是指 "言食之器" 的口。但是一些从寬口部件的甲骨文像 "凷""凷"（叶、協），"𤔲"（唐），"𠮱"（吉），"𠙴"（咎），"𣪊"（曶）等與 "言食之器" 的關係比較難以確定。在意涵上這些从寬口的字多與儀式典禮（如咎、曶、吉）或軍國大事（如凵王事）有關。兆辭的 "凵" 字其所从為寬口部件，難以證明是否言食之器。但如果 "凵" 的上部件為蓍草象形，則其下部件 "凵" 可能指盛蓍草莖稈的容器，或以蓍草占筮的占儀之具。

（三）"凵" 與蓍筮

我們跳出 "龜兆告吉" 的框架，嘗試從 "凵" 的部件分析來探索其造字本義，從而推測兆辭的 "凵" 在占卜過程中可能的意涵與功能。就 "凵" 的上部構件而言，其造字本義可能與草木有關，再將 "凵" 放在先秦占卜的語境之中，其上部構件所象形的草木只能是蓍草。如果 "凵" 字上部件像蓍草莖稈，而下部件像占儀之器，則 "凵" 字當與筮占有關。"凵" 字从中，"蓍" 字从艸。如果 "蓍" 字的下部件是從 "凵" 形演化而來，而其所从 "老" 是後加會意部件，用來表示 "蓍千歲而長滿三百莖"，則 "凵" 可以與後起的 "蓍" 作字源聯繫，或可視為 "蓍" 之初文。由殷商从中之 "凵" 演變為周代从竹之筮可能代表數字筮占的工具由蓍草莖稈向竹策的轉換演化。總之，雖然 "凵" 字與 "蓍""筮" 的字源關係有待繼續深入研究，兆辭的 "凵" 如果不以 "告""吉" 省文視之，當與蓍筮有關。

四、文獻中的卜筮並用

（一）先秦文獻

《周禮‧筮人》言："凡國之大事，先筮而後卜。"《周禮‧太卜》言："國有大疑，問於蓍龜。"《史記‧龜策列傳》言："自古聖王將建國受命，興動事業，何嘗不寶卜筮以助善！唐虞以上，不可記已。自三代之興，各據禎祥。涂山之兆從而夏啓世，飛燕之卜順故殷興，百穀之筮吉故周王。王者決定諸疑，參以卜筮，斷以蓍龜，不易之道也。"又言："夫撰策定數，灼龜觀兆，變化無窮，是以擇賢而用占焉，可謂聖人重事者乎！"《尚書·洪範》討論龜筮的從逆，《史記》所謂的 "參以卜筮，斷以蓍龜" 都顯示龜蓍並用的卜筮是先秦的君國大事。《楚辭·卜居》寫到屈原既放，問疑太卜，鄭詹尹端策拂龜曰："君將何以教之？"《左傳·僖公四年》："晉獻公欲以驪姬為夫人，卜之不吉，筮之吉，公曰：'從筮。'"這些都是卜筮並用的生動例子。

（二）出土文獻

先秦卜筮，龜蓍並用，龜指龜甲、獸骨，蓍指蓍草莖稈。《洪範五行傳》："龜之言久也，千歲而靈，此禽獸而知吉凶者也。蓍之為言者也，百年一本，生百莖，此草木之儔知吉凶者也，聖人以問鬼神焉。"所以王蘊智（2017）認為龜卜可能與 "動物之靈" 的崇拜有關，蓍占則可能與 "植物之靈" 的崇拜有關。20 世紀殷墟考古科學發掘，出土大量殷商甲骨，證明殷商確以龜甲獸骨作為占卜工具。但是筮占所用蓍草莖稈不可能存留地下，所以無法直接證明商代是否用蓍草作為占卜工具。1978 年，張政烺在吉林大學第一次古文字會議上首先提出周原卜甲所見的六個數目字是陰陽二爻形成的重卦（張政烺，1980）。從此人們認識到其他在殷墟、高青、豐鎬、陳莊各地遺址出土的晚商卜骨以及商周器物上刻的由不同數目字組成的特殊符號實際上都是用來表示筮占的結果，可以視為筮數易卦。而1979 年在江蘇青墩遺址出土的骨角栖和鹿角枝也刻有這種數字符號，更將數字占的傳統直溯至新石器時代（參看張政烺，1985；蔡運章，2004）。龜甲、獸骨、器物所見數字卦是證明殷商遠古有筮占的寶貴出土資料，因此我們可以確定殷商時代卜筮並用的傳統。除此之外，學者對甲骨文 "巫" 字的釋讀以及對黃組卜辭所見 "舍巫九备" 一語的研究也支持殷商卜筮並用的看法（參看朱鳳瀚，2013；史亞當，2018）。

（三）卜筮並用

甲骨器物所見數字符號與易卦的聯繫，以及卜辭有 "舍巫九备" 的記載都說明殷商時代已有成熟筮法，雖然沒有蓍草莖稈的直接考古證據，但古籍如《周易繫辭》有關以蓍草莖稈來演算取得數字卦的詳細記載，不可能無中生有。所以結合傳世及出土文獻，可以確定殷商占卜應該包括龜卜筮占。考慮殷商占卜儀式的龜蓍並用，加上兆辭 "凵" 字的上部構件像草，有似一根多莖的蓍草莖稈，我們跳出 "龜兆告吉" 的框架，提出兆辭的 "凵" 字與蓍筮有關。龜卜看象，蓍筮觀數。刻在兆璺旁邊的兆辭 "二凵""小凵" 可能表示象數俱在的龜筮從逆關係，而 "凵" 形成合文的 "一、二、三、小" 也許與爻數或卦數有關。

五、結語

歷來學者受 "龜兆告吉" 的影響，對 "二凵""小凵" 等兆辭的釋讀一直局限於 "告、吉" 的框架。將 "凵" 視為 "告" 之省文，無視上千條兆辭所用的 "凵" 字，其部件明顯與从牛省形的"告"不同，也無視"屮"字的上部構件與甲骨文的"屮"極為相似的事實。以"二屮"為"二告"，解讀為示兆，或燒灼次數，或神靈感應，均嫌未洽。以"屮"為"吉"在字形上更難以成說，而原來以為可以對應的大吉、弘吉，本身就不是兆辭。總之，"吉、告"二說的釋讀流於"龜兆告吉"的窠臼，模糊了占辭與兆辭的分界綫以及二者功能性質的區別。

本文基於字"屮"的構形分析，將其上部構件與蓍草聯繫，下部構件與占儀之器聯繫，將"屮"視為可能與殷商筮法有關的術語。這個提法符合傳世及出土文獻所見卜筮並用的上古習俗。如果我們對"屮"字的看法正確，則屮類兆辭可能表示在占卜儀式中龜蓍並用，"屮"字前的數字或"小"字含義為何，是否與爻、卦有關，仍待研究。但甲骨兆璺呈象，再加以蓍筮結果，以"二屮""小屮"表示，可能在區分龜從筮從、龜從筮逆、龜逆筮從、龜逆筮逆等各種卜筮組合。將"屮"視為與筮法有關的術語，可以在"吉、告"二說之外另闢一條新思路，沿此思路可以具體地提出許多問題，繼續考察兆辭的意義及功能，特別是筮數與卜兆如何結合來取得共識，從而達成占卜決疑方面的目的。將兆辭的"屮"釋讀為"吉"或"告"，不但模糊了占辭與兆辭的分界綫，也忽視了筮法在殷商占卜決疑方面的重要性。因此，我們認為兆辭"二屮"等的意涵與功能也許不在於"龜兆告吉"，而在於顯示"龜蓍並用"的完整占卜儀式。

參考文獻

［1］蔡運章：《商周筮數易卦釋例》，《考古學報》2004 年第 2 期。

［2］陳光宇：《從"礫砂"到"不繛黽"》，中國古文字研究會、復旦大學出土文獻與古文字研究中心編：《古文字研究》（第二十九輯），北京：中華書局 2012 年版。

［3］陳光宇：《兆語"不繛蛛"與甲骨填朱》，中國古文字研究會、西南大學漢語言文獻研究所、西南大學出土文獻綜合研究中心編：《古文字研究》（第三十三輯），北京：中華書局 2020 年版。

［4］馮少波：《"二告"字義證》，宋鎮豪主編：《甲骨文與殷商史》（新八輯），上海：上海古籍出版社 2018 年版。

［5］黃錫全：《"告""吉"辨：甲骨文中一告、二告、三告、小告與吉、大吉、弘吉的比較研究》，《吉林大學研究生論文集刊》（社会科学版）1982 年第 1 期。

［6］蔣玉斌：《論殷墟卜辭的一種告辭：外告》，宋鎮豪主編：《甲骨文與殷商史》（新八輯），上海：上海古籍出版社 2018 年版。

［7］李宗焜編著：《甲骨文字編》，北京：中華書局 2012 年版。

［8］劉玉雙：《甲骨文中"二告""三告""小告"小議》，宋鎮豪主編：《甲骨文與殷商史》（新十一輯），上海：上海古籍出版社 2021 年版。

［9］劉釗、洪颺、張新俊編纂：《新甲骨文編》，福州：福建人民出版社 2009 年版。

［10］屈萬里：《殷虛文字甲編考釋》，臺北：聯經出版事業股份有限公司 1984 年版。

［11］史亞當：《甲骨文"含巫九靈"和"含巫九备"含義新考》，宋鎮豪主編：《甲骨文與殷商史》（新八輯），上海：上海古籍出版社 2018 年版。

［12］王蘊智：《甲骨文所見商代筮占》，苗長虹主編：《黃河文明與可持續發展》（第 12 輯），鄭州：河南大學出版社 2017 年版。

〔13〕楊清虎：《蓍草演變新論》，《文化遺產》2014 年第 2 期。

〔14〕張秉權：《說 "吉"： "上吉" "小吉" 與 "大吉" "弘吉" 的比較研究》， "中央研究院" 歷史語言研究所集刊編輯委員會編：《 "中央研究院" 歷史語言研究所集刊》（第二十三本　傅斯年先生紀念論文集　上冊），臺北：臺北東方印刷有限公司 1951 年版。

〔15〕張政烺：《試釋周初青銅器銘文中的易卦》，《考古學報》1980 年第 4 期。

〔16〕張政烺：《殷墟甲骨文中所見的一種筮卦》，中華書局編輯部編：《文史》（第二十四輯），北京：中華書局 1985 年版。

〔17〕中國社會科學院考古研究所編：《甲骨文編》，北京：中華書局 1965 年版。

〔18〕朱鳳瀚：《黃組卜辭中的 "㽕巫九咎" 試論》，宋鎮豪主編：《甲骨文與殷商史》（新三輯），上海：上海古籍出版社 2013 年版。

OBI Crack Notation "*Ergao*" （二告） and the Combined Use of Turtle Shell and Yarrow-Stalk for Divination

Kuang Yu Chen

Abstract：With regard to the interpretation of "*ergao*" （二出） and "*xiaogao*" （小出） in OBI （oracle bone inscriptions）, there are two schools of thought：One, as represented by Zhang Bingquan （張秉權）, proposed that "出" is a variant of "*ji*" （吉, auspiciousness） and considered the term "二出" as "*shang-ji*" （上吉, up-auspiciousness） or "*xia-ji*" （下吉, down-auspiciousness）. The other, as represented by Huang Xiquan （黃錫全）, proposed that "出" is a variant of "*gao*" （告, to present） and considered "二出" as "二告", meaning the second presentation. After reviewing these studies, we have now formulated a new interpretation for the character "出". We propose that "出" is not a variant of either "*ji*" （吉） or "*gao*" （告）. Rather, it is related to divination using yarrow-stalk. Our argument was based on three considerations：（i） the epigraphic analysis of the graph "出"；（ii） the textual and archaeological evidence for a combined use of pyromaniac divination （shell or bone） and yarrow divination in the pre-Qin era, including the Shang Dynasty；（iii） the functional connection of the term "*guizhao gaoji*" （龜兆告吉, shell cracks present auspicious omen） with prognostications in OBI. Thus, crack notations such as "*ergao*" （二出）、"*xiaogao*" （小出） may indicate that a certain process of yarrow-stalk divination was to be applied to complement the pyromaniac divination using shell or bone.

Key words：crack notation, *ergao* （二告）, *bushi bingyong* （卜筮並用, combined use of turtle and yarrow for divination）, yarrow, *guizhao gaoji* （龜兆告吉, shell cracks present auspicious omen）

（新澤西州羅格斯大學東亞語言文化系）

商代甲骨文金文中"用"的對比研究[*]

鄭繼娥

提　要　本文分析商代甲骨文和金文中"用"的詞性、賓語、共現動詞、句式等方面，並對比其異同。研究結果發現二者差異較大：甲骨文"用"為動詞，商代金文中多為介詞；"用"後的賓語，甲骨文多用具體名詞，而金文"用"一般沒有賓語；共現的動詞也很不同，甲骨文多為祭祀義動詞，而金文多為製造義動詞。二者差異的原因很可能是載體、語境不同。這有助於探討"用"從動詞發展出介詞用法的萌芽階段。

關鍵詞　用　甲骨文　商代金文　對比

　　"用"，甲骨文字形為"卅"（《合集》7658）、"卅"（《合集》7762）。對於其字形字義，《說文》認為："用，可施行也。從卜，從中。……卅，古文用。"由於許慎未見到甲骨文，其析形有誤。于省吾（1996）認為其初文是甬（桶）形，左邊像用木片箍成的桶體，右邊像把手，因而有"施用、施行"義[①]。金文字形為"卅"（《集成》4798）、"卅"（《集成》4895），繼續沿用甲骨文字形，後加半圓形"卅"，分出"甬"。春秋晚期以後文字則兼用"用""甬"表示詞"用"，如"永甬之"（《集成》4695）[②]。李孝定（1982）認為金文"用本為甬，乃名辭"，後來引申為動詞，表示"施行、使用"。目前學界已經形成定論，"用"的字形為象形，作為動詞，其常用義為施行，後虛化為介詞、連詞等。

　　"用"是甲骨文、金文常用字之一，二者用法是否相同，有何差異之處，這是我們想探討的問題。限於篇幅，本文擬選擇商代甲骨文與商代金文中的"用"為研究對象，通過對比"用"的賓語、與別的動詞共現時出現的句型等，找出異同，並探討其原因。

一、甲骨文"用"

　　甲骨文"用"字的用法，語言學界都認為只作動詞。我們將對甲骨文中"用"字的賓語、共現動詞語義和類別，以及相關語序進行整理分析。我們選擇臺灣"中央研究院"歷史語言研究所的先秦甲骨金文簡牘詞彙語料庫中甲骨文"用"字前600例，去重23條，殘

---
　　[*]　本文是國家社科基金重點項目"殷墟甲骨文譯注與語法分析及資料庫建設"（項目編號：17ZDA299）、教育部人文社會科學研究規劃基金項目"出土上古漢語文獻虛詞'于''以'的來源及其發展研究"（項目編號：19YJA740086）的階段性成果。

　　[①]　參見于省吾主編：《甲骨文字詁林》（第四冊），北京：中華書局1996年版，第3406頁。
　　[②]　田煒：《西周金文字詞關係研究》，上海：上海古籍出版社2016年版，第290頁。

辭 175 條，去掉不當 45 例，實際考察的是 357 條。下面根據 "用" 在卜辭中單獨作謂語和與其他動詞共現分兩類進行分析。

（一）"用" 字單用為句子謂語

這裏的 "單用" 指一句卜辭中只有 "用" 一個動詞作謂語的情況。下面根據有無賓語、補語來分類舉例。

1. "用" 後有賓語

"用" 的賓語大多是一種牲品，如：羌、牛、牢、羊、豕、犬、狐等。

(1) 用望乘來羌。(《合集》236)

(2) 用白牛祖乙。(《合集》1619)

(3) 用小牢龍母。(《合集》21805)

(4) 用羊豕妣己。(《合集》19905)

(5) 丁酉卜，殼鼎（貞）：今日用五宰祖丁？(《合集》1878 正)

"用" 後的犧牲種類比較多，有人類，如例（1）的 "羌"，還出現其出處，採用 "某來羌" "某以羌" 表示，如例（1）的 "望乘來"，表示 "羌" 是望乘送來的。表示人牲的還有 "伐"（《合集》965 正）、"孚"（即俘，《合集》903 正）、"屍"（《合集》828 正）、"五百寇"（《合集》562 正）等。

"用" 採用的動物牲品類別除了例（2）至例（4）中的 "牛" "牢" "羊" "豕" 外，還有 "犬"（《合集》21885）、"黽"（《合集》17666）等，其中 "豕" 還細分 "盧豕"（《合集》22437）、"豵"（《合集》21548）、"豣"（《合集》15447）、"豙"（《合集》22066）等，均為雄性；"牛" 分 "白牛"（《合集》1619、《合集》10452）、"黎牛"（《合集》19911）等，"羊" 也有 "白羊" "黑羊"（《合集》32552）之分。需要注意的是上述例子中，還有祭祀對象，分別是 "祖乙" "龍母" "妣己" 等，這些例子表明 "用" 後可以有 2 個賓語，1 個表示牲品，1 個為對象，這種雙賓語用法一共有 8 例。

"用" 後的賓語，除了動物外，還有物品，如 "邕" "爵" "竹" "多屯" 等，數量少，一般為 1~2 例，如：

(6) 不惟邕用？(《合集》15426)

(7) 王用竹，若。(《合集》15411)

(8) 用多屯。(《合集》813)

(9) 惟辛庸用。(《合集》15994)

例（6）是在否定句中用 "惟" 作標記把賓語前提，例子還有 "勿惟羌用"（《合集》462 反）等；也有肯定句用 "惟" 前提賓語的，如 "惟內玉用"（《合集》11364）。

　　此外，"用"的賓語還有"卜"，表示某事占卜了幾次，採用的是第 N 次占卜。其中，有的用"六卜"，有的用"（一）卜"，如：

　　　　（10）用六卜。（《合集》22046）
　　　　（11）貞：余用卜。（《合集》22123）

2. "用"後有補語

　　　　（12）……用于天甲。（《合集》1471）
　　　　（13）……眢其用于丁。（《合集》1989）
　　　　（14）壬寅卜，殷貞：興方以羌用自上甲至下乙。（《合集》270）

　　上述 3 例是"用＋于＋祖先"形式，表示"……適用於某祖先"。這樣的例子一共 6 例。

3. "用"後有賓語和補語

　　　　（15）用羌于祖乙。（《合集》424 正）
　　　　（16）今日用二羖于成。（《合集》1371）
　　　　（17）……用狐于丁。（《合集》10254）

　　上述 3 例是"用＋牲品＋于＋祖先"，表示用某牲品給某祖先，如例（15）意思是給祖乙使用羌（祭祀）。所用的牲品有人牲（羌、屄、伐），也有動物犧牲（牛、牢、豕、彘、狐）等。

4. "用"後沒有其他成分

　　　　（18）今辛亥侑于上甲，用？（《合集》7076）
　　　　（19）侑于祖辛二牛，今日用？（《合集》1681）
　　　　（20）庚寅卜：于姚己用？（《合集》22045）
　　　　（21）王占曰：其用。（《合集》562 反）
　　　　（22）王占曰：吉。用。（《合集》795 反）

　　例（18）至例（20）都是命辭，一般是先說某種行為，再說是否採用，這種用例數量最多。例（18）表示"這個辛亥日對上甲進行侑祭"的行為是否"施行"；例（19）表示"對祖辛（用）兩頭牛侑祭"是否"今天採用"；例（20）"用"也在命辭，比較簡短，查

《合集》發現該片前面有 "戌子卜,于來戌用羌" "惟今戌用" 等例, "用" 前有時間,
"用" 後有 "羌",以此可知,這裏是卜問 "給妣己用(羌)" 的省略;例(21)(22)都
是占辭, "用" 字在句末,表示商王看了卜兆判斷結果後決定 "採用"。可見 "用" 與否,
正是占卜的目的。

很多卜辭條非常簡短,可能是省略某事某行為,直接詢問採用與否。這時 "用" 前常
有否定詞 "不/勿/弗" 修飾,如:

      (23) 不用? 二月。(《合集》21277)

      (24) 貞:告/勿用?(《合集》15229)

      (25) 弗其用?(《合集》15421)

有的 "用" 出現在驗辭中,表示採用,並有副詞 "允" "惟" 等修飾,如:

      (26) ……卜,疫……惟翌寅……用,庚……允用。(《合集》15385)

      (27) 七日迺用。(《合集》22046)

5. "用" 單用時有主語

"用" 字單用的主語比較少見,一般是犧牲名或用品名,是語義上的被動句,如:

      (28) 庚戌卜,王曰貞:其爵用?(《合集》24506)

      (29) 今來羌率用?(《合集》248 正)

也有 "我" "王" 等為主語,是主動句,如:

      (30) 我用罘孚(俘)。(《合集》903 正)

綜上所述,單獨用作句子謂語的 "用" 主要有兩種意思:使用、採用;其賓語可以是
犧牲,也可以是 "爵" 等用品,還可以是某種行為(如 "卜")等;有時可以帶介詞結構
補語表示祭祀物品; "用" 一般主要用於主動句,也可以用在被動句中。

(二) 與其他動詞共現時的 "用"

"用" 與其他動詞共現的句子一般指 "用" 字短語前或後有另一動詞,一起共同作句
子的謂語。我們通過共現動詞的意義進行分類分析。

1. 呼令類動詞 + 用

      (31) 呼雀用三牛? /二牛?(《合集》1051)

例（31）是典型的兼語句，句型為"呼＋兼語＋用＋賓語"，"用"表示使用。根據《合集》1051 的上下文，前面的辭條是"己丑卜，爭貞：亦呼雀燎于雲犬"，表示"亦呼令雀向雲犬燎祭"，那麼這裏的卜辭是卜問用幾頭牛進行燎祭的事情。

2. 祭祀動詞＋用

（32）其禦，用小母豝？（《合集》22242）

（33）乙酉卜，貞：惟辛卯酌，用？（《合集》18809）

（34）貞：于乙巳享，用？（《合集》19286）

這類祭祀動詞直接與"用"連用的一共 6 例，其中"禦＋用"3 例，"酌＋用"2 例，"享＋用"1 例。

3. 用＋（賓語）＋祭祀動詞

（35）其用禦？（《合集》21885）

（36）庚戌卜：翌辛亥用卣尊歲？（《合集》15855）

（37）丙午卜，……貞：翌丁未……用旬歲，……牛。（《合集》12643）

這類例子不多，一共 3 例。例（36）"用卣尊歲"組表示使用"卣和尊"进行"歲"祭。這類句子中的"用"或許就是後來最先虛化為介詞的動詞。

綜上可見，甲骨文"用"可以和呼令類、祭祀動詞共現，意義表示使用、採用。"用"和祭祀動詞共現的順序不同，二者相對語序比較多的是"酌，用"或"禦，用"；也有"用＋犧牲＋祭祀動詞"的語序，表示祭祀所用的牲品。這兩種語序的语法、語用意義不同："用"在祭祀動詞後，祭祀行為表示話題，"用"表示"採用"這種行為；"用"在祭祀動詞前，特別是"用＋祭品＋V"，表示祭祀行為所採用的物品，是祭祀的所用的材料。

二、商代金文中的"用"

我們通過臺灣"中央研究院"歷史語言研究所的先秦甲骨金文簡牘詞彙資料庫搜集了商代金文"用"例 53 例，商代晚期或西周時期用例 11 例，去掉重文 12 例，存疑 1 例①，共有研究對象 51 例。

這 51 例中，50 例均為"用""作"連用，且"用"後無賓語；有 1 例是"用""造"

---

① "辛乍（作）寶，其亡（無）彊（疆），毌（厥）家雝德，竸用吾（豊）毌（厥）剌多友，多友賚辛，萬年佳（唯）人（仁）"（辛鼎，《集成》5.2660），此例《金文引得》（殷商西周卷）與張亞初《殷周金文集成》引得的標點和釋字都有不同。時代上，《金文引得》歸為西周早期，張文歸為"商代或西周早期"，根據有"德"字，我們贊同歸為西周早期。此例中"作"和"用"分開使用。

連用，例子見下：

(38) 己酉，戍鈴障宜于召，康庚（庸），嘗九律，嘗商（賞）貝十朋，丏
豝，用宔（造）丁宗彝，才（在）九月①。（《集成》16.9894，戍鈴方彝，商代
晚期）

對商代金文"用"的詞性和意義，張玉金（1994）認為是介詞，有兩種用法：一種表
賴以實現的工具、材料，相當於"以"，意思是"用來"；另一種是表動作行為賴以實現的
原因，相當於"因"，譯為"因而""由此"②。武振玉（2010）分析西周時期金文中的
"用"，除了1例"是用"③ 例歸為因果介詞外，其他"用作"例中的"用"均歸到了因果
連詞。綜合前輩學者的意見，商、西周時期的"用"常跟"作"（或"造"）連用，我們贊
同楊五銘（1983）區別對待的觀點，認為商代金文中的"用"有兩種用法：一種是動詞，
表示使用、採用，其賓語承前省略，表示材料，如"金"（即青銅）；另一種是非材料物品
作承前省略賓語的，看作因果介詞。

根據"用"前出現的主要分句，商代金文"用"所在的句式歸納為以下幾種：

（一）易（賜）+金，（某）用乍（作）+某器

這一類只有2例，第一分句表示王或伯賞賜了金（即青銅）等，受賞人採用此材料製
作了祭祀祖先某的器具，如：

(39) 白（伯）父易（賜）叟金，用乍（作）父乙障彝。（《集成》11.5973，
叟作父乙尊，商或西周早期）
(40) 易（賜）金二、聿二，執用乍（作）父丁障彝。（《集成》11.5971，
執尊，商或西周早期）
(41) 智用絲（茲）金乍（作）朕文孝考（考）弄（完）白（伯）黹牛鼎。
（《集成》5.2838，智鼎銘，西周）

上述例句中的"用"是動詞（或介詞），表示"利用、採用"，賓語是"金"，承前省
略。與例（41）的西周金文例子"用絲（茲）金乍（作）……鼎"對比，例（39）（40）
中"用"後省略賓語的現象可以看得更明確。

（二）賞（/賜）+（身份）某+貝+（數量），用作+父（/母）某（寶）彝

這種句式的第一分句為"賞"或"賜"某人貝若干，第二分句是被賞賜人因這件事為

---

① 這條銘文的釋文參考了畢秀潔《〈戍鈴方彝〉的摹本問題及補釋》的觀點，意思是：己酉日，戍鈴在召進行宜
祭，並演奏了庸；嘗和聲九次，嘗被賞賜了二十串貝和丏地的母豬，因（此事而）在九月製造了紀念祖先丁的彝器。不
同之處是，"用"在這裏畢文認為是"用來"，本文認為是表原因的"因"。
② 這種用法，也有認為是表因果的連詞。
③ 武振玉（2010）舉"是用壽考"例，見於《毛公旅方鼎》（5.2724）中，"是用"即"用是"，表示因此。

父/母製作了寶貴的禮器，如尊、鼎等。賞賜人一般為"王"或者"子"。

(42) 辛卯，子易（賜）寚貝，用乍（作）凡彝。（《集成》10.5353，寚卣，殷）

(43) 王光商（賞）𤔲貝，用乍（作）父乙彝。（《集成》7.3990，亞𤔲父乙簋，殷）

(44) 王光宰𢼸貝五朋，用乍（作）寶齍。（《集成》10.5395，宰甫卣，殷）

(45) 遽白（伯）睘乍（作）寶障彝，用貝十朋又四朋。（《集成》7.3763，遽伯睘簋，西周早期）

上述 4 例，前 3 例屬於商代時期，2 個分句的主語不一樣，相當於"A 賜 B 貝，（B）用（貝）作器"。最後 1 例為西周時期用例，2 個分句 1 個主語"遽白（伯）睘"，簡化為"A 作器，用貝若干"。与例（45）對比發現，前 3 例"用"的賓語可以是前面賞賜的"貝"。"貝"在商代用為貨幣，因此"用貝"即表示用貨幣，相當於花錢（趙誠，1993）。以此可知，"用作"的"用"實際是承前省略了"貝"，意義還表示"使用（貝）"。

(三) 賜某人賞，用作 + 父（/母）某（寶）彝

這種句式中的"賜某賞"，"賞"是名詞，表示概括所有被賞賜物品的總稱，沒有具體指出甚麼物品，如：

(46) 甲子，王易（賜）寚孷商（賞），用乍（作）父辛障彝。（12234，寚孷方鼎，殷晚期，見《古文字研究》第十六輯第 210 頁）

有時也使用"被賞某 + 賞 + 於 + 賞者，用作 + 父（/母）某（寶）彝"的句子，主語同時統領 2 個分句，即前後 2 句主語一致，如：

(47) □彔婦賞于妞，用乍（作）辟日乙障彝。（《集成》12.7312，彔婦觚，殷）

(四) 賞 + (身份) 某 + 貝 + (數量)，(某揚賞)，用作 + ……彝

(48) 甲寅，子商（賞）小子省貝五朋，省珥（揚）君商（賞），用乍（作）父己寶彝。（《集成》10.5394，小子省卣器，殷）

例（48）中的第二分句"省珥（揚）君商（賞）"是作為受賞人"小子省"對賞賜的回應，即"褒揚"，"用"為介詞，表示"因為"，其賓語就是前面受賞之事及其內心的讚

揚。即因為受賞之事 "作" 了某器具。對賞賜有回應的還有一例:

　　(49) 癸子(巳), 𢆶商(賞)小子𤔲貝十朋, 才(在)上𪊨, 隹(唯)𢆶
令伐屍(夷)方, 𤔲賓貝, 用乍(作)文父丁障彝, 才(在)十月四。(《集成》
8.4138, 小子𤔲簋, 殷)

例(49)中有賞賜的地點、做器具的時間, 信息更加豐富。
　　以上四種句型同中有異, 充分說明了商代人在設計器具銘文時獨具匠心, 一般不雷同。
　　總之, 商代金文中的 "用" 不單用, 絕大多數是 "用作" "用造" 共現。其所在的語境是王或伯等賞賜了金或貝等, 受賞人褒揚這種賞賜, "利用" 賞賜的 "金" 或者因(此賞賜)而製作了祭祀祖先的尊彝。可見, 商代金文中, "用" 有少數動詞用法, 大多為表原因的介詞。

三、商代甲骨文、金文 "用" 的用法異同

"用" 在甲骨文和商代金文中的用法異大於同, 具體歸納為以下幾點:
　　第一, 從詞性和用法看, 在甲骨文中都作動詞, 可以單獨作謂語, 或與其他動詞共同作謂語, 表示採用; 商代金文 "用" 作動詞的極少, 大多數為介詞, 表示因而。
　　第二, 從 "用" 後的成分看, 在甲骨文中常有賓語, 主要是表示犧牲、物品的名詞, 也偶爾帶表示祖先的名稱, 或者二者同時具有。甲骨文 "用" 還接 "于+祖先" 的介詞短語。而商代金文介詞 "用" 不出現賓語, 前一分句中的賞賜等事件當是 "用" 承前省略的賓語。
　　第三, 與 "用" 共現的謂語不同。在甲骨文中, "用" 是動詞, 與其共現的動詞主要是祭祀動詞, 或少數呼令類動詞。商代金文 "用" 作為介詞, 其後的動詞絕大多數為表示製造意義的 "作" 或 "造"。
　　總之, "用" 在表示祭祀為主的甲骨文中, 以及表示賞賜後做器具紀念的金文中, 由於載體不同, 語境語用不同, 呈現出很不相同的語言面貌。

四、餘論

一般認為 "用" 在甲骨文中用為動詞, 到西周金文中才用為介詞, 但從商代金文來看, 我們認為商代已經出現了介詞用例。"用" 的介詞用法是如何產生的呢?
　　從語法發展角度來看, "用" 以動詞單用為主, 也有與其他動詞共用現象, 當出現 "用+祭牲+祭祀動詞" 時, 動作行為已經有了先後、主次之分, 實際也就有了發展為介詞的可能性。

在商代金文中，"用"出現在"賞賜某物"和"製作"器具之間，這種用法一直沿用到西周時期。商代金文"用"的語法意義和性質取決於前面賞賜物是否為"金（青銅）"等能製作器具的材料，如是，則"用"是動詞；如否，則"用"動詞意義已經弱化。弱化的原因可能與語言的慣性有關（趙誠，1993）。原來賞賜的是製作器具的材料，後來直接賞賜貨幣"貝"，"用貝"或者其他賞賜雖然不能直接製作器具，但"貝"是貨幣，可以"用貝"購買材料，也可以間接製作器具，因此"用作……器"作為固定搭配繼續沿用。後來重新分析"用"在"賞賜"和"製作"之間的關係，認為"賞賜"是因，製作是果，"用"的位置更像一個連接詞，因此人們將其歸結為原因介詞或連詞。這種推斷也符合"用"先虛化為工具介詞和材料介詞，再虛化為依據介詞，最後虛化為原因介詞的過程（張玉金，2016）。只是，在商代金文中，我們還沒有發現"用"表依據的用例。

參考文獻

［1］畢秀潔：《〈戍鈴方彝〉的摹本問題及補釋》，《中國國家博物館館刊》2013 年第 1 期。

［2］華東師範大學中國文字與應用中心編：《金文引得》（殷商西周卷），南寧：廣西教育出版社 2001 年版。

［3］李孝定：《金文詁林讀後記》（卷三），臺北："中央研究院"歷史語言研究所 1982 年版。

［4］武振玉：《兩周金文虛詞研究》，北京：綫裝書局 2010 年版。

［5］楊五銘：《西周金文連接詞"以""用""于"釋例》，山西省文物局考古研究所等編：《古文字研究》（第十輯），北京：中華書局 1983 年版。

［6］姚孝遂主編：《殷墟甲骨刻辭摹釋總集》，北京：中華書局 1988 年版。

［7］于省吾主編：《甲骨文字詁林》（第四冊），北京：中華書局 1996 年版。

［8］張亞初編著：《殷周金文集成引得》，北京：中華書局 2001 年版。

［9］張玉金：《甲骨文虛詞詞典》，北京：中華書局 1994 年版。

［10］張玉金：《出土先秦文獻虛詞發展研究》，廣州：暨南大學出版社 2016 年版。

［11］中國社會科學院考古研究所編：《殷周金文集成》，北京：中華書局 1984—1995 年版。

［12］趙誠：《甲骨文至戰國金文"用"的演化》，《語言研究》1993 年第 2 期。

Comparison of "*Yong*" (用) in Oracle Bone and Bronze Inscriptions in the Shang Dynasty

Zheng Ji'e

Abstract：This paper analyzes word class, objects, co-occurring verbs, sentence patterns, etc. of "*yong*" (用) in oracle bone and bronze inscriptions in the Shang Dynasty and compares their similarities and differences. The study shows that the two are quite different："*yong*" (用) in oracle bone inscriptions is used as a verb, but in bronze inscriptions is mostly a preposition. The following object of "*yong*" (用) in oracle bone inscriptions is mostly a specific noun, whereas in bronze inscriptions it generally has no following object. The co-occurring verbs in oracle bone inscriptions are mostly verbs for sacrifice but the verbs in bronze inscriptions mostly express manufacturing. The causes for the differences are probably from different media and contexts. This would help to explore the earliest stage of "*yong*" (用) developing its use as a preposition from its use as a verb.

Key words: *yong* (用), oracle bone inscriptions, bronze inscriptions of the Shang Dynasty, comparison

(山西大學國際教育交流學院)

異文與商周金文中句子成分的省略

秦曉華

提　要　和上古漢語一樣，銅器銘文中有大量的省略現象，省略的成分往往可以根據異文對比的方式補充完整。本文根據金文異文，對一些銅器銘文進行了重新釋讀。"余唯小子"之"唯"不應讀作"雖"，而是上古漢語中常見的語氣助詞；"乍余我一人夗"一句，"夗"為句子的後置狀語，沒有使用介詞；"休有成事"，"休"應單獨成句，表美善之義，是銘文中常見的評價語。

關鍵詞　金文　異文　省略

銅器銘文中，經常有表達同一個概念，或記錄同一件事情，有的詳細，有的簡略，但明顯意義相同或相近，彼此之間構成了異文的關係。對於一些簡略的銘文，如果沒有表達詳細銘文的對比，有時會造成理解上的困難。本文主要從異文的角度探討金文句子成分的省略及相關銘文的釋讀，以就正於方家。

一、金文中的省略

（一）句子主幹成分的省略

商周時期的銅器銘文中經常見到將句子的主語、謂語、賓語等主幹部分省略的情形，這些省略的成分往往可以通過異文對比的方式發現。試舉數例予以分析說明。

晉姜鼎與戎生鐘同為春秋早期的晉國器物，銘文中均記錄了做器者受到嘉賞，可以相互關照。其中有句作：

（1）魯覃京𠂤（師），辝（乂）我萬民，劼（嘉）遣我，易（賜）鹵賣（積）千兩，勿灋（廢）文�（侯）顯（景）令（命），卑（俾）貫徧（通）□，征緐（繁）湯（陽）雖。（《集成》2826，晉姜鼎，春秋早期）

（2）今余弗段灋（廢）其顯光，對𩬷（揚）其大福，劼（嘉）遣鹵賣（積），卑（俾）譖（潛）征緐（繁）湯（陽）。（《近出》29＋30，戎生鐘，春秋早期）

由晉姜鼎可以知道，戎生鐘"劼（嘉）遣鹵賣（積）"一句省略了"劼（嘉）遣"的間接賓語，"鹵賣（積）"的動詞"易（賜）"也被省略了。

　　西周早期的作冊大鼎，《集成》共收錄了四件，編號為 2758～2761，其中兩件銘文如下：

圖1　作冊大鼎（《集成》2759）　　　　　　　圖2　作冊大鼎（《集成》2760）

　　兩器時代為西周早期，同為作冊大所做之鼎，銘文相同，字體風格一致，區別僅在《集成》2760"公賞乍（作）冊大白馬"一句，《集成》2759作"賞乍（作）冊大白馬"，省略了主語"公"。

　　香港某收藏家收藏了一批否叔所做之器，總共 7 件，其中尊、卣、觶各 1 件，爵、觚各 2 件，銘文內容或簡或繁，除去銘文相同者，可以將銘文從簡到繁排列如下：

　　（3）遣。（《近出》646，否叔觶，西周早期）

　　（4）用遣。（《近出》850，否叔爵，西周早期）

　　（5）否用遣母需。（《近出》755，否叔觚，西周早期）

　　（6）否叔獻彝，疾不巳（已），為母宗彝則備，用遣母需。（《近出》637，否叔尊，西周早期）

　　前面三篇銘文較為簡潔，最後一篇文字較為繁複。單看前面幾件器物，尤其是第一件和第二件，由於銘文過於簡略，不知所云。陳英傑先生指出：

　　　　否叔卣（《集錄》603，西周早期，與 637 尊同套）"否叔獻彝，疾不巳，為母宗彝則備，用遣母需"，"宗彝"乃金文中常語，此銘說否叔患病不能瘥癒，因此為其母製作了宗彝一套，用來遣送母親作祟的魂靈。《集錄》646 觶只有一"遣"字，此與否叔尊、自成套，"遣"義即"用遣母需"；《集錄》754 觚曰"用遣母需"、755 瓶曰"否用遣母需"，《集錄》850－851 爵云"用遣"，均只有用途銘爵，當與全銘之否叔尊、卣對讀，方可理解。

當時做器者因為是成組製作，銘文之間相互關照，所以理解起來不會有困難。因此，正是因為第四件否叔尊的幫助，我們對前面幾件器物的銘文有了更為清楚的理解。

（二）虛詞的省略

金文異文之間有時是虛詞的增減，造成字詞有無的異文差別。

漢語中表處所的成分經常置於謂語動詞之後，使用介詞"于"來引介，但是"于"經常可以省略，試對比：

(7) a. 王瑈駒庱。（《集成》6011，盠駒尊，西周中期）

b. 王初執駒于庱。（《集成》6011，盠駒尊，西周中期）

(8) a. 王各（格）大（太）室。（《集成》2783，七年趞曹鼎，西周中期）

b. 王各（格）于大（太）室。（《集成》2813，師奎父鼎，西周中期）

以上兩組例子句式相同，均為"主語＋賓語＋補語"，區別主要在於，補語之前的介詞"于"或有或無，相互之間構成了異文的關係。

"厥""之"可以用在偏正結構之間，表示領屬性質，但偏正結構之間的"厥""之"也可以不出現，如：

(9) a. 畏天畏（威）。（《集成》2837，大盂鼎，西周早期）

b. 畏天之威。（《詩經·周頌·我將》）

(10) a. 克敢對揚天子休。（《集成》205，克鐘，西周晚期）

b. 余其敢對揚天子之休。（《集成》6011，盠駒尊，西周中期）

(11) a. 令敢揚皇王宔。（《集成》4300，作冊夨令簋，西周早期）

b. 乍（作）冊令敢揚明公尹厇（厥）宔。（《集成》6016，夨令尊，西周早期）

以上幾組文例，每一組表意相近，均屬於異文的關係。從句式上看，幾個例子的橫綫部分都是偏正結構，區別在於，有些偏正結構之間是直接結合，而有些卻在定語與中心語之間使用了"厥"或"之"，加強了定語的修飾作用。

二、相關銘文的釋讀

了解了金文中常見的省略之後，我們就可以利用異文對讀的方式，釋讀相關的文例。試舉數例。

（一）余唯小子

西周晚期到春秋時期的銅器銘文中常見有 "余佳（唯）小子" 之類的句子，如：

（12）王曰：有余佳（唯）小子，余亡康晝夜。（《集成》4317，獣簋，西周晚期）

（13）女（汝）有佳（唯）小子，余令（命）女（汝）死（屍）我家。（《集成》4311，師毀簋，西周晚期）

（14）白（伯）氏曰：不嬰，女（汝）小子，女（汝）肇誨（敏）于戎工（功）。（《集成》4328，不嬰簋，西周晚期）

（15）公及王姬曰：余小子，余夙夕虔敬朕祀。（《集成》262，秦公鐘，春秋早期）

（16）曰：余雖小子，穆穆帥秉明德，叡（睿）尃（敷）明井（刑），虔敬朕祀。（《集成》270，秦公鎛，春秋早期）

（17）公曰：余雖今小子，敢帥井（型）先王，秉德爐爐，智燮萬邦。（《集成》10342，晉公盞，春秋中期）

（18）雖今小子，整辥（乂）爾公（容），宗婦楚邦，烏（於）卲萬年，晉邦佳（唯）翰，永康寶。（《集成》10342，晉公盞，春秋中期）

（19）蔡侯□曰：余唯末少（小）子，余非敢窞（寧）忘（荒）。（《集成》210，蔡侯紐鐘，春秋晚期）

傳世文獻中亦有相類似的句子，例舉如下：

（20）答曰：眇眇予末小子，其能而亂四方。（《尚書·顧命》）

（21）己！汝惟小子，乃服惟弘王。（《尚書·康誥》）

（22）惟予小子，嗣守文武成康遺緒。（《尚書·君牙》）

（23）戎雖小子，而式弘大。（《詩經·大雅·民勞》）

（24）今予末小子，巡祭封禪。（《東觀漢記·郊祀志》）

獣簋 "有余佳（唯）小子" 中的 "佳（唯）"，諸家多讀為 "雖"，如彭裕商先生云："'余雖小子' 也就是 '余唯小子'。但不管是作雖還是作唯，這類句子從語氣來看，都有轉折之意，似以作唯義較貼切。"① 陳初生的《金文常用字典》②、張世超等人的《金文形義通解》③ 均列有此義項。按，此說可商，我們認為，"惟（維）" 在以上文例中應是語氣助詞，這是 "惟（維）" 在傳世與出土文獻中常見的用法。論述如下：

① 彭裕商：《金文研究與古代典籍》，《四川大學學報》（哲學社會科學版）1993 年第 1 期。
② 陳初生編纂，曾憲通審校：《金文常用字典》，西安：陝西人民出版社 2004 年版，第 423–424 頁。
③ 張世超等：《金文形義通解》，京都：中文出版社 1996 年版，第 869 頁。

第一，通過異文的對比，我們發現主語和“小子”之間的“惟（維）”可以省略，如：

（25）曰：余雖小子，……虔敬朕祀。（《集成》270，秦公鎛，春秋早期）

（26）公及王姬曰：余小子，余夙夕虔敬朕祀。（《集成》262，秦公鐘，春秋早期）

同為秦國秦公所做之器，秦公鐘“余小子”，秦公鎛則作“余雖小子”，兩者所處的上下文語境是相同的，但是一個有“雖”，另一個卻沒有，說明句子並無轉折的意思。秦公鎛字形雖然寫作“雖”，但作用更像可有可無的語氣詞“唯”。

第二，從“惟（維）”的位置看，更像是語氣詞。試對比以下文例：

（27）a. 有余隹（唯）小子，余亡寅晝夜。（《集成》4317，㝬簋，西周晚期）

b. 維予小子，不聰敬止。（《詩經·大雅·敬之》）

《詩經·大雅·敬之》有“維予小子”，與㝬簋“有余隹（唯）小子”所處語境相同，文例相近，應屬異文的關係，而“維予小子”之“維”在“予”之前，說明“維”的性質應是語氣詞，而不是轉折連詞“雖”。

總之，“余隹（唯）小子”之“隹（唯）”不可讀為“雖”，其性質應是語氣助詞。

（二）乍余我一人夗

西周金文中有“乍……”之類文例：

（28）卑（俾）復虐逐氒（厥）君、氒（厥）師，迺乍余一人夗。（《集成》4469，㝬盨，西周晚期）

（29）迺敄（侮）鰥寡，用乍（作）余我一人夗，不小隹（唯）死。（《新收》755，卌三年逨鼎，西周晚期）

㝬盨之“夗”，郭沫若據國差𧊒“毋瘠毋疣”釋為“咎”[1]；《銘文選》釋歺，即歾，通姑，讀故，義為災害[2]；劉釗先生引于省吾先生之說，釋為“夗”，讀為“怨”，其說可從，然於義無說[3]。

類似的文例見於《逸周書》及新出的《清華簡》等文獻：

————————

① 郭沫若：《兩周金文辭大系圖錄考釋》（1935），《郭沫若全集·考古編》（第八卷），北京：科學出版社 2017 年版，第 299－300 頁。

② 馬承源主編：《商周青銅器銘文選》（三），北京：文物出版社 1988 年版，第 312－313 頁。

③ 劉釗：《釋金文中從夗的幾個字》，《古文字考釋叢稿》，長沙：嶽麓書社 2005 年版，第 106 頁；原載中國文字編輯委員會編：《中國文字》（新十九期），臺北：藝文印書館 1994 年版。

（30）大明爾德，<u>以助予一人憂</u>。（《逸周書·皇門》）

（31）夫明爾德，<u>以助我一人憂</u>。（《清華簡壹·皇門》）

（32）汝多修，<u>捍我于艱</u>。（《尚書·文侯之命》）

（33）余少（小）子，女（汝）<u>專余于艱（艱）卹（恤）</u>。（《集成》274，叔
夷鐘，春秋晚期）

黃懷信將"以助予一人憂"翻譯為"以幫助我憂國憂民"①，黃氏之說有添字解經
之嫌。

按，㝬盨、冊三年𤔲鼎均屬於典型的冊命訓誥類銘文，"乍余一人夗"是周王對臣子的
訓誥，與《皇門》"助予一人憂"出現的語境相同，兩句文例相近，應是異文的關係。

首先，《皇門》"助予一人憂"的"助"為我們理解金文中"乍余一人夗"之"乍"
提供了思考的方向。金文中的"乍（作）"有讀為"助"者：

（34）白（伯）大（太）師不自乍小子夙夕專由先且（祖）剌（烈）德。
（《集成》2830，師㝨鼎，西周中期）

于豪亮指出："'乍'讀為'助'，古從乍得聲之字常與從且得聲之字相通假。""這一
句話的意思是，伯太師大力幫助我使我日日夜夜努力遵行先祖的美德。"②傳世文獻"乍"
和"且"的關係也是比較密切的，《說文》古文"俎"作"𥏪"，《釋名》："助，乍也。"
《呂氏春秋·貴生篇》"土苴以治天下"，高誘注："苴，音同酢。"所以，將"乍余我一人
夗"之"乍"讀為"助"應無障礙。

其次，《皇門》"助予一人憂"應理解為"助予一人于憂"，省略了介詞"于"，而且是
古漢語中常見的狀語後置現象：

（35）不推人于險，不迫人于阨，不鼓不成列。（《韓非子·外儲說左上》）

"不鼓不成列"即"不鼓于不成列"，省略了介詞"于"。這種情況在金文中也是存在
的，試對比：

（36）a. 王曔駒庲。（《集成》6011，盠駒尊，西周中期）

　　　b. 王初執駒于庲。（《集成》6011，盠駒尊，西周中期）

① 黃懷信：《逸周書校補注譯》（修訂本），西安：三秦出版社2006年版，第243頁。
② 于豪亮：《陝西省扶風縣強家村出土虢季家族銅器銘文考釋》，《于豪亮學術文存》，北京：中華書局1985年版，
第7-24頁。

因此，"助予一人憂"應翻譯為"在憂愁之時幫助我"。同理，"乍余一人夗"也應該理解為"乍余一人于夗"。"夗"可從于老讀為"怨"，訓為悲愁。"乍（助）余一人夗（怨）"即"在悲愁之時幫助我"。

（三）休有成事

史頌諸器（史頌鼎、史頌簋）有句作：

（37）令史頌省穌（蘇）𤖴友里君百生（姓）帥𪉦（偶）盩于成周休又（有）成事穌（蘇）賓章（璋）馬三（四）匹吉金。（《集成》4229，史頌簋，西周晚期）

諸家多將"休又（有）成事"連讀成句。①
按，與該句相近的句子見於西周金文，如：

（38）公窺（親）曰多友曰：余肇吏（使）女（汝），休，不逆（逆），又（有）成事，多禽（擒），女（汝）靜京𠂤（師），易（賜）女（汝）圭㻁（瓚）一，湯（錫）鐘一牆（肆），鐈鋚百匀（鈞）。（《集成》2835，多友鼎，西周晚期）

（39）雩禹以武公徒馭至于噩（鄂），章（敦）伐噩（鄂），休，隻（獲）氒（厥）君馭方，辪（肆）禹又（有）成。（《集成》2833，禹鼎，西周晚期）

以上所引文例基本相近，均是先言奉命做事，然後是對事情結果的肯定性評價。多友鼎"休"與"又（有）成事"之間插入了"不逆（逆）"，禹鼎"休"與"又（有）成"之間更是相隔甚遠，"休"明顯獨立成句，史頌諸器"休又（有）成事"更像是以上文例的省略。在以下的文例中，學者也多是將"休"單獨點斷：

（40）楷白（伯）于遘王，休，亡尤。（《集成》4205，獻簋，西周早期）
（41）丙公獻王餗（饙）器，休，無遣。（《近出》605，𤔲卣，西周中期）
（42）晉侯令（命）𦣞追于倗，休，又（有）禽（擒），侯釐（賚）𦣞虢（甲）胄、干、戈、弓、矢束、貝十朋。（《近出》352，𦣞鼎，西周中期）
（43）兮甲從王，折首執訊，休，亡啟，王易（賜）兮甲馬三（四）匹、駒車。（《集成》10174，兮甲盤，西周晚期）

___

① 例如馬承源主編：《商周青銅器銘文選》（三），北京：文物出版社1988年版，第300頁；王輝：《商周金文》，北京：文物出版社2006年版，第237頁；中國社會科學院考古研究所編：《殷周金文集成》（修訂增補本　第三冊），北京：中華書局2007年版，第2438頁，等等。

不嬰簋銘文也有一段與上引銘文相似的句子，“休”之前出現了主語：

（44）女（汝）多折首執訊，戎大同，從追女（汝），女（汝）彶戎大臺（敦）
戟（搏），女（汝）休，弗以我車畗（陷）于囏（艱），女（汝）多禽（擒），折首
執訊。（《集成》4328，不嬰簋，西周晚期）

該銘文不避繁複，重複使用主語“女（汝）”，“女（汝）休”顯然是一個完整的句子，
更是證明史頌諸器“休，又（有）成事”是一個省略句，句中的“休”應單獨成句。

至於“休”字的含義，我們可以從以下文例得到啓發：

（45）王戰（狩）于眂（視）斆（廩），王令員執犬，休善，用乍（作）父
甲饙彝。（《集成》2695，員鼎，西周早期）

員鼎中的“休善”應為同義聯用，和史頌鼎等銘文的“休，又（有）成事”文例相
似，“休善”也是在事情結束之後，對所做事情的肯定性評價。“休”與“善”在美好的義
位上有交叉關係，《爾雅·釋詁下》：“休，美也。”《廣韻·尤韻》：“休，美也，善也。”
《詩經·豳風·破斧》：“哀我人斯，亦孔之休。”毛傳：“休，美也。”所以，“休善”也就
是美好、很好。其實，“休，亡尤”（獻簋《集成》4205），“亡尤”（沒有過錯）也可以作
為理解“休”的注腳。

參考文獻

［1］陳初生編纂，曾憲通審校：《金文常用字典》，西安：陝西人民出版社 2004 年版。
［2］王彥坤：《古籍異文研究》，廣州：廣東高等教育出版社 1993 年版。
［3］張世超等：《金文形義通解》，京都：中文出版社 1996 年版。
［4］中國社會科學院考古研究所編：《殷周金文集成》（修訂增補本　第三冊），北京：中華書局 2007
年版。
［5］朱承平：《異文類語料的鑒別與應用》，長沙：嶽麓書社 2005 年版。

Different Text and Ellipsis of Sentence Elements in
Shang and Zhou Inscriptions on Bronze

Qin Xiaohua

Abstract：As in ancient Chinese, there are a lot of ellipsis in bronze inscriptions, and the ellipsis can be completed according to the contrast of different inscriptions. This paper reinterprets some bronze inscriptions according to the different inscriptions in the bronze inscriptions. The word "*wei*" （唯） of "*yu wei xiaozi*" （余唯小子） should not be read as "*sui*" （雖）, but as a common modal particle in ancient Chinese. In the sentence "*zha yu wo yi ren yuan*" （乍余我一人夗）, "*yuan*" （夗） is the post-adverbial of the sentence, no preposition is used; In the sentence "*xu you cheng shi*" （休有成事）, "*xiu*" （休） should be a separate sentence, the meaning of the expression of good, is a common evaluation of the inscription.

Key words: bronze inscriptions, different text, ellipsis

（華南師範大學文學院）

釋殷墟卜辭中的偏正結構"某卟（禦）"

趙 偉

提 要 殷墟卜辭中有不少"人名/稱謂＋卟（禦）""事件＋卟（禦）"和"神名＋卟（禦）"的說法。它們通常和其他動詞搭配使用，具有指稱作用，是偏正結構的名詞短語。這一語法現象尚未引起廣泛的關注，學者對相關辭例的釋讀每有出入。正確理解此類"某卟（禦）"結構，對相關卜辭的釋讀以及研究殷商時期的禦祭具有重要意義。

關鍵詞 卟（禦） 某卟（禦） 偏正短語

一、引言

《屯》1104有"酓王卟（禦）"一語。沈培（1992：7）指出，該辭的"王卟（禦）"是偏正結構，指為王而舉行的禦祭，"酓王卟（禦）"是為這一禦祭進行酓祭的意思。此論頗具卓識。因沈著未對與"卟（禦）"有關的偏正結構作全面整理，這一語法現象尚未引起學界的廣泛關注。諸家關於此類卜辭的釋讀每有出入。

禦祭是禳除疾殃的一種祭祀（參看楊樹達，2006：18），包括為生人禳除疾殃和為某事禳除災禍兩種。通過系統的梳理我們發現，殷人常採用"人名/稱謂（生人）＋卟（禦）""事件＋卟（禦）"以及"神名＋卟（禦）"這三種說法來指稱某次禦祭。其中以第一種說法較為常見，《屯》1104之"王卟（禦）"即屬此類。它們均屬偏正結構，具有指稱的作用，通常與其他動詞搭配使用。為了討論的方便，我們權且稱之為"某卟（禦）"①。

正確認識偏正結構的"某卟（禦）"這一語法現象，對相關卜辭的釋讀以及殷商時期禦祭的研究具有重要意義。

二、從"酓王卟（禦）"談起

"酓王卟（禦）"見於下列歷組卜辭：

(1) 乙亥，貞：其酓王卟（禦）于父丁，告？一（《屯》1104，歷二）

(2) 己未，貞：來己巳酓王卟（禦）于匕（妣）己？一（《合》32008＋

---

① 本文所論"某卟（禦）"均為偏正結構，不包含主謂結構的"主祭者＋卟（禦）"。

32747＋34560＋《補》6909①，歷二）

（3）己巳，貞：來己卯酚王卲（禦）？一（《合》32008＋32747＋34560＋《補》6909，歷二）

《屯》1104 有一殘辭曰："乙☐王卲（禦）［于］大乙，告？"此應與（1）辭系同卜一事，"王"前一字很可能是"酚"。小屯南地甲骨整理者讀（1）辭曰："乙亥，貞：其酚王卲（禦）于父丁，告？一"這大概是不明整條辭例含義之時所採取的謹慎做法。

學者多傾向於將上揭辭例中的"酚"和"卲（禦）"分讀。不同之處在於，或將"王"字屬前讀，看作"酚"的賓語（參看喻遂生，2002：100）；或將"王"字屬後讀，看作"卲（禦）"的前置賓語或主語（參看曹錦炎、沈建華，2006：3858；劉翔等，2017：252）。殷墟卜辭中，"王"未見有用作祭祀對象者。商王一旦亡故，於祭當曰"父某""兄某"亦或曰"帝"。祭祀動詞"酚"似也未可用於生人。所以，將"王"字屬前讀不能成立。這一點下文還會論及，此不贅述。殷墟卜辭中的賓語前置句型有"更"字句、"唯"字句和否定句三種。在沒有虛詞"更"和"唯"的情況下，名詞賓語以後置為常（參看齊航福，2015：58）。"卲（禦）"出現在其他祭祀動詞之後時，主語如不省略，一般出現在句子的開頭，而不是"卲（禦）"前，如：

（4）庚辰卜，王：余酚卲（禦）于上甲？八月。（《合》19809，白大）

（5）壬申，貞：王又（侑）卲（禦）于且乙，更先？（《屯》4583，歷二）

因此，將（1）至（3）辭中的"王"屬後讀亦不妥。"酚"和"王卲（禦）"構成動賓關係，不能分讀。（1）辭的"于父丁"和（2）辭的"于匕（妣）己"都是對酚祭對象的描述。

從祭祀動詞"酚"的用法來看，也不宜將"酚王卲（禦）"分讀。張玉金（2002：99－100）曾指出："酚"經常作為一種或幾種祭祀的輔助祭祀而舉行，與別的祭名組成特殊的動賓關係，屬於為動用法。酚祭和禦祭也具有密切的關係。卜辭"酚卲（禦）"一語習見（參看姚孝遂，1989：1049－1050）。歷組卜辭還有"酚王大卲（禦）""酚大卲（禦）"的說法，如：

（6）癸酉，貞：甲申其酚大卲（禦）自上甲？一（《屯》1104，歷二）

（7）丙辰，貞：其酚大卲（禦）自上甲，其告于父丁？（《屯》2707，歷二）

（8）癸丑，貞：甲寅酚大卲（禦）自上甲，燎六十小宰，卯［九牛，不冓雨］？茲用。上甲，不冓雨；大乙，不冓雨；大丁，冓雨。三（《合》32329 正，歷二）

---

① 周忠兵：《歷組卜辭新綴》，中國社會科學院歷史研究所先秦史研究室網站，http：//www. xianqin. org/blog/archives/547. html，2007 年 3 月 26 日。周文主張"酚"和"王卲（禦）"分讀。

（9）庚申，貞：今來甲子酚王大卲（禦）于大甲，尞六十小宰，卯九牛，不
冓雨？三（《合》32329 正，歷二）

（10）□□，貞：甲子酚王大卲（禦）于大甲，尞六十小宰，卯九牛□
（《合》32329 正，歷二）

（6）辭與（1）辭同版。（7）辭的"其告于父丁"說明，（1）辭的"告"與前文斷讀
比較妥當，其神名賓語很可能是"父丁"，承前省略。（8）辭中"上甲，不冓雨"至"大
丁，冓雨"是驗辭。舊有釋文或將其獨立為一條或多條卜辭，是錯誤的。

通過《合》32329 諸辭的比較可知，"酚王大卲（禦）"可省作"酚大卲（禦）"①。
《屯》1104 中"酚大卲（禦）"和"酚王卲（禦）"共見。這說明"酚王卲（禦）"和
"酚王大卲（禦）""酚大卲（禦）"表達的是同一類意思。

王卜辭中習見為商王舉行禦祭，言"卲（禦）王""卲（禦）王 + 身體部位"或"大
卲（禦）王"（參看姚孝遂，1989：149）。"酚大卲（禦）"有與"大卲（禦）王"同版
者，如：

（11）□〔卯〕，貞：其大卲（禦）王自上甲，盟用白豝九，下示汎（皆）
牛？在且乙宗卜。（《屯》2707，歷二）

（12）丙辰，貞：其酚大卲（禦）自上甲，其告于父丁？二（《屯》2707，
歷二）

（13）□〔卯〕，貞：☒其大卲（禦）王自上甲，盟用白豝九，下示汎牛？在
大乙宗卜。（《屯》2707，歷二）

（14）☒〔酚〕大卲（禦）自上甲，其告于且乙？在父丁宗卜。（《屯》2707，
歷二）

（15）☒酚大卲（禦）自上甲，其告于大乙？在父丁宗卜。（《屯》2707，
歷二）

（16）甲寅，貞：其酚大卲（禦）自上甲，不冓雨？（《輯佚》650 + 651 =
《輯佚》附三，歷二）

（17）乙卯，貞：其大卲（禦）王，于多匕眔且酚？在大宗卜。（《輯佚》
650 + 651 =《輯佚》附三，歷二）

（11）辭之汎讀作皆，從陳劍（2007：177 - 233）釋。如前所述，"酚大卲（禦）"與
"酚王大卲（禦）"同意。（11）（13）兩辭所缺天干很可能是"乙"。在《屯》2707 和

---

① "大卲（禦）"是規格較高的禦祭，但其使用者並不僅限於商王。周忠兵先生綴合的《合》32923 + 34083 一版
中有"大卲（禦）弜"。參見周忠兵：《歷組甲骨新綴兩組》，中國社會科學院歷史研究所先秦史研究室網站，http：//
www.xianqin.org/blog/archives/1645.html，2009 年 9 月 17 日。

《輯佚》650＋651 兩版中，言"大卸（禦）王"和言"酚大卸（禦）"的卜辭在占卜日期上前後相接，刻寫位置相鄰，說明兩版中的"卸（禦）"應當分別指同一次禦祭。也就是說，"酚王卸（禦）"之"王"是需要禳除疾殃之人，不是禦祭的主祭者。

《合》34533 有一條舊釋為"庚申，貞：今來甲子酚王，不冓雨"的卜辭。實則"王"字下有殘，所謂"酚王"應是"酚王大卸（禦）"或"酚王卸（禦）"之殘。同版辭有"酚大卸（禦）"之語。

通過比較我們發現，不與動詞"酚"搭配時言"大卸（禦）王"，置於動詞"酚"後時言"王大卸（禦）"或"大卸（禦）"，可見"王大卸（禦）"和"大卸（禦）王"在句法功能上有本質區別。"王卸（禦）"和"王大卸（禦）"等作為"酚"的賓語已經被指稱化，其意為為王舉行的禦祭，而不是王所舉行的禦祭或王舉行禦祭。

三、"人名/稱謂 + 卸（禦）"

除"酚王卸（禦）"之外，殷墟卜辭中還有不少屬於偏正結構的"人名/稱謂 + 卸（禦）"。"人名/稱謂"指需要禳除疾殃的生人，不是主祭者。"人名/稱謂 + 卸（禦）"指為某人舉行的禦祭。這種指稱方式見於賓組、歷組和花東子卜辭。與其搭配的動詞有"酚"和"往"。

(18) 乙巳弜（勿）酚［子］漁卸（禦）？（《補》3931 甲，典賓）

(19) 乙巳弜酚子漁卸（禦）？（《補》3932 正乙，典賓）

(20) 乙巳酚子漁［卸］（禦）？（《補》1781，典賓）

(21) 貞：弜☐［子］漁卸（禦）☐匕☐（《合》2989，典賓）

(22) 貞：酚子央卸（禦）于父乙？（《合》3013，典賓）

(23) 弜酚子央卸（禦）？（《合》3013，典賓）

(24) 貞：酚子央卸（禦）？（《合》3013，典賓）

(25) 貞：酚［子］央卸（禦）于父［乙］？（《合》3014，典賓）

(26) 貞：弜酚子央卸（禦）？（《合》3014，典賓）

(27) ☐貞：來乙巳酚子央卸（禦）☐（《合》3015，典賓）

(28) 壬寅卜：弜蕭酚子商卸（禦）二宰？① 一（《合》2943，自賓間）

(29) □□卜，王貞：弜蕭衒酚［子］商卸（禦）于☐（《合》2942，賓一）

(30) □卯卜：酚［子］商卸（禦）于□乙？（《合》2963，典賓）

(31) 甲戌卜，□貞：羽（翌）乙［亥］酚子□卸（禦）［于父乙］☐（《合》

---

① "子商"之"商"一般寫作从二辛在丙上，亦有作單辛者，見於《合》14036。商金文亦見人名"子商"，字从單辛，見《集成》866。林泰輔先生釋兩種寫法均為"商"，可從。裘錫圭先生亦釋从雙辛者為單辛商之繁。詳參林泰輔：《龜甲獸骨文字卷一抄釋》，本書編委會編：《甲骨文研究資料彙編》（第十九冊），北京：國家圖書館出版社 2008 年版，第 562 頁；裘錫圭：《釋"祕"》，《裘錫圭學術文集》（第一卷　甲骨文卷），上海：復旦大學出版社 2012 年版，第 60 頁。

15732，典賓）

（32）戊午卜，古貞：酚小子卂（禦）？（《合》39697，典賓）

（33）貞：酚帚卂（禦）于□乙□（《合》3032 正，典賓）

（34）丁巳卜，㗊貞：酚帚好卂（禦）于父乙？小告。（《合》712，賓一）

（35）貞：先酚帚好卂（禦）于父乙？（《綴興》90，典賓）

（36）貞：酚帚好卂（禦）于父乙？（《綴興》90，典賓）

（37）丙卜：羽甲寅酚卓卂（禦）于大甲羌百羌，卯十牢？（《合》32042，歷一）

（38）□酚卓卂（禦）□百，卯十牢□（《合》32043，歷一）

（39）庚申卜：歲匕庚牝一，子屍卂（禦）往？一二三四五六（《花》209）

（40）戊卜：叀奠卂（禦）往匕己？一（《花》162）

（41）戊卜：叀奠卂（禦）往匕己？二（《花》162）

（42）己卜：叀多臣卂（禦）往于匕庚？一（《花》181）

（43）其敳（微）卂（禦）往？一（《花》214）

（19）辭或讀作"勿酚卂（禦）子漁"（參看曹錦炎、沈建華，2006：5033），屬行款誤讀。蔡哲茂（1999：373）曾釋曰："為禦子漁之祭而酚祭先王。"蔡說為是。

（20）辭"［卂］（禦）"字，拓片中不甚清晰，舊皆缺釋。《補》3932 與《補》1781均為骨條之殘（圖1），屬成套卜骨。通過兩版的比對可知，（20）辭對應《補》3932 正乙上端僅殘留"卂（禦）"字下半部的一辭。《補》3932 正甲下端殘存"庚"字上半部，此對應《補》1781 版（20）辭上方"庚子易日"一辭。

《補》1781　　《補》3932正甲　　《補》3932正乙

圖1

（27）辭“卲（禦）”字，《合》3015 拓片作“❖”（圖2），舊皆缺釋。此據《續編》2.7.9 補釋。《續編》僅將該版拓片有刻辭的部分剪裁作豎條狀予以保留（圖3），然“卲（禦）”字作“❖”，尚可辨。

（29）辭“酚”前一字作“❖”，其義與“先”相類，或為先字之繁。《合》712 有辭曰“引畵先酚于父乙殳”，可資參照。

（30）辭舊或誤讀作“□卯卜☑商卲（禦）于☑”，以“卜”後所殘字數不詳（參看曹錦炎、沈建華，2006：407；陳年福，2010：355）；或誤讀作“□卯卜子商卲（禦）于☑”，僅於“卜”和“商”之間補足“子”字（參看姚孝遂，1988：86；張玉金，2003）。“卜”下所殘應是“酚”字所從“酉”之右上角，“商”之上部與天干字對應的位置所殘之字應是“子”，“卲（禦）”下殘存“于”之上半部清晰可見（圖4）。

《合》3015　　　《續編》2.7.9　　　《合》2963

圖2　　　　　　圖3　　　　　　圖4

在（18）至（38）諸辭中，與“人名/稱謂＋卲（禦）”搭配的動詞是“酚”。學者在釋讀這些辭例時，大多存在和前述“王卲（禦）”之釋讀同樣的問題，或將“人名/稱謂”屬前讀（參看喻遂生，2002：99 – 102），或將其屬後讀（郭沫若，1965：404；劉源，2004：316 – 317）①。後一種讀法不可取，可以參看前文關於“王卲（禦）”的解讀。這裏可以補充一點，把“人名/稱謂”看作“卲（禦）”的主語，與王卜辭所見禦祭的主體（主祭者）一般是商王不相協調（參看張玉金，2003），也無法解釋如此眾多的禦祭卜辭中為何都不出現需要禳除疾殃的生人。這裏重點討論前一種讀法。

以“人名/稱謂”為“酚”之賓語，要麼把“人名/稱謂”理解成祭祀對象，要麼把“酚”解釋為可用於生人的動詞。這兩種理解均有不妥。且以“子漁”為例。“子漁”主要見於典賓類卜辭，另見於個別歷組卜辭（《合》32780、32781）。除了“酚子漁卲（禦）”

---

① 胡厚宣主編《甲骨文合集釋文》讀本文所引《合》32042 辭誤，讀《合》712、2989、3013、3014、3032、2942、2943、15732、39697 諸辭不誤。曹錦炎、沈建華編著《甲骨文校釋總集》讀本文所引《合》712、32042 和《補》3932 正乙諸辭誤，讀《合》2989、3013、3014、3032、2942、2943、15732、39697 以及《補》3932 正諸辭不誤。

這一說法外，目前所見的甲骨材料中並沒有對"子漁"進行祭祀的占卜，而有關"子漁"疾病禍福以及為他舉行禦祭的辭例則不在少數，如"子漁疒目"（《合》13619）、"卟（禦）子漁齒"（《英》123）、"子漁亡凸"（《合》32780）、"卟（禦）子漁于父乙"（《合》729）等。因此，我們有理由認為（18）至（21）辭中的"子漁"也應是生人。有學者注意到這一現象，所以提出動詞"酚"可用於生人的說法。《合》3216正有辭曰：

（44）乙丑卜，殼貞：酚子同于且丁五宰？

（45）乙丑卜，殼貞：先酚子同父乙三宰？一二

喻遂生（2002：99）舉（45）辭為例，解釋說：

> 此例為三賓語句，意為為子凡用三宰向父乙祭祀。"父乙"是祭祀對象，受事賓語，"三宰"是祭牲，工具賓語，"子凡"是受祐對象，為動賓語，顯然，"子凡"是生者。

我們同意喻先生對辭例的解讀，但祭祀動詞"用於生者"和可以生者作"為動賓語"並不是一回事。對比（44）辭可知，（45）辭"子同"（即喻文之"子凡"，參看王子楊，2013：198－241）後省略了介詞"于"。"子同"只是引起"酚"這一活動的原因，"父乙"才是"酚"所指向的對象。卜辭中有"酚＋生人＋（于）＋神名"，但是從未見"酚＋于＋生人"的說法。因此，將"酚＋人名/稱謂＋卟（禦）"中的"人名/稱謂"屬前讀不能成立。

值得注意的是，"酚"是可以帶原因賓語的祭祀動詞（參看沈培，1992：92）。沈培（1992：103）和齊航福（2015：141）均把《合》3216兩辭中的"子同"看作"酚"的原因賓語，此說可信。在出現"酚＋人名/稱謂＋卟（禦）"的卜辭中，其句式基本上呈現出以下幾種形式：①"酚＋'人名/稱謂＋卟（禦）'"，如（18）至（20）辭；②"酚＋'人名/稱謂＋卟（禦）'＋（于）＋神名"，如（34）至（36）辭；③"酚＋'人名/稱謂＋卟（禦）'＋（于）＋神名＋牲名"，如（37）（38）兩辭。前兩種均可看作第三種的省略形式。第三種句式帶牲名賓語，較為少見，但是（44）（45）兩辭的結構完全一致。據此我們認為，在和祭祀動詞"酚"搭配時，"人名/稱謂＋卟（禦）"以及下文提到的"神名＋卟（禦）"都是充當原因賓語①。

（39）至（43）諸辭中，與"人名/稱謂＋卟（禦）"搭配的動詞是"往"。這裏的動

---

① 齊航福（2015：141－142）在論及《合》712"酚帚好卟（禦）于父乙"時指出："該辭若在'帚好'後點斷，則也是'酒'帶原因賓語的例子，只是同一條卜辭中為表達同一個完整的意思而使用兩個甲類祭祀動詞的情況比較少見，因此我們更傾向於不點斷。"齊先生主張的"酚帚好卟（禦）于父乙"應當連讀是對的，但對卜辭的理解與我們有所不同。有關甲類祭祀動詞和乙類祭祀動詞的劃分，請參周國正（1983）。

詞"往"應與《花》132"齒卟（禦）歸"之"歸"相對應，表前往之義。于省吾（1979：154）釋此類"往"為祭名，不可據。"往（于）+神名"應是表示前往祭祀某神之所（參看張玉金，2019；張玉金、孫志豪，2021）。殷人選擇禦祭之地點頗為講究。《花》427有辭曰：

　　（46）丁丑卜：在茲往敳（徵）卟（禦）癸子，弜于狄？用。一

此即為禳除徵之疾殃而占卜舉行禦祭的地點，可與（43）辭"其敳（徵）卟（禦）往"合觀。"癸子"即"子癸"，作為禦祭中的祭祀對象，另見於《花》29、76、214、226、409等。從用辭來看，（46）辭中禦祭最終所選擇的地點為徵之所在，而非花東子經常活動的狄地。賓組和午組卜辭另有"至某人+（禦）"的說法，如"今日至吳卟（禦）于丁"（《合》13740）、"至子卟（禦）父丁白豕"（《合》22046）、"至妻卟（禦）父戊"（《合》27049）等。裘錫圭（2015：9）讀"至"為"致"，此說可以通講。我們認為"至某人"也可與（46）辭的"往敳（徵）"相聯繫，看作對禦祭地點的描述。

四、"事件 + 卟（禦）"和"神名 + 卟（禦）"

與"人名/稱謂 + 卟（禦）"相比，用於指稱某次禦祭的"事件 + 卟（禦）"和"神名 + 卟（禦）"相對少見。

"事件 + 卟（禦）"指為某事舉行的禦祭。"事件"包括某人之疾病禍福、自然現象和田獵等。這種用法主要見於花東子卜辭，可與動詞"歲""宜""祝""歸""往"等搭配，如：

　　（47）辛亥：歲匕庚羸、牝一，齒卟（禦）歸？一（《花》132）
　　（48）辛亥：歲匕庚羸、牝一，齒卟（禦）歸？一（《花》132）
　　（49）乙亥夕：酯伐一［于］且乙，卯羘五、羠五，祝一酓，子咼卟（禦）往？一二三四五六（《花》243）
　　（50）乙丑：歲且乙黑牡一，子祝咼卟（禦）敳（徵）？在刐。一（《花》319）
　　（51）乙丑：歲且乙黑牡一，子祝咼卟（禦）敳（徵）？在刐。一二（《花》319）
　　（52）癸酉：歲癸子羠敳（徵）目卟（禦）？一（《花》214）
　　（53）乙亥：歲且乙雨卟（禦），吾乡牢、牝一？一（《花》449）
　　（54）庚戌卜：雨卟（禦）宜，翌日壬子征（延）酯，若？用。一（《花》149）

（55）乙亥：歲且（祖）乙牢，□㘱一，［隹］獸（狩）卟（禦）往？一

（《花》302＋344＝《醉》312）

（47）（48）兩辭的"齒卟（禦）歸"與（49）辭的"子凸卟（禦）往"相類。這裏"歸"和"往"的主體都是花東"子"。不同之處在於，"齒卟（禦）"大概充當狀語成分，借指"歸"的出發點；"凸卟（禦）"可能是前置賓語，借指"往"的目的地。花東卜辭整理者釋《花》132"齒卟（禦）"曰："齒，在此版的用法，可有兩種解釋：①用本義，'齒'釋作'齒'，為禳除齒疾而祭祀；②齒作為人名。"第一種說法較為近似。"齒"應是"疾齒"的省略。"齒卟（禦）"屬偏正結構，不可讀作"卟（禦）齒"。

（50）（51）兩辭"凸卟（禦）斁（徵）"充當"祝"的賓語。這說明殷人在禦祭中有"祝"的環節。"凸卟（禦）斁（徵）"蓋即"斁（徵）凸卟（禦）"之意，與（52）辭"斁（徵）目卟（禦）"相類，只是表所屬關係的人名"斁（徵）"後置。《花》226有辭曰"卟（禦）斁（徵）目癸子"，可資參照。對比（47）至（51）諸辭可知，（52）辭省略了與"斁（徵）目卟（禦）"搭配的動詞。"凸卟（禦）"之"凸"蓋讀作骨，《花》38有"其卟（禦）子疒凸妣庚"。或從徐寶貴、裘錫圭先生說釋為"肩卟（禦）"（參看姚萱，2006：299，328），則其意為禳除肩疾之禦祭。

（52）辭句式屬"歲＋神名＋牲名＋'事件＋卟（禦）'"，（53）辭句式屬"歲＋神名＋'事件＋卟（禦）'"，均表示為"某卟（禦）"向神靈進行歲祭。後者與沈培（1992：95）所論甲類祭祀動詞之句式"$V_甲＋（于）＋O_神＋O_因$"同。"歲"大概也是可以帶原因賓語的動詞。

"雨禦"指為禳除雨災而舉行的祭祀，屬止雨之祭。《左傳·昭公四年》："是年春，大雨雹。季武子問于申豐曰：'雹可禦乎?'"杜注："禦，止也。"這裏的"禦"釋為"禦除"更為貼切。姚萱（2006：271）釋（54）辭"雨卟（禦）宜"曰"為'禦雨'之事而舉行'宜'祭"[1]，此說極是。

（55）辭"獸（狩）卟（禦）"是指為禳除狩獵中可能遇到而尚未發生的災害所舉行的禦祭，屬禦未至之祭[2]。如狩獵已成事實並且順利，似無再行"狩禦"之必要；如狩獵中確實遭遇到了災禍，則應就具體的災殃而舉行禦祭。花東子卜辭中有"卟（禦）子往田"（《花》21）、"卟（禦）往田"（《花》459）的占卜，可與（55）辭互為參照。

"神名＋卟（禦）"指向某神舉行的禦祭。這種用法主要見於自組卜辭，可與動詞"酓""告""晉"等搭配，如：

---

① 姚著認為（54）辭"雨卟（禦）"可與"宜"斷讀，並把（53）辭中的"雨卟（禦）"與前後文斷開，大概不以"雨卟（禦）"為偏正結構。

② 詳參拙文《試論殷人"禦未至"之祭》，待刊。

（56）☐ 酚且乙卲（禦）十牛？五月。（《合》19844，𠂤大）

（57）甲子卜：酚大戊卲（禦）？三 （《合》4517，𠂤小）

（58）甲子卜，𡧊：酚外丙卲（禦）？四 （《屯》4517，𠂤小）

（59）甲子卜：酚丁中卲（禦）？五 （《屯》4517，𠂤小）

（60）辛亥卜，王貞：父甲卲（禦）晉百☐ （《合》19914，𠂤小）

（60）辭"父甲卲（禦）"與"晉"搭配，充當受事主語。《屯》4517（即《合》19838）另有辭曰："癸未卜，𡧊：酚卲（禦）父甲？""父甲"前可能省略了介詞"于"。不過參照同版辭例，這裏的"禦父甲"也可能與"父甲卲（禦）"同義。在王賓卜辭中，有大量"王賓＋神名＋祭名"的說法。張玉金（2002：100，102）指出，王賓卜辭中的"神名"是"祭名"的修飾語，它們有的"神名"在前，有的"祭名"在前，表達的意思相同。

以"神名＋祭名"來指稱某次祭祀，這種表達方式不限於禦祭，如"叀河尞先酚"（《合》32308）、"先高且尞酚"（《合》32308）、"其酚高且尞叀辛卯"（《合》32305）、"王先戠外丙歲"（《補》10381）、"戠兄辛歲"（《合》27627）、"其宜父甲𢽙"（《合》27465）等，"河""高且""外丙""兄辛""父甲"均是其後相應祭名的修飾語。與這些偏正短語搭配的動詞是"酚""戠""宜"等。此類語法現象張玉金（2002：99）有論，可以參看。

在沒有其他搭配動詞的情況下，神名賓語如置於祭祀動詞"禦"前，一般會在"神名"前冠以介詞"于"，形成"于＋神名＋卲（禦）"的結構。試比較下列辭例：

（61）a. 卲（禦）帚好于父乙？
b. 于妣癸卲（禦）帚？（《合》2613，典賓）
（62）a. 貞：卲（禦）于高妣己？
b. 弜于高妣己卲（禦）？五 （《辭》371，典賓）

這與我們說的"某卲（禦）"不同。《合》19885 有辭曰："壬辰：己妣卲（禦）？"這種用法極為罕見，大概是在"己妣"（即"妣己"）前省略了介詞"于"。

五、結語

在禦祭卜辭中，"人名/稱謂"和"事件"可以充當"卲（禦）"的原因賓語，"神名"充當"卲（禦）"的神名賓語。偏正結構的"某卲（禦）"是由原因賓語和神名賓語提前構成的。將神名賓語提前構成偏正結構這種指稱方式並不僅限於禦祭，還有尞、歲和𢽙等祭祀。將原因賓語提前構成偏正結構，也不限於禦祭。《合》33288 有辭曰"王其𡧊禾秦于河""王弜定禾牽于河"，"禾牽"是指為"禾"舉行的牽祭，也是具有指稱作用的偏正短語。這裏的"定"是與"禾牽"搭配的動詞，應是"窆"之省。該字另見於《合》5190、34260，《英》2450，《屯》1512，舊多以為不可釋。小屯南地甲骨整理者釋《屯》1512之字曰"殆窆"省，可從。用於指稱某次禦祭的"人名/稱謂"只能是禦祭活動中需要禳除疾殃的生人，而不能是主祭者。這應該是為了使相關的指稱更加明確。

"某刊（禦）"結構在卜辭中呈現出明顯的組類特徵，"人名/稱謂+刊（禦）"主要見於賓組、歷組和花東子卜辭，"事件+刊（禦）"主要見於花東子卜辭，"神名+刊（禦）"主要見於自組卜辭。採用哪一種指稱方式，應與當時人們的用語習慣有關。

與"某刊（禦）"結構搭配的動詞有"酌""歲""宜""祝""告""曡"和"往""歸"等。這對我們研究殷人的禦祭具有重要意義。"酌""歲""宜""祝""告""曡"等涉及禦祭的具體環節。"往""歸"涉及禦祭舉行的地點。在與祭祀動詞"酌"搭配時，"某刊（禦）"充當原因賓語。舊或以為"酌"可用於生人，是不準確的。

2021 年 9 月 28 日初稿

2022 年 4 月 15 日修改

　　附記：本文初稿蒙張玉金、齊航福、張軍濤、喬盼峰諸位師友審閱指正，本次發表又承責任編輯黃志波先生是正多處，得以避免了一些不必要的錯誤。作者十分感謝！

參考文獻

［1］蔡哲茂：《甲骨綴合集》，臺北：樂學書局 1999 年版。

［2］曹錦炎、沈建華：《甲骨文校釋總集》，上海：上海辭書出版社 2006 年版。

［3］陳劍：《甲骨文舊釋"智"和"蠡"的兩個字及金文"飄"字新釋》，《甲骨金文考釋論集》，北京：綫裝書局 2007 年版。

［4］陳年福：《殷墟甲骨文摹釋全編》，北京：綫裝書局 2010 年版。

［5］郭沫若：《殷契萃編》，北京：科學出版社 1965 年版。

［6］沈培：《殷墟甲骨卜辭語序研究》，北京：文津出版社 1992 年版。

［7］劉翔等編著：《商周古文字讀本》（增補本），北京：商務印書館 2017 年版。

［8］劉源：《商周祭祖禮研究》，北京：商務印書館 2004 年版。

［9］齊航福：《殷墟甲骨文賓語語序研究》，上海：中西書局 2015 年版。

［10］裘錫圭：《讀〈安陽新出土的牛胛骨及其刻辭〉》，《裘錫圭學術文集》（第一卷 甲骨文卷），上海：復旦大學出版社 2015 年版。

［11］王子楊：《甲骨文字形類組差異現象研究》，上海：中西書局 2013 年版。

［12］楊樹達：《積微居甲文說》，上海：上海古籍出版社 2006 年版。

［13］姚孝遂主編：《殷墟甲骨刻辭類纂》，北京：中華書局 1989 年版。

［14］姚孝遂主編：《殷墟甲骨刻辭摹釋總集》，北京：中華書局 1988 年版。

［15］姚萱：《殷墟花園莊東地甲骨卜辭的初步研究》，北京：綫裝書局 2006 年版。

［16］喻遂生：《甲骨文動詞介詞的爲動用法和祭祀對象的認定》，《甲金語言文字研究論集》，成都：巴蜀書社 2002 年版。

［17］于省吾：《甲骨文字釋林》，北京：中華書局 1979 年版。

［18］張玉金：《關於甲骨文中的 "往" 是否用作祭名的考察》，《古漢語研究》2019 年第 4 期。

［19］張玉金：《甲骨卜辭語法研究》，廣州：廣東高等教育出版社 2002 年版。

［20］張玉金：《論殷代的禦祭》，《文史》編輯部編：《文史》（二〇〇三年第三輯），北京：中華書局 2003 年版。

［21］張玉金、孫志豪：《論殷墟甲骨文非處所詞語的處所化》，《古漢語研究》2021 年第 2 期。

［22］周國正：《卜辭兩種祭祀動詞的語法特徵及有關句子的語法分析》，常宗豪主編：《古文字學論集（初編）》，香港：香港中文大學出版社 1983 年版。

Explain the Modifier-core Phrase "*Mouyu*" ［某卸（禦）］ in the Oracle Bone Inscriptions of Yin Ruins

Zhao Wei

Abstract：There are many phrases that have referential function and used with other verbs in the oracle bone inscriptions of Yin Ruins, such as " name/appellation + *yu* ［卸（禦）］" "event + *yu* ［卸（禦）］" and "god + *yu* ［卸（禦）］". They are usually used in conjunction with other verds and have a referential function. They are modifier-core phrase. This grammatical phenomenon has not attracted widespread attention. Researchers have different interpretations of them. The correct explain of these phrases has great significance to the interpretation of some oracle bone inscriptions and the research of "*yuji*"（禦祭）in the Yin and Shang period.

Key words：*yu* ［卸（禦）］, *mouyu* ［某卸（禦）］, modifier-core phrase

（河南大學黄河文明與可持續發展研究中心）

冕、字和免的形義關係*

劉書芬　耿雯雯

提　要　冕是字的古字，字形義為受孕；字的分娩、生孩子義是受孕義的引申，免有生孩子義，後作挽，今作娩。甲骨卜辭中的貞冕卜辭體現受孕的擇吉文化。戰國簡牘中字與免的意義相同，都可表生孩子、免除、勉力義，與它們的引申義和用詞的地域差異等因素相關。

關鍵詞　冕　字　受孕　免

有關字、免的形義及它們之間的關係，不少學者作過考釋，如禤健聰（2015）考察了字、娩用字的同形分化，認為"字"（生育）與"娩"（分娩）兩個音義的書寫符號均源於甲骨文的"冕"；李零（1999）認為"孚"疑是"娩"字的古體，字與免被等同；郭沫若釋"冕"為"挽"；高明（1984）釋"冕"為冥，認為是一種病。這些學者的研究為我們了解字、免的形義及其關係提供了很好的借鑒，但還有可探討之處，筆者於此提出一孔之見，萬望大雅君子多指教。

一、冕的舊釋舊解

有關"某某冕"的句中，冕字的意義，過去的研究歸納起來大致有五種：

（一）釋樊、樊義

最早如孫詒讓釋冕為樊、樊義。① 其考釋未取得學者們的認可。

（二）釋弇、覆蓋義

陳邦懷："此弇之初字，從冃向皆象從宀掩物形，仆其声也，《说文解字》弇之古文作冕，從向殆由冃向而譌。"② 葉玉森認同此說。③

（三）釋娩，為冕之古文，婦女育子娩身義

郭沫若（1934）："冕蓋挽之古文，從向從仆，仆亦聲也。"④ 此觀點頗得學者們認同，

---

*　本文是國家社會科學基金年度項目"出土戰國文獻匯釋今譯暨數據庫建設"（項目編號：17AYY014）和佛山市高等教育高層次人才科研項目"《盐鐵論》詞彙研究"（項目編號：81031907）的研究成果。

① 孫詒讓著，樓學禮校點：《契文舉例》，濟南：齊魯書社1993年版，第88頁。

② 陳邦懷：《殷虛書契考釋小箋》，宋鎮豪、段志洪主編：《甲骨文獻集成》（第七冊），成都：四川大學出版社2001年版，第235頁。

③ 葉玉森：《鐵雲藏龜拾遺附考釋》，宋鎮豪、段志洪主編：《甲骨文獻集成》（第一冊），成都：四川大學出版社2001年版，第246頁。

④ 郭沫若：《骨臼刻辭之一考察》，《郭沫若全集·考古編》（第一卷），北京：科學出版社1982年版，第424頁。

近五十年來再無異議，基本上已成定論。

（四）釋冥，假為娩，生子免身義

唐蘭："余謂囧即冥字，冥之本義當如幎，象兩手以巾覆物之形……卜辭麗字當釋娩，冥或娠指用為動詞者，並假為挽，生子免身也。"①

（五）釋冥，病義

高明（1984）："唐蘭曾釋囧為冥，但他為了補充郭沫若以囧為女人之說，故謂'假冥為挽'。我们認為假冥為挽雖然不妥，而釋囧為冥還是正確的。……如以冥為病，無須多加解釋，無不文從義順。"② 解釋冥為病不確。

高明（1984）③ 從性別和時間方面作了論證，性別方面的論證不可信，但時間方面的論證還是可信的。

1. 性別方面

在有關 "某某囧" 的句中，囧字表示人的某種行為或活動，當為動詞……囧作句子的謂語，主語有三類人：帚（婦）某、子某和小臣，認為帚（婦）某為女性，子某和小臣為男性，舉例如下：

（1）乙丑卜，殷鼎（貞）：翼（翌）庚寅帚（婦）好囧（娩）。（《合集》154）

（2）鼎（貞）：帚（婦）蝶囧（娩），𣏾。鼎（貞）：帚（婦）蝶囧（娩），不其𣏾。（《合集》991）

（3）庚午卜，㝱（賓）鼎（貞）：子目囧（娩），𣏾。鼎（貞）：子目囧（娩），不其𣏾。（《合集》14034）

（4）貞，子兊囧（娩），不其𢦏。子兊囧（娩），不其𢦏。（《合集》14035）

（5）辛丑卜，爭鼎（貞）：小臣囧（娩），𣏾。（《合集》14037）

高明認為：子乃男子的美稱，子目、子兊、子𢦏等都應當是對男人的稱謂。類似子稱的男名，無論是在商代甲骨、兩周金文中，還是在先秦文獻中，都屢見不鮮。諸如卜辭所見：子商（《前》1.29.2）……皆男人之稱謂，無一女人之名。

小臣是男性奴隸之長，亦是商周奴隸王朝之官吏。

吳孫權（1996）論證了子目、子兊、子𢦏指女子；商代小臣所從事的事務也有女性參

---

① 唐蘭：《天壤閣甲骨文存》，宋鎮豪、段志洪主編：《甲骨文獻集成》（第二冊），成都：四川大學出版社2001年版，第494－495頁。

② 高明：《武丁時代 "貞囧卜辭" 之再研究》，宋鎮豪、段志洪主編：《甲骨文獻集成》（第十八冊），成都：四川大學出版社2001年版，第288頁。

③ 高明：《武丁時代 "貞囧卜辭" 之再研究》，宋鎮豪、段志洪主編：《甲骨文獻集成》（第十八冊），成都：四川大學出版社2001年版，第287－288頁。

加，即小臣也可指女性。[①] 其論證是可信的。

2. 時間方面

（6）甲申卜，㱿貞，婦好冥𡠀，王固（占）曰：其隹丁冥𡠀。其隹庚冥引吉，三旬㞢又一日甲寅冥，不𡠀隹女。（《丙》247）

高明論述：乍一看像貞卜婦好的分娩日期，如云：王占曰惟丁日娩嘉，庚日娩引吉。甲申距丁亥四日，距庚寅七日，如僅限這個範圍，謂其貞卜臨產期，則無可否認。但並未限於此，後邊又講“三旬㞢又一日甲寅冥，不嘉隹女”。婦女妊娠屆期後延四七日是可能的，但絕對不可能延至一個月以上，從而又可證明冥字與女子分娩毫無關係。

吳孫權（1996）按：“其隹丁冥放”是說凡丁日（包括丁亥、丁酉、丁未）分娩皆嘉，非獨指丁亥。“其隹庚冥引吉”是說凡庚日（包括庚寅、庚子、庚戌）分娩皆引吉，非特指庚寅。

吳孫權的解釋不夠準確，筆者認同高明解釋，冥應不是分娩義。

（7）貞其五月冥。貞其于六月冥。（《乙》上1052）

絕不可能把婦女分娩視為每月都會發生的事情，更不可能將女人生子看作連綿不斷、長期進行的事情。

吳孫權（1996）按：上辭僅貞問是在五月份分娩，还是在六月份分娩，並沒有“聯綿不斷、長期進行”分娩的意思。這種解釋的說服力是不夠的。

從貞卜的時間方面看，冥解釋為分娩似不合適，應該是字的古體，受孕義。問的是：五月受孕還是六月受孕。

二、冥為字的古體，其義為受孕

（一）冥與字的形義關係

冥是字的古字，字形義為受孕。

1. 冥的字形字義

冥的字形主要是根據一些目前能查找的資料歸類，如《甲骨文字編》[②]《金文編》[③]

① 吳孫權：《“貞娩卜辭”再探討》，《廈門大學學報》（哲學社會科學版）1996年第3期，第132頁。

② 李宗焜編著：《甲骨文字編》，北京：中華書局2012年版，第798－799頁。

③ 容庚編著，張振林、馬國權摹補：《金文編》，北京：中華書局1985年版，第1162頁。

《說文新證》① 和小學堂②，如下：

殷商时期甲骨文作◇（燕 183）、◇（林 2. 30. 16）、◇（鐵 13. 1）、◇（後 2. 34. 4）、◇（乙 832）、◇（《續存》2. 296）形，殷商金文作◇（角父戊挽鼎）形，戰國楚簡作◇（包 288）、◇（曾 28）、◇（曾 129）、◇（郭·六 28）、◇（望 1. 37）形。

字形可分為三大類：第一類為殷商甲骨文字形：◇、◇、◇、◇、◇，可據覆蓋之形分為兩小類：一類為◇形，一類為◇、◇形。第二類為殷商金文字形：◇。第三類為戰國楚簡字形：◇、◇、◇、◇、◇，覆蓋之形可分為四小類：一為◇，二為◇，三為◇，四為◇。第一小類最繁雜，第四小類最簡。

高明論證了◇不是娩義，但也不是他說的病義，應是受孕義。◇應分析為從◇、◇、◇，其中◇應是女人的盆腔，或理解為子宮，有◇和◇兩種形體；◇應是表女子精气（卵子）和男子精气（精子）的結合；◇表攀爬之意，指男子精气前行進入，與女子精氣會合，即男女構精，表受孕之意。有的或省◇形，或省◇形。

2. 字的字形

字的字形來源於《新金文編》③ 和《秦簡牘文字編》④，如下：

字的殷商金文作◇（字父乙觶·11. 6270）、◇（字觚·12. 6530）形，西周金文作◇（善夫汹其簋·08. 4149. 1）形，春秋金文作◇（余購迷兒钟·01. 183. 2）形，戰國金文作◇〔王字（讀為子）造匜·16. 10190〕形，戰國秦簡作◇（睡甲一五〇正叁）、◇〔里 J1（16）1 正〕形。

字形可分為四類：第一類為殷商金文：◇、◇；第二類為西周金文和戰國秦簡：◇、◇、◇；第三類為春秋金文：◇；第四類為戰國金文：◇。

3. 娩與字的字形關係及其字形義的探討

◇第二類的◇形與"字"中的第一類◇形的不同之處為◇與◇形，來源應該是◇第一類中的第一小類◇與第二小類◇形，其實表示同一個字。

◇中的◇、◇形，在"字"中變成了◇，◇、◇兩個形會意為精子（◇）攀爬（◇）進子宮（◇、◇），而◇是有生命力的，可以自行進入子宮。字形義應為受孕。

《周易·屯》："女子貞不字，十年乃字。"占卜得女子不能懷孕，十年後才懷孕。不能懷孕就是受孕不了，所以懷不上孩子，懷不上孩子就生不了孩子。句中的"字"應釋為受孕。

古代男子成人禮加"冠"，女子及笄，並取字，"字"就是表示男子和女子的成年，意味着性成熟，男子會排精，女子會排卵。

---

① 季旭昇：《說文新證》，福州：福建人民出版社 2010 年版，第 1012 頁。

② 小學堂，http：//xiaoxue. iis. sinica. edu. tw/yanbian？kaiOrder = 1596。

③ 董蓮池編著：《新金文編》，北京：作家出版社 2011 年版，第 2153 頁。

④ 方勇編著：《秦簡牘文字編》，福州：福建人民出版社 2012 年版，第 415 頁。

《說文·敘》："倉頡之初作書，蓋依類象形，故謂之文。其後形聲相益，即謂之字。字者，言孳乳而浸多也。"段玉裁《說文解字注》："析言之，獨體為文，合體為字，統言之，則文字可互稱。"俗稱"獨體為文，合體為字"是指文和字是有區別的。文字的字是由相關的文（符號）組合而成的，如同受孕是由精子和卵子結合，結合成功後生成胎兒，然後懷孕，最後生子。

🐘與罢第一類中的第二小類⋀形類似。🐘中的"爪"應與罢中的𣥂有淵源。禤健聰（2015）認為，《集成》10190號王子適匜有讀為"子"的"字"字，作🐘，下部較一般寫法多出二"爪"形，過去多認為只是裝飾性筆畫，現在看來，很可能就是甲骨文C字（即罢字）所從二手形之孑遺。① 這個觀點是可信的，但認為是娩則不確。分娩嬰兒的頭都是朝下的，甲骨文中生孩子的🐾（毓）頭是朝下的，如果頭朝上就意味着難產，字中的"子"都是頭朝上的，二"爪"形應表示子向前攀爬的方向，而不是表示幫助生育。

金文中的字表示"生"，吳王光鑑："隹（唯）王五月，既字白期。"《廣雅·釋詁》："字，生也。""既字白"相當於"既生霸"，是月相紀日用語，指陰曆每月八九日至十四五日（王國維）。又讀作"子"，梁其簋"百字千孫"，梁其鼎作"百子千孫"。又讀作"慈"，楚余義鐘"字父"，即"慈父"。又用作氏族名。② 是字的引申義和假借義。

（二）受孕擇吉的文化

擇吉即選擇吉日，舊時凡遇祭祀、婚嫁、生育、安葬、商店開業等大事，都選吉利日子舉行。《魏書·蕭宗孝明帝紀》："有司可豫繕國學，圖飾聖賢，置官簡牲，擇吉備禮。"③

1. 受孕時間的擇吉

"天地氤氳，萬物化醇；男女構精，萬物化生。"④ 生育的前提，便是夫妻雙方的交合。

"凡人受命，在父母施氣之時，已得吉凶矣。"⑤ 於是，甚麼時間受孕生出的後代才是最健康、最有前途的，這是古代人們思考的一個重要問題。

（8）貞其五月罢。貞其于六月罢。（《乙》上1052）

（9）王固（占）曰：其隹（唯）丁娩，🐾。其隹（唯）庚，引吉。其隹（唯）壬戌，不吉。（《合集》14002）

擇吉意味着避凶。常耀華（2011）："諏日"是古代選擇吉日的一種方術。商代已有諏日，有甲骨刻辭為證，這一觀點已被學界普遍接受。

---

① 禤健聰：《"字""娩"用字同形分化考》，《古漢語研究》2015年第4期，第90頁。
② 漢語多功能字庫，http：//humanum. arts. cuhk. edu. hk/Lexis/lexi－mf/search. php？word＝％E5％AD％97。
③ 魏收：《魏書》，長春：吉林人民出版社1995年版，第145頁。
④ 黃壽祺、張善文：《周易譯注》，上海：上海古籍出版社2004年版，第538頁。
⑤ 田昌五：《論衡導讀》，北京：中國國際廣播出版社2008年版，第69頁。

（10）甲申卜，殼，貞：帚（婦）好冥（娩），嘉。王固（占）曰：其隹（唯）丁冥（娩），嘉。其隹（唯）庚冥（娩），引吉。三旬又一日甲寅冥（娩），不嘉，隹（唯）女。（《合集》14002 正1）

此版契於龜腹甲，諏謀的是商王武丁之妻婦好的分娩日期。此類諏吉卜辭，計有12版。[①]

樂擇吉體現了優生優育的觀念，雖然有迷信的成分，但更有古人在長期的生育過程中總結的生育經驗。

2. 性別的擇吉

重男輕女的觀念，反映在生育擇吉中即是生男子為吉，生女子為不吉。從卜辭中可以看出商代家族重男輕女的意識。

胡厚宣："言'不放隹女'知殷人蓋以生女為不放，生男為放。……及《韓非子》所言：'產男則相賀，產女則殺之'之重男輕女之觀念，實自殷代即已有之。"[②]

（11）甲申卜，殼，[鼎（貞）]：帚（婦）好冥（娩），不其〔〕。三旬屮一日甲寅冥（娩），允不〔〕，隹（唯）女。（《合集》14002 正2）

另外，卜辭中還有占問受孕是否成功的：

（12）己丑卜，殼鼎（貞）：翼（翌）庚寅帚（婦）好冥（娩）。（《合集》154.1）

（13）鼎（貞）：翼（翌）庚寅帚（婦）好不其冥（娩）。一月。（《合集》154.2）

三、字與兔

"字"與"兔"的字形和讀音相差都較大，為何"字"會有兔義？

（一）兔的字形

《新甲骨文編》[③]《甲骨文字編》[④] 和《新金文編》[⑤] 將殷商甲骨文〔〕（合33069）、殷商金文〔〕（12.7067·兔瓠）、〔〕（12.7012·田兔瓠）、〔〕（13.8156 周兔爵）和西周金文〔〕

---

① 常耀華：《殷商旅行諏日卜辭研究》，《中國國家博物館館刊》2011年第3期，第81、82頁。
② 胡厚宣：《殷代婚姻家族宗法生育制度考》，《甲骨學商史論叢初集：外一種》，石家莊：河北教育出版社2002年版，第157頁。
③ 劉釗、洪颺、張新俊編纂：《新甲骨文編》，福州：福建人民出版社2009年版，第444頁。
④ 李宗焜編著：《甲骨文字編》，北京：中華書局2012年版，第136頁。
⑤ 董蓮池編著：《新金文編》，北京：作家出版社2011年版，第1048－1049頁。

（08.4240·免簋）、𡥀（11.5922·周免旁尊）等形隸定為"冕"，而《金文編》① 和《戰國古文字典：戰國文字聲系》② 將這些字形隸定為"免"，楚簡"免"作⿸（包2·53）、⿰（郭·性25）形③，秦簡作𢂇（睡·效18）、⿱（睡·甲36正）、⿰（關簡340，通"挽"）、⿰［里J1（8）775］形④。楚簡"冕"作𡥀⑤，或隸定為㝮⑥。

（二）免的字義

漢語多功能字庫對該字形的分析如下：

> 甲骨文从"卩"（跪坐人形）从帽形（以⺆表示），象人頭戴冠冕之形（郭沫若、高鴻縉），是"冕"的初文。本義是帽子、冠冕，或戴帽子。後來表示免除、避免。金文不从"卩"而从"人"，或从"大"。⑦

工具書中"免"的義項較多，此處僅選取《漢語大詞典》中與冠冕、帽子相關的義項作分析：

> 免（wèn），古代喪服。去冠括髮，以布纏頭。《禮記·檀弓上》："公儀仲子之喪，檀弓免焉。"陸德明釋文："以布廣一寸，從項中而前，交於額上，又卻向後，繞於髻。"《儀禮·士喪禮》："眾主人免於房。"鄭玄注："齊衰將袒，以免代冠……今文免皆作絻。"⑧
>
> 免（wèn），同"絻"。古代喪服之一，去冠，用布包裹髮髻。《集韻·問韻》："絻，喪冠也。或省。"又《願韻》："免，喪冠也。"《左傳·僖公十五年》："穆姬聞晉侯將至……使以免服衰絰逆。"杜預注："免、衰、絰，遭喪之服。"陸德明釋文："免，又作絻。"也用作這種服制的名稱。⑨

甲骨文和金文𡥀、⿸上部的⺆、⺆形，與"陸德明釋文：以布廣一寸，從項中而前，交於額上，又卻向後，繞於髻"似乎相吻合。

免的字形義，也即本義為喪冠，讀 wèn。

如若"免"是表古代喪服，那麼是否有表"冕"義的古文字呢？張再興（1999）有所論述：

---

① 容庚編著，張振林、馬國權摹補：《金文編》，北京：中華書局1985年版，第574頁。
② 何琳儀：《戰國古文字典：戰國文字聲系》（下冊），北京：中華書局1998年版，第1078頁。
③ 滕壬生編著：《楚系簡帛文字編》（增訂本），武漢：湖北教育出版社2008年版，第786頁。
④ 方勇編著：《秦簡牘文字編》，福州：福建人民出版社2012年版，第248頁。
⑤ 滕壬生編著：《楚系簡帛文字編》（增訂本），武漢：湖北教育出版社2008年版，第716頁。
⑥ 饒宗頤主編：《上博藏戰國楚竹書字匯》，合肥：安徽大學出版社2012年版，第464頁。
⑦ 漢語多功能字庫，http：//humanum. arts. cuhk. edu. hk/Lexis/lexi－mf/search. php？ word =％E5％85％8D。
⑧ 國學大師，《漢語大詞典》，http：//www. guoxuedashi. com/hydcd/48107g. html。
⑨ 國學大學，《漢語大字典》，http：//www. guoxuedashi. com/kangxi/pic. php？ f = dzd&p = 295。

　　然而當我們進一步追溯古文字中的"冕"字，卻發現它竟然與本來不登大雅之堂的獸角有着不解之緣。"冕"字的形體可分為兩部分："冃"（即後來的"帽"字）是意符，在字中起表義作用。甲骨文中的"冃"字寫作 🐾，下部為帽子，上部為兩個獸角。"免"是聲符，又兼表義，甲骨文寫作 🐾，正像人戴了"冃"的形狀。顯然，冕上原本總是有角的。這種飾角的冠冕直到5—6世紀還有傳承。當時的一塊金屬飾板上有一人像，即戴了角冠。雖然其年代與甲骨文時代已相去甚遠，但我們仍然不妨把它看做"冕"字的形象圖解。①

　　在現有的文獻資料中，只在楚簡中找到一個免表冕義的用例，甲金文中免與冕是否同形，值得作進一步的探討。

　　　　（14）孝，念（仁）之 ↑［免（冕）］也。虐（禪），義之至也。（《郭店·唐虞之道》7）

　　免，整理者：借為"冕"。陳偉等（2009）：楚簡中"大"字有時寫作類似形狀。如果釋為"大"，與作為對文的"至"正相呼應。② 冕與冠義同有居於首位、至高義。

（三）免的義素及其引申義

　　免的義素有：去＋冠＋括髮（用布包裹髮髻），因為有"去"的義素，所以免有"脫去；去除、省去；離開；釋放；逃避、逃脫；辭職；解職"等一系列與"去"的義素有關的引申義，如：

　　　　（15）《禮記·曲禮上》："冠毋免。"鄭玄注："免，去也。"表脫去義。
　　　　（16）《禮記·樂記》："夫樂者，樂也。人情之所不能免也。"孔穎達疏："免，猶止退也。"表去除，省去。
　　　　（17）《論語·陽貨》："子生三年，然後免於父母之懷。"表離開。
　　　　（18）《春秋·僖公三十一年》："夏四月，四卜郊不從，乃免牲。"杜預注："免，猶縱也。"表釋放。

　　免與挽、冕：

　　　　免，生孩子。後作"挽"，今作"娩"。《正字通·兒部》："生子曰免，《說文》作挽。"《漢書·外戚傳上·孝宣許皇后》："婦人免乳大故，十死一生。"王

①　張再興：《從獸角崇拜到禮法象徵："冕"字考源》，《尋根》1999年第1期。
②　陳偉等：《楚地出土戰國簡冊［十四種］》，北京：經濟科學出版社2009年版，第196頁。

先謙補注引王先慎曰："《續列女傳》免作挽，免即挽之省。"①

挽，同"娩"。分挽。《說文·子部》："挽，生子免身也。从子，从免。"朱駿聲通訓定聲："挽，字亦作娩。《纂要》云：齊人謂生子曰娩。"《廣韻·阮韻》："挽，子母相解。"②

娩，分娩，婦女生孩子。《文選·張衡〈思玄賦〉》舊注引《纂要》："齊人謂生子曰娩。"《廣韻·問韻》："娩，生也。"③

挽為會意字，表孩子從母體中解除出來之意。

娩為會意字，女表母體，也應是表從母體解除之意。

免、挽、娩三者的關係應是：免與挽是古今字的關係，挽和娩為異體字。

"免"詞義的引申關係如下：

喪冠→脫去；去除、省去；離開→生孩子（生子免身）

（四）字的引申義

戰國楚簡（字）、（字）等字義的探討如下：

（免）中的第三類為戰國楚簡字形，如（字）、（字）、（字）、（字）、（字）等，應隸定為字。（字）形和秦簡中的（字）形體是相同的，（字）和（字）是（字）的異體。

（19）袒（字）為宗族也，為朋友亦然。（《郭店·六德》28－29）

（字）應釋為"字"，裘錫圭在"按語"引《禮記·大傳》"五世祖免，殺同姓也"、《儀禮·喪服》"朋友，皆在他邦，祖免，歸則已"，認為"袒字"之"字"為"免"之誤寫④；顏世鉉認為"免"字古文字下均从"人"，簡文从"子"，可能是意義相近的形旁的通用⑤。

（字）應該是字，個別誤寫可以解釋，但楚簡中還有一些這樣的字形，如：

第一，（字）表赦免義：

（20）（幸）則晉邦（邦）之社稷（稷）可昊（得）而事也，不（幸）（幸）

---

① 國學大師，《漢語大字典》，http：//www.guoxuedashi.com/kangxi/pic.php？f＝dzd&p＝295。

② 國學大師，《漢語大字典》，http：//www.guoxuedashi.com/kangxi/pic.php？f＝dzd&p＝1088。

③ 國學大師，《漢語大字典》，http：//www.guoxuedashi.com/kangxi/pic.php？f＝dzd&p＝1127。

④ 《簡帛書法選》編輯組編：《郭店楚墓竹簡·六德》，北京：文物出版社1998年版，第188頁。按："裘按"見第189－190注［一九］。

⑤ 顏世鉉：《郭店楚簡〈六德〉筆釋》，"中央研究院"歷史語言研究所集刊編輯委員會編：《"中央研究院"歷史語言研究所集刊》（第七十二本第二分），2001年，第476頁。

則取🐇［㝃（免）］而出。（《上博五·姑成家父》3）

第二，🐇表離開、釋放義：

　　（21）士為夫＝（大夫）之立身不🐇（字），夫＝（大夫）為邦君之立身不🐇（字），邦君為天子之立身不🐇（字）。豊（禮）者，義之𢪐（兄）也。（《上博六·天子建州乙本》2）

🐇讀為"免"，離開、釋放的意思。《論語·陽貨》："子生三年，然後免於父母之懷。"《春秋·僖公三十一年》："四卜郊不從，乃免牲。"杜預注："免，猶縱也。"①
　　🐇應為字，解釋為釋放、赦免、離開等義，而學者們認為"免"才有這些意義，所以把🐇釋為免。其實"字"與"免"的字形與讀音相差較遠，不能因為免有釋放、離開等意義，就不考慮其形體和讀音，根據"字"的本義，我們可以引申出"字"的釋放、赦免、離開等意義，如下：

　　《易·屯》："女子貞不字，十年乃字。"李鼎祚集解引虞翻曰："字，妊娠也。"王引之《經義述聞·周易上》："《廣雅》曰：'字、乳，生也。'……《易》曰：'女子貞不字。'然則不生謂之不字。必不孕而後不生，故不字亦兼不孕言之。"②

字的本義為受孕，受孕後才有懷孕，然後有生子，可以表示如下：

受孕→懷孕→生孩子（生子免身）→免去、去除

正如免（後作挽、娩）的生孩子義是從"免去""去除"等義引申而來一樣，只是前後順序不同。
　　免與字兩者都有生孩子、免去和去除義，可以表示如下：

字［生孩子（生子免身）］ —引申→ 免（免去、除去）
‖同義　　　　　　　　　　　‖同義
免［生孩子（生子免身）］ ←引申— 免（免去、除去）

---

① 徐在國：《上博楚簡文字聲系》（第七冊），合肥：安徽大學出版社2013年版，第3101頁。
② 國學大師，《漢語大詞典》，http://www.guoxuedashi.com/hydcd/125702r.html。

和等也有免除、放下、赦免等義，是的異體，例見附表 3。

（五）用字的地域差異

字與免因為意義相同，所以郭店楚簡和上博楚簡中同樣的意義，郭店楚簡用，上博楚簡用：

（22）教之以政，齊之以刑，則民有心。（《郭店·緇衣》24）

（23）（教）之昌（以）正（政），齊之昌（以）型（刑），則民又（有）（免）心。（《上博一·緇衣》13）

禤健聰（2015）認為，上博楚簡《緇衣》篇具有齊魯一系文字的特點（參看冯胜君，2007）。然則"免"這個字，戰國時代楚系與齊魯系分別用"［字］""免"兩個不同用字記寫，用字習慣存在地域差異（郭店《性自命出》簡 25 有"免"字，可視為楚系用字之例外，因"免"為古今通用字，故楚系用字偶作"免"合於情理）。李零（1999）認為，"［字］"是"娩"的古體。① 認為存在用字的地域差異是可信的，但把郭店《性自命出》簡 25 中的免"看成為用字例外"的解釋不可信。

戰國簡中用字、免表示相同的意義，可看出用字的地域差異。

睡虎地秦簡中的字表示生育；免多表示免脫、免除；勉表示勉力。用字的分工很明確。見附表 1。

郭店楚簡中的字表脫掉、逃避義，勉力義，相當於睡虎地秦簡中的免和勉兩個詞；免，如果釋義無誤，則表勉力、冠冕義。字的形體與睡虎地秦簡中字的形體一致，一個表示脫掉，一個表示生育義。見附表 2。

上博楚簡中的字除了假借義，主要表示避免、釋放、逃脫義，勉力、努力義，相當於睡虎地秦簡中的免、勉兩個詞。免與郭店簡中的字意義同，表逃避義。見附表 3。

楚簡包山、望山等簡中也存在類似情況，此不贅述。

字和免都有生孩子義，生孩子要用力氣，特別是頭胎，因此可以引申出勉，即勉力。

本文從字形、擇吉、字的引申義幾個方面，論證罒是字的早期字形，字形義是受孕。字與免同義，都有生孩子、免除、勉力義，這與兩者的引申義和地域用詞的差異有關，所以戰國秦簡、楚簡中用不同的詞表達同樣的意義。後來由於語言的發展，生孩子用娩、免除義用免、勉力義用勉表示，都是免的引申義，是免的後起字。

---

① 禤健聰：《"字""娩"用字同形分化考》，《古漢語研究》2015 年第 4 期，第 88 頁。

附表 1[①]

字詞	字形	詞義	例句
字	宇	生育	有（又）令隸妾數字者。（《封診式》07.086）
	宇		令隸妾數字者某某診甲。（《封診式》07.089）
	宇		女子以已字。（《日書甲種》09.150.Z.3）
免	㾈	达到免老年齡	免隸臣妾隸臣妾垣及為它事与垣等者。（《睡虎地·秦律十八種·倉律》03.059）
	㿃	減刑	免城旦勞三歲以上者。（《睡虎地·秦律十八種·司空》03.146）
	㾈	免除	不取句（苟）免。（《睡虎地·為吏之道》08.051.1）
	㿃	免官	節（即）官嗇夫免而效不備。（《睡虎地·效律》04.019）
	㾈	贖免	欲歸爵二級以免親父母為隸臣妾者一人。（《睡虎地·秦律十八種·軍爵律》03.155）
	㿃	免除：任免	縣都官十二郡免除吏及佐群官屬。（《睡虎地秦律十八種·置吏律》03.157）
	㿉	免老：六十岁以上老人	免老告人以為不孝。（《睡虎地·法律答問》06.102）
勉	勉	前進	勉一步。（《睡虎地·日書甲種》09.111.B）
	勉	全力	令成者勉補繕城。（《睡虎地·秦律雜抄》05.041）

附表 2[②]

字詞	字形	詞義	例句
字	㝯	讀作"慢"，避开；逃避	則民又（有）娩（免）心。（《緇衣》24）
	㝯	讀作"勉"，努力；勉力	娩（勉）之述（遂）也，強之工也。（《成之聞之》23）
	㝯	讀作"免"，脫掉；脫落	祖娩（免），為宗族也。（《六德》28）
免	㓋	"勉"，勉力。或：覿如，慚愧貌	蕫（觀）卲（韶）夏，則免（勉）女（如）也斯僉（儉）。（《郭·性》25）
	㓋	冠冕。或釋為大	孝，仁（仁）之免（冕）也。（《唐虞之道》7）

---

① 張再興：《兩周出土文獻語義詞典》（睡虎地秦簡卷），2010 年，第 1063 頁（字）、第 728 頁（免）、第 1085 頁（勉）。

② 張再興：《兩周出土文獻語義詞典》（郭店楚簡卷），2010 年，第 351 頁（字），第 366 頁（免）。

附表3①

字詞	字形	詞義	例句
字	季	釋，放下	銮（舜）於是虞（乎）台（始）季（免）蓺（執）开（錢）橚（耨）莕（銚），价（介）而坐之。（《上博二·容》14）
	季	免（除）	從人觀（勸），狀（然）則季（免）於戾。（《上博四·內豐》10）
	季	勉，努力	二厽（三）子季（勉）之。（《上博四·曹沫之陳》27、23上、51下）
	季	力勉，猶盡力	非憮於福，亦力季（勉）目（以）毋忘。（《上博六·用曰》2）
	多	劝勉；鼓勵	番（播）悳（緒）給眾，台（以）字（置）民生。（《上博六·用曰》18）
	圣	釋，赦免	不岙（幸）則取仐（免）而出。（《上博五·姑成家父》2–3）
	季		臣為君王臣，君王季（免）之死。（《上博六·莊王·申公臣靈王》8–9）
	季		女（如）我旻（得）季（免），逡（後）之人可（何）若。（《上博六·平王問鄭壽》6）
	罕		楚邦老，君王孚（免）余皋（罪）。[《上博九·成王（乙本）》1]
	多		唯（雖）旻（得）仐（免）而出，目（以）不能事君。（《上博五·姑成家父》4）
	罗	挽：拉；牽引	罨（舉）竿於埜（野）既出於口，則弗可悔，若矢之字（置）於弦。（《上博六·用曰》11–12）
	尸	考字讀為"巧辯"，指詭辯。或說通置	脰（舌）非考（巧）字（置），斳（慎）良台（以）冢。奢（奮）則行也（?）（《上博六·用曰》12）
	孚	免：離開；釋放	士為夫=（大夫）之立身不字，夫=（大夫）為邦君之立身不字，邦君為天子之［立］身不字。（《上博六·天子建州甲本》2–3）

① 徐在國：《上博楚簡文字聲系》（第七冊），合肥：安徽大學出版社2013年版，第3098–3100頁。

（續上表）

字詞	字形	詞義	例句
字	𢓊	俛：俯；低頭	凡色毋憂（憂）、毋佻、毋俊（作）、毋誺（謠）、毋今（覜，昒）見（視），毋吳（側）眲（睥）。（《上博五·君子為禮》5-6）
免	𡥀	避、脫	斈（教）之目（以）正（政），齊之目（以）型（刑），則民又（有）免心。（《上博一·紂衣》13）

參考文獻

［1］陳邦懷：《殷虛書契考釋小箋》，宋鎮豪、段志洪主編：《甲骨文文獻集成》（第七冊），成都：四川大學出版社 2001 年版。

［2］陳偉等：《楚地傳統戰國簡冊［十四種］》，北京：經濟科學出版社 2009 年版。

［3］董蓮池編著：《新金文編》，北京：作家出版社 2011 年版。

［4］方勇編著：《秦簡牘文字編》，福州：福建人民出版社 2012 年版。

［5］高明：《武丁時代"貞𤰞卜辭"之再研究》，宋鎮豪、段志洪主編：《甲骨文文獻集成》（第十八冊），成都：四川大學出版社 2001 年版。

［6］郭沫若：《骨臼刻辭之一考察》，《郭沫若全集·考古編》（第一卷），北京：科學出版社 1982 年版。

［7］何琳儀：《戰國古文字典：戰國文字聲系》（下冊），北京：中華書局 1998 年版。

［8］胡厚宣：《殷代婚姻家族宗法生育制度考》，《甲骨學商史論叢初集：外一種》，石家莊：河北教育出版社 2002 年版。

［9］黃壽祺、張善文：《周易譯注》，上海：上海古籍出版社 2004 年版。

［10］李零：《讀〈楚系簡帛文字編〉》，中國文物研究所編：《出土文獻研究》（第五集），北京：科學出版社 1999 年版。

［11］李宗焜編著：《甲骨文字編》，北京：中華書局 2012 年版。

［12］劉道超：《擇吉風俗論》，《社會科學家》1989 年第 5 期。

［13］劉釗、洪颺、張新俊編纂：《新甲骨文編》，福州：福建人民出版社 2009 年版。

［14］羅竹鳳主編，中國漢語大詞典編輯委員會、漢語大詞典編纂處編纂：《漢語大詞典》，上海：漢語大詞典出版社 1986—1993 年版。

［15］漢語大字典編輯委員會編纂：《漢語大字典》（第二版　九卷本），武漢：崇文書局 2010 年版。

［16］季旭昇：《說文新證》，福州：福建人民出版社 2010 年版。

［17］《簡帛書法選》編輯組編：《郭店楚墓竹簡·六德》，北京：文物出版社 1998 年版。

［18］饒宗頤主編：《上博藏戰國楚竹書字匯》，合肥：安徽大學出版社 2012 年版。

［19］容庚編著，張振林、馬國權摹補：《金文編》，北京：中華書局 1985 年版。

［20］孫詒讓著，樓學禮校點：《契文舉例》，濟南：齊魯書社 1993 年版。

［21］唐蘭：《天壤閣甲骨文存》，宋鎮豪、段志洪主編：《甲骨文文獻集成》（第二冊），成都：四川

大學出版社 2001 年版。

［22］滕壬生編著：《楚系簡帛文字編》（增訂本），武漢：湖北教育出版社 2008 年版。

［23］田昌五：《論衡導讀》，北京：中國國際廣播出版社 2008 年版。

［24］吳孫權：《"貞娩卜辭"再探討》，《廈門大學學報》（哲學社會科學版）1996 年第 3 期。

［25］徐在國：《上博楚簡文字聲系》（第七冊），合肥：安徽大學出版社 2013 年版。

［26］禤健聰：《"字""娩"用字同形分化考》，《古漢語研究》2015 年第 4 期。

［27］顏世鉉：《郭店楚簡〈六德〉箋釋》，"中央研究院"歷史語言研究所集刊編輯委員會編：《"中央研究院"歷史語言研究所集刊》（第七十二本第二分），2001 年。

［28］楊天宇：《禮記譯注》，上海：上海古籍出版社 2004 年版。

［29］葉玉森：《鐵雲藏龜拾遺附考釋》，宋鎮豪、段志洪主編：《甲骨文文獻集成》（第一冊），成都：四川大學出版社 2001 年版。

The Relationship between Character and Word of "*Zi*" （冪）、"*Zi*" （字）and "*Mian*" （免）

Liu Shufen　Geng Wenwen

Abstract："*Zi*" （冪） is ancient writing of "*zi*" （字），The meaning of the character of "*zi*" （冪） is fertilization；The meanings of pregnancy and points are the extended meaning of "*zi*" （字）. "*Mian*" （免） has the meaning of bearing, later written as "*mian*" （挽），nowadays "*mian*" （娩）. Oracular of divining "*zi*" （冪） of oracular inscriptions on tortoise shells and bones reflect the culture of auspicious conception. "*Zi*" （字） and "*mian*" （免） have the same menaing in script materials from wooden and bamboo slips of the Warring States, they have the meanings of bearing, relieve and endeavour, this relate to the factors of their extended meanings and regional difference of the use of words.

Key words：*zi* （冪），*zi* （字），fertilization，*mian* （免）

（華南師範大學城市文化學院）

《甲骨文合集》札記[*]

喬盼峰

提　要　本文利用史語所數位典藏系統所公佈的彩照以及新出著錄書收錄的清晰拓片與彩照，對以往四種《甲骨文合集》釋文進行校訂。校訂出以往學者對釋文的漏釋、誤釋、辭例歸屬不當等問題以及考釋文字時對關鍵字的錯誤摹寫、新見字形三則等，共計十五則。

關鍵詞　釋文　校訂　新見字

《甲骨文合集》（以下簡稱《合》）自出版以來，受到學界的極大關注，陸續出版了《殷墟甲骨刻辭摹釋總集》（以下簡稱《摹釋》）、《甲骨文合集釋文》（以下簡稱《合釋》）、《甲骨文校釋總集》（以下簡稱《校釋》）、《殷墟甲骨文摹釋全編》（以下簡稱《摹編》）等釋文著作。[①] 不過由於一些拓片不甚清晰，諸家在釋讀上有歧義。隨着新著錄書的陸續出版，以往一些不清晰的拓片在新著錄書有更清晰的拓片或者是彩色照片，這對其釋讀的研究大有裨益。筆者在閱讀《合》時，根據舊著錄書中的清晰完整拓片和新著錄書以及史語所數位典藏系統中的彩照，發現了以往釋文中十五則可商之處。[②]

在這十五則校訂中，就分類而言，除《合》29687 一例外，其餘均為黃類卜辭。就其內容而言，我們並不僅限於對釋文的校對，也校對了一些關鍵字的摹寫。如《合》29687 中的 "鑄" 字，自裘錫圭先生以來諸家多認為其字形從 "九"，我們根據彩照糾正了其摹寫錯誤。通過覆核彩照以及清晰的拓片，我們也發現了三例新見字形，見於《合》35345、《合》35721、《合》36984。根據彩照，以往一些晦澀難通的辭例也可以得到更好的補充和解釋，如《合》35362、《合》36420 等。現將其依合集序號詳述於下。

一、《合》29687

按：本版有一 "鑄" 字，拓片作 "▨"。裘錫圭（1990）摹作 "▨"，並謂該字上部與《類纂》第 1042 頁的 "飲" 字（《合》6057）為一字。《摹編》摹寫與此同，蔣玉斌（2012）、張惟捷（2014）、謝明文（2020）等先生亦皆從裘先生摹寫。謝明文（2020）又根據此形，對 "盜" "鑄" 進行論證。劉釗（2020）認為該字屬於在會意字的基礎上加上

---

[*] 本文是國家社科基金重點項目 "殷墟甲骨文譯注與語法分析及資料庫建設"（項目編號：17ZDA299）的階段性成果。

[①] 為行文方便，下文再引用此五部工具書時，統一使用此簡稱。

[②] 關於同一形體的釋讀以及釋文標點與斷句的差異，我們暫不進行討論。引用諸家釋文時，標點斷句依原文。

者釋為"叀"，以往釋文漏釋此字。《合》35355 又有字作"▨"形，王子楊（2019）認為其與"凶"字形體幾乎無異，將此視作"鬯"之訛字。"▨"與《合》35355 之形相近，我們認為也當理解為"鬯"字為宜。

五、《合》35607

按：該版釋文《合釋》作"□□［卜］，［貞］▨在曹，其用巫，棗祖戊若"。《校釋》釋讀從之，《摹釋》作"▨在曹▨其用巫棗▨祖戊若"，門藝（2008）作"□□卜，才曹▨其用巫，棗▨且伐，若"，《摹編》作"□□［卜貞］▨才曹其用巫棗祖戊若"。郭沫若先生《卜辭通纂》205 與該版同片，且更為清晰。根據清晰拓片可以看出，"才"字上應即"卜"字，兩字應相連。"且"字下應即"戊"字無疑，門藝先生可能是將《合集》拓片左下角殘泐當作筆畫，因而誤釋為"伐"。郭先生在考釋該片時，釋讀為"□□卜，才曹［貞］：其用巫，棗□祖戊，若"。其釋讀正確可從。

六、《合》35721

按：該版釋文《合釋》《校釋》作"于▨祖丁▨""用"。《摹釋》作"▨祖丁"，《摹編》作"于▨祖丁□""用"。該版釋文的分歧之處關鍵在於"祖丁"之後究竟為何字，《合》35721 拓片作"▨"，模糊不清。該版與《簠室殷契徵文考釋・帝系》78 拓片部分相重，雖缺少了左部分，但其右部分更清晰。拓片該字作"▨"，該書釋文摹作"▨"形，其與原形仍區別明顯。細審拓片，我們認為該字應為倒刻。將該字正反旋轉後，其字拓片原形作"▨"，黑白反轉作"▨"。我們認為其字中部右側相連指出應為殘泐所致，因而再處理後作"▨"。由此看來，以往對該形的摹寫和釋讀都是錯誤的。該字下部應從"文"，上部似應是"目"字，似可隸定作"旼"。

七、《合》35872

按：該版釋文《合釋》《摹釋》作"己丑卜，貞王賓祖己薦，亡尤"。《校釋》《摹編》作"己丑卜，貞王賓祖己飆，亡尤"。《上博》2426.311 與此版重片，且更為清晰。通過此清晰拓片，我們可以確定"亡"前一字當為"薦"字無疑，《校釋》《摹編》有誤，《合釋》《摹釋》釋讀可從。

八、《合》35907

按：該版釋文月份殘缺不清，《合釋》《摹釋》《校釋》《摹編》釋文均作"［癸］亥

（5）☑其□女比，用□我，王永。

《摹編》釋文為：

（6）☑毋□入乎又司母克孚二人。

（7）☑其□毋比用□我王永。

圖2

我們可以看出，以往諸家在斷句以及爭議字的釋讀方面，都有較大的差異。在該版卜辭中，對較為清晰的幾個字的理解，自然不待多言，但漫漶不清之處的釋讀以及句子的歸屬卻大有問題。張玉金（1994）引此版釋文作"☑女□入乎有司：女克俘二人"。陳夢家（1988）引用此例"女其入乎從又司，女我克孚二人"。兩位先生都認為"女"應為代詞。裘錫圭（1992）認為陳夢家《殷虛卜辭綜述》一文所引的《甲》3933（《合》35362）一辭的釋文中的兩個"女（汝）"實際上都是從"女"之字的偏旁，應與其上一字併為一個字。黃天樹（2020）從之，認為張書所舉辭例應該剔除。可見，該版辭例的正確釋讀關涉卜辭中"汝"是否可作第二人稱代詞的問題。

《合》35362與《甲》3933為同片，我們根據史語所數位典藏系統檢得了該版的彩色照片（參圖2）。從彩色照片中，可以發現前人釋讀中的兩個問題：一是"從"還是"比"。照片中該字形作"∬"，顯然當釋為"從"。《合釋》對該字的釋讀正確，《校釋》《摹編》皆誤；二是卜辭的歸屬劃分問題。除《摹釋》外，以往諸家都將該版分為兩條辭，這是沒有問題的，問題在於該從哪裏劃分。通過照片我們發現"其""從""我"三字下方正有一條明顯的界劃綫，三字皆不當與"王永"一辭歸為一條。而"永"字下亦清晰可見一條平行界劃綫。"用"字下一字不知為何字，或許為誤刻而刮去，暫用"□"代替。就其上部來看，"又"字上部確殘留一字，但不清楚為何字。"克"字上不知是否有字，沒有發現殘留筆畫。"入"字似乎也當是"今"，其似乎有殘留橫筆，但不甚明朗，暫存疑。因而，以往諸家對該版釋文分析皆有誤，應改為：

（8）☑毋其☑入，乎從☑□又（侑）司母，我□克⿰二人？

（9）☑□毋用□，王衍？

四、《合》35369

按：該版諸家釋文皆有漏釋，《合》35369＝《上海博物館藏甲骨文字》（以下簡稱《上博》）2426.1057，《上博》拓片清晰，我們可以看出其右側字形作"▨"，《上博》整理聲符之例，此形是"鑄"加"九"聲。鄔可晶（2020）謂該字"'八'形中間的形體，應是'火'與象銅料塊的'▽'的粘連"。又謂"其字中間部分有些像'九'，是偶見的字形訛變或刻寫訛誤所致"。從拓片來看，該字形甚是清晰，但長久以來學界對此形認知並不統一，還以此形為據討論其他文字。該版與《甲》1647同版，僅從其拓片看，該字左側中部當為"九"字無疑。我們核實史語所數位典藏系統所公佈的彩照（參圖1）後，發現該形作"▨"。細審彩照，我們將此形處理作"▨"，可以發現所謂"九"字當為"▨"。該字上部所從非"九"字，與"飲"字有別，恐非一字。照片上其左側中部所謂的"九"形中間明顯斷開，沒有連寫，造成其與拓片不一的原因是拓片施墨的問題，而非字形訛變或刻寫訛誤。

圖1

二、《合》35345

按：本版有辭作："壬申卜，在攸貞：又牧▨告啓，王其乎成比▨伐，弗每，利？"該版釋文中，"▨"字《合釋》《校釋》《摹編》都將其看作從"宀"從"舟"之字，或隸定作"宐"，《摹釋》摹作"▨"，裘錫圭（1983）摹作"▨"。《合》35345＝《簠征》38＋《簠雜》80，我們根據《簠室殷契類纂》中更清晰的拓片，發現前人將此字看作從"舟"之字，此看法有待商榷。此字拓片作"▨"，我們將其臨摹為"▨"，可以隸定為"▨"。

三、《合》35362

按：該版拓片漫漶不清，《合釋》釋文為：

（1）☐女☐入乎又司：女克▨二人。
（2）☐其☐女從，用我王泳。

《摹釋》釋文為：

（3）☐克堅二人☐又司母我王永☐比？用☐母其☐

《校釋》釋文為：

（4）☐女☐入乎又司：女克堅二人。

卜，貞〔王〕旬亡𡆥。〔才〕□月，甲子□祖甲"。以往釋文，月份皆空缺不補。此版與《甲》54同片，通過史語所數位典藏系統公佈照片可知當爲"二月"。

九、《合》36286

按：該版釋文《合釋》《校釋》《摹編》均作"〔戊〕□卜，貞〔王賓〕祖甲奭〔妣戊〕□亡尤"。《摹釋》未補足殘辭，"亡"上一字也未釋出。《中國社會科學院歷史研究所藏甲骨》1650與此片同片，其拓本更清晰，又有彩照可參。我們可以發現"亡"前刻有一字，作三豎筆，當是"日"字缺刻橫畫，缺刻橫畫的"日"亦見於《合》36308。因而此辭釋文應改爲"〔戊〕□卜，貞：〔王賓〕祖甲奭〔妣戊〕□日，亡尤"。

十、《合》36420

按：該版拓本漫漶不清，殘泐嚴重，諸家釋文不一。《合釋》釋文爲：

(10) □□卜，貞专其又姬于高母辛。
(11) □癸𢦏弓鼓小臣其人有正王受〔又又〕。

《摹釋》釋文爲：

(12) 癸□卜□小臣其人有正□不□其□辛□

《校釋》釋文爲：

(13) □□卜，貞专其又姬于高母辛。
(14) □癸□卩鼓小臣，其人有正，王受〔又又〕。

《摹編》釋文爲：

(15) □□卜貞妍其又姬于高母辛。
(16) □癸□卩鼓小臣其任又正，王受〔又又〕。

此版源於《甲》3930，覆核《甲》3930以及史語所數位典藏系統公佈的彩照，我們可以發現以往諸家釋文尚有可商。第一辭"貞"後一字，根據照片可以看出其下部爲"女"，上部有一橫筆，當是"母（毋）"。第二辭"癸"下一字右側似乎應爲"殳"，左側或爲

"辛"或"言"。"其"下一字"人"右側有兩橫筆，其中部似乎沒有豎筆，當是"二人"，而非"任"。其釋文應更改為：

(17) □□卜，鼎（貞）：毋其又姬于高母辛？

(18) ☑癸钺卩鼓小臣其二人，有正，王受［又又］？

十一、《合》36507

按：該版釋文諸家釋讀差異不大，"戋"前一字模糊不清，《合釋》《摹釋》《校釋》《摹編》皆無釋。《合》36507與《甲》3659其重片，我們根據史語所數位典藏系統公佈的彩照，可以發現"戋"前一字應為"甾"字殘缺無疑。其釋文應更改為：

(19) ☑［鼎（貞）］：舍巫九备，乍余酚，朕秦（禱）☑甾戋人方，上下于徹示受余又。（有祐），☑于大邑商，亡違才（在）猷？

十二、《合》36984

按：該版拓本清晰，諸家對其釋文沒有異議，皆作"辛卯卜，在□貞：☑王其步，更［鎷］"。宋鎮豪（2010）認為"鎷"字從金，可能形容王所騎的銅色之馬，也可能指王騎的精美金飾。細審原片，我們認為"鎷"字的釋讀可能存在問題。該字原拓作"■"形，右側從"馬"是毫無疑問的，但左側似乎還是與"金"字有別。左側部件下方"■"形上部橫筆沒有超過豎筆，而且豎筆在低端似乎有彎曲，我們認為中部的豎筆與右側的短豎應相連。因而，左側筆畫應可以摹寫為"■"，其與"■"（《合》35346）西形外的形體構形相近，可能讀為"馭"。

十三、《合》37389

按：該版為殘片，拓片較清晰，有釋文一條。《合釋》《校釋》《摹編》作"辛巳卜，［貞王田］于余☑隻兕☑"，《摹釋》作"辛巳☑于☑隻兕☑"。從該版拓片中可以看出"卜"字筆畫基本可見，《摹釋》釋文漏釋。"于"下一字《摹釋》未釋出。不過細窺拓本，我們認為該字恐非"余"。《合釋》所釋的"余"字作"■"形，其下部明顯與"余"有別，而應是"宋"字。從該字的用法來看，其顯然為地名。不過卜辭中"余"字皆用作第一人稱代詞，沒有用為地名的確鑿例子，"宋"字在同為黃組卜辭中則有用作地名的例子，如《合》37543。因而，無論從字形還是用法來看，該形應釋為"宋"而非"余"。該版釋文應改為"辛巳卜，☑于宋☑？☑隻（獲）兕☑"。

十四、《合》37529

按：該版有一條辭模糊不清，《合釋》《校釋》《摹編》釋文均作"芈□"，《摹釋》釋文作"擒□獲□"。《殷虛卜辭》1401 與《合》37529 同片，其摹寫出了"隻"字。覆核合集拓片，發現"芈"字左側確有一字，雖模糊難辨，但尚可見"隻"字輪廓。《摹釋》釋文可從，其餘皆漏釋。

十五、《合》37534

按：該版拓片模糊不清，《合釋》《校釋》《摹編》釋文均作：

（20）庚申卜，在深，貞王田衣逐亡災。

《摹釋》釋文作：

（21）庚申卜在馮貞王田衣逐無災。

屈萬里（1984）釋讀為：

（22）庚申卜，在潢貞：王田衣，逐，亡冊？

《合》37534 = 《甲》3928，通過史語所數位典藏系統公佈的彩照可知，該字應釋為"潢"，應從屈萬里說。該版釋文可調整為：

（23）庚申卜，在潢貞：王田，衣逐亡災？

參考文獻

[1] 曹錦炎、沈建華編著：《甲骨文校釋總集》，上海：上海辭書出版社 2006 年版。

[2] 陳夢家：《殷虛卜辭綜述》，北京：中華書局 1988 年版。

[3] 陳年福：《殷墟甲骨文摹釋全編》，北京：綫裝書局 2010 年版。

[4] 胡厚宣主編：《甲骨文合集釋文》，北京：中國社會科學出版社 1999 年版。

[5] 黃天樹：《甲骨文第二人稱代詞補說》，張玉金主編：《出土文獻語言研究》（第三輯），廣州：暨南大學出版社 2020 年版。

[6] 蔣玉斌：《釋西周春秋金文中的"討"》，中國古文字研究會、吉林大學古文字研究室編：《古文

字研究》（第二十九輯），北京：中華書局 2012 年版。

［7］劉釗：《談新發現的的鹿角骨刻辭》，《出土文獻》2020 年第 1 期。

［8］門藝：《殷墟黃組甲骨刻辭的整理與研究》，鄭州大學博士學位論文，2008 年。

［9］裘錫圭：《甲骨文中所見的“田”“牧”“衛”等職官的研究》，中華書局編輯部編：《文史》（第十九輯），北京：中華書局 1983 年版；又載《裘錫圭學術文集》（第五卷　古代歷史、思想、民俗卷），上海：復旦大學出版社 2012 年版。

［10］裘錫圭：《釋“鑄”》［《殷墟甲骨文字考釋（七篇）》第七篇］，《湖北大學學報》（哲學社會科學版）1990 年第 1 期；又載《裘錫圭學術文集》（第一卷　甲骨文卷），上海：復旦大學出版社 2012 年版。

［11］裘錫圭：《評〈殷虛卜辭綜述〉》，中華書局編輯部編：《文史》（第三十五輯），北京：中華書局 1992 年版；又載《裘錫圭學術文集》（第六卷　雜著卷），上海：復旦大學出版社 2012 年版。

［12］屈萬里：《殷虛文字甲編考釋》，臺北：聯經出版事業股份有限公司 1984 年版。

［13］宋鎮豪主編：《商代史》（卷一），北京：高等教育出版社 2010 年版。

［14］王子楊：《甲骨訛字研究》，趙平安主編：《訛字研究論集》，上海：中西書局 2019 年版。

［15］鄔可晶：《釋“鑠”》，復旦大學出土文獻與古文字研究中心編：《出土文獻與古文字研究》（第九輯），上海：上海古籍出版社 2020 年版。

［16］謝明文：《也說“盜”“鑄”》，宋鎮豪主編：《甲骨文與殷商史》（新十輯），上海：上海古籍出版社 2020 年版。

［17］姚孝遂主編：《殷墟甲骨刻辭摹釋總集》，北京：中華書局 1988 年版。

［18］張惟捷：《讀契札記五則》，宋鎮豪主編：《甲骨文與殷商史：慶祝中國社會科學院歷史研究所建所六十周年》（新四輯），上海：上海古籍出版社 2014 年版。

［19］張玉金：《甲骨文虛詞詞典》，北京：中華書局 1994 年版。

Notes about the Collection of the Oracle Bone Inscriptions

Qiao Panfeng

Abstract：This paper uses the color photos published by the digital collection system of Shi Yu Institute and the clear rubbings and color photos included in the new bibliography to revise the previous four interpretations of the *Collection of the Oracle Bone Inscriptions*. There are fifteen examples in total，including missed interpretation，misinterpretation，improper attribution of words and regulations，wrong imitation of keywords and new glyphs.

Key words：interpretation，correction，newwords

（華南師範大學文學院）

安大簡《詩經》補釋一則[*]

張富海

提　要　安大簡《詩經·周南·卷耳》"員可無矣"之"無"確應從今本讀為憂愁義的"吁"，今本作"吁"是漢代發生ŋ->hw-音變以後的寫法。

關鍵詞　安大簡　《詩經》　吁　清鼻音

安大簡《詩經·周南·卷耳》末章作："陟皮汃矣，我馬徒矣，我儓夫矣，員可無矣。"① 對應的句子，今本《毛詩》作："陟彼砠矣，我馬瘏矣，我僕痡矣，云何吁矣。"安大簡整理者一按今本通讀簡文，除了"無"讀為"吁"外，其他皆毫無問題。有些是楚簡常見的用字習慣，如"皮"用為"彼"，"員"用為"云"，"可"用為"何"；"僕"字從"臣"，是楚文字的習慣寫法；"汃"應是"沮"的異體②，讀為音近的"砠"；"徒"讀為"瘏"，兩字同音，"土"聲和"者"聲相通的例子又見於上博簡《武王踐阼》簡1"音（意）幾（豈）喪不可导（得）而訨（睹）虖（乎）"③；"夫"讀為"痡"，兩字都是雙唇塞音魚部字，亦是常規的通假。簡文最後一句的"無"對應今本的"吁"，但兩字是表示同一個詞還是不同的詞，從語音上看有明顯的問題，所以需要討論。

對於讀簡文"無"為《毛詩》"吁"（毛傳訓"憂"），整理者所舉出的證據是"典籍中'导''臄'，'芋''幠'相通（《古字通假會典》，第826－827頁）"。茲將《古字通假會典》相關原文全部引錄如下：

【芋與幠】《詩經·小雅·斯干》："君子攸芋。"鄭箋："芋當作幠。"

【导與臄】《儀禮·有司徹》："皆加臄祭於其上。"鄭注："臄讀如殷导之导。"

○《儀禮·少儀》："祭臄。"鄭注："臄讀如导。"

＊　本文是國家社科基金冷門絕學和國別史等研究專項"基於古文字諧聲假借的漢語上古音研究"（批准號：19VJX115）、國家社科基金冷門絕學研究專項學術團隊項目"中國出土典籍的分類整理與綜合研究"（批准號：20VJXT018）、國家社科基金重大招標項目"出土文獻與商周至兩漢漢語上古音演變史研究"（項目編號：22&ZD301）、國家社科基金一般項目"出土文獻用字差異與戰國雅言語音及秦楚方音研究"（項目編號：21BYY135）的階段性成果。

①　安徽大學漢字發展與應用研究中心編，黃德寬、徐在國主編：《安徽大學藏戰國竹簡》（一），上海：中西書局2019年版，圖版第8頁，釋文第74頁。

②　整理者指出新蔡簡乙四9中用為"沮"（引者按："沮"為水名）。見安徽大學漢字發展與應用研究中心編，黃德寬、徐在國主編：《安徽大學藏戰國竹簡》（一），上海：中西書局2019年版，第76頁注十三。

③　鄭張尚芳《上古音系》（第二版）（上海教育出版社2013年版）將"土"的上古聲母構擬為*lh-，"者"構擬為*tj-，兩者不同類。不可信。"土"的上古聲母當是*th-，與"者"*t-都是齒齦塞音。

【頖與憮】《儀禮·士冠禮》："殷頖。"鄭注："頖名出於憮。"①

　　以漢字的諧聲系統為據，"于"聲字上古聲母當屬喉音類，"無"聲字當屬雙脣鼻音類。"膴""憮"這類从"無"得聲的中古曉母字，其上古聲母為清鼻音 *m̥-②，與"無"的聲母 *m-相近而不同，與"于"聲字"芌""頖"讀音相差很遠，本無由相通。上列《古字通假會典》中兩個聲系發生關係的材料皆為東漢末鄭玄的音注，時代比較晚，所反映的語音比之上古音已經發生變化，絕不能拿來證明"無"聲和"于"聲可以相通。"憮""膴"兩個中古曉母字在鄭玄時代也已經變為跟中古音相同的 h-，與"芌""頖"同屬喉音，諸字當時皆音近，故鄭說如此，毫不足怪。鄭玄破讀"芌"為"憮"，理解為覆蓋義；（鄭箋："憮，覆也。其堂室相稱，則君子之所覆蓋。"）謂"膴"讀如"頖"，則只是注音③，與意義無關；謂"頖名出於憮"，是說明"頖"的語源，蓋鄭玄以"頖"的冠義來源於"憮"的覆蓋義。《斯干》之"芌"，毛傳訓大，其意難通。王引之《經義述聞》卷六"君子攸芌"條："訓大訓覆，皆有未安。芌，當讀為宇；宇，居也。《大雅·緜》篇：'聿來胥宇。'《桑柔》篇：'念我土宇。'《魯頌·閟宮》：'大啓爾宇。'傳並曰：'宇，居也。'承上文，言約之椓之，於是室成而君子居之矣。"王說讀"芌"為"宇"，為居住義，文義和語音上都比鄭讀"憮"合理得多。"頖"从"吁"聲，而且清華簡《虞夏殷周之治》簡 2 "百（百）備（服）乍（作）吁（頖）"，假借"吁"為"頖"，證明"頖"的上古聲母確屬喉音，與"憮"的上古聲母本不同類，那麼兩者無語源關係，鄭玄之說純屬附會，自不可信。

　　蔡一峰先生《安大簡〈詩經〉異文考辨叢札》一文的第一則已經指出了整理者讀"無"為"吁"存在的語音上的問題以及整理者所舉通假例證的時代問題，並改讀簡文的"無"為同聲系的"憮"。他說："'無'當讀為'憮'，亦有哀思之義。《方言》卷一：'憮，哀也。自楚之北郊曰憮。'《廣雅·釋詁二》：'憮，思也。'《論語·微子》：'夫子憮然曰："鳥獸不可與同群，吾非斯人之徒與而誰與？"'邢昺疏：'憮，失意貌。'"④

　　蔡一峰先生的讀法在語音上毫無問題，似乎可以成立，但細想一下，仍覺頗有可疑之處。第一，詞義和語法上的疑問。《說文》："憮，愛也，韓鄭曰憮。一曰不動。"《方言》卷一："憮，俺，憐，牟，愛也。韓鄭曰憮，晉衛曰俺，汝潁之間曰憐，宋魯之間曰牟，或曰憐。憐、通語也。"又："悽，憮，矜，悼，憐，哀也。齊魯之間曰矜，陳楚之間曰悼，趙魏燕代之間曰悽，自楚之北郊曰憮，秦晉之間或曰矜，或曰悼。"又："亟，憐，憮，俺，愛也。東齊海岱之間曰亟。自關而西秦晉之間凡相敬愛謂之亟，陳楚江淮之間曰憐，宋衛邠陶之間曰憮，或曰俺。""憮"的愛義和哀義應該有引申關係，猶"憐"既有哀義又有愛義。"憮"的愛義是動詞，哀義亦為動詞，即哀憐之義。《廣韻》訓"憮"為"思"，也應

---

① 高亨纂著，董治安整理：《古字通假會典》，濟南：齊魯書社 1989 年版，第 826 – 827 頁。
② 清鼻音的構擬由李方桂最早提出，至今已成定論。
③ 據韻書，"膴"是曉母模韻，"頖"是曉母虞韻，兩字並不同音。鄭玄的注音與韻書稍有不同。
④ 蔡一峰：《安大簡〈詩經〉異文考辨叢札》，《中山大學學報》（社會科學版）2021 年第 5 期。

是動詞，可能是愛義的引申，或者是獨立的一個詞。不過，無論愛義、哀義還是思義的"憮"都只存在於字書，在古書中並無實際用例。動詞哀憐義的"憮"用在詩句中，所謂"云何憮矣"這樣的話，顯然講不通，"云何"之後的詞只能是形容詞性質的。"憮然"一詞，除蔡文所引《論語》的文句外，又見於《孟子·滕文公上》："徐子以告夷子，夷子憮然為間曰：'命之矣。'""憮然"猶悵然、失意之貌，作狀語，與單獨的"憮"並無關係，應該也不能單說成"憮"而獨立作謂語，放在此詩句中語法上不合，詞義上也未必恰當。第二，押韻上的疑問。《詩經》押韻多數是同調相押，異調押韻的比例比較低。如《卷耳》所在的《周南》十一篇除了《關雎》末章"芼""樂"去入相押外，其他全部都是同調相押。① "憮"字是上聲，如果簡本"無"讀"憮"，那麼與"砠""瘏""痛"三字就是平上異調相押，押韻上不及今本作"吁"（亦平聲字）和諧。

　　筆者認為，從文義和押韻考慮，簡本的"無"讀為今本的"吁"仍是最合適的選擇。"吁"為憂義，詩人遭行役之艱難，人困馬乏，憂傷不已，故言"云何吁矣"。《毛詩》這個詞又寫作"盱"，見《小雅·何人斯》和《小雅·都人士》。《小雅·何人斯》："壹者之來，云何其盱。"《小雅·都人士》："我不見兮，云何盱矣。"兩處"盱"字鄭箋皆訓為病。《爾雅·釋詁》："盱，憂也。"訓"病"訓"憂"並無實質性差別。"吁"和"盱"都是假借字。《說文》口部："吁，驚也。"又于部："吁，驚語也。"《說文》："盱，張目也。"驚嘆義的"吁"和張目義的"盱"讀音正好相同，《廣韻》況于切，曉母虞韻。② 《說文》："忓，憂也。"作"忓"，是這個詞的後起本字，分化"吁""盱"的假借義。又《小雅·何人斯》之"盱"，漢石經本作"疜"，為《魯詩》的寫法③，字見《廣雅》《玉篇》《廣韻》（皆訓病）；字從疒，與鄭箋訓病相應（蓋鄭箋用《魯詩》說），也是這個詞的後起本字，即"忓"的異體。④ 那麼，剩下的問題是，讀"無"為"吁"在語音上與文字諧聲系列不合，這一矛盾必須得到合理的解釋。

　　解決"無"讀為"吁"在語音上的問題，需要有兩個假設：第一，清鼻音的消失即 *m̥- > *h-音變發生的時代不晚於西漢早期；第二，《毛詩》文本寫定於西漢早期。

　　先說第一個假設。包括清鼻音 *m̥-在內的清響音（清鼻流音）開始消失的時代，學者多認為是東漢。柯蔚南《東漢音注手冊》中根據東漢音注材料等構擬了東漢時期的聲母系統，其中清鼻音的情況比較複雜。他根據不同材料，認為東漢時各個方言的情況不同，如杜子春、服虔、許慎和應劭的音系已經沒有清鼻音，鄭玄的音系還有一個清鼻音n̥-，鄭興、鄭眾的音系還有一個清鼻音ŋ̊-，高誘的音系有m̥-和n̥-兩個清鼻音。⑤ 斯塔羅思京構擬的東漢

---

① 《漢廣》的"漢之廣矣，不可泳思。江之永矣，不可方思"，"廣""永"是上聲，"泳""方"是去聲，可以看作交韻。方，毛傳訓"泭"，即筏子，亦寫作"舫"。《爾雅·釋言》："舫，泭也。"

② 吁，《廣韻》又音王遇切。

③ 馬衡：《漢石經集存》，上海：上海書店出版社2021年版，第9頁。

④ 漢石經之"疜"蒙馬楠先生提示，謹致謝忱！

⑤ W SOUTH COBLIN（柯蔚南）. A hang book of Eastern Han sound glosses. Hong Kong：The Chinese University Press，1983：75 – 76.

聲母仍有成系統的清響音，清響音的消失在東漢之後的 3 世紀①，但他又說：“可以認為清響音消失的過程在東漢時期已經開始，但是還沒有在所有方言完成。”② 許思萊《最簡上古漢語和東漢漢語》一書構擬的東漢語音沒有清鼻音。③ 按：柯蔚南推斷東漢一些方言已無清鼻音的證據可信度高（如用《說文》讀若證明許慎的方言無清鼻音），而他和斯塔羅思京推論東漢時仍有清鼻音的證據卻嫌不太可靠④，東漢時期已無清鼻音完全可以肯定下來。⑤據出土文獻中的假借證據，清鼻音消失的時代還可以提前到西漢早期。

馬王堆帛書《十六經·立命》：“吾愛民而民不亡，吾愛地而地不兄。”“兄”字有讀“曠”和“荒”兩種意見。⑥ 從詞義看，讀“荒”比讀“曠”要合適得多。在廢棄的意思上，“曠”和“荒”同義，但古書中“曠”多與指事、職官、人等義的詞搭配，未見與土地義的詞搭配之例（“曠野”之“曠”是廣大義），而稱土地廢棄時用“荒”這個詞則見於古書⑦，毫無疑義。從押韻上看，“荒”和“亡”都是陽部平聲，“曠”則是陽部去聲，“亡”“荒”同調相押，比“亡”“曠”押韻和諧。另外，《十六經·順道》：“不廣（曠）亓（其）眾，不為兵邾（主），不為亂首，不為宛（怨）謀（媒）”，用“廣”假借為“曠”，在用字習慣上對“兄”讀為“曠”構成不利證據。當然，馬王堆帛書他處用“芒”為“荒”，此處用“兄”為“荒”，在用字上也很獨特。總之，帛書此處“兄”應讀為“荒”。“兄”的聲母是喉音（或歸清鼻音，非是⑧），西漢時當擬作*hw-；“荒”從“亡”*m-聲，其上古聲母無疑屬於清鼻音*m̥-。如果馬王堆帛書抄寫時代的西漢早期“荒”的聲母仍是*m̥-，那麼顯然不可能用聲母為*hw-的“兄”字來假借；如果當時已經發生*m̥->*hw-的音變，那麼兩字聲母相同，韻母相近（韻部相同），“兄”假借為“荒”就再正常不過了。至於帛書仍多用“芒*m-”為“荒”，不過是對舊的用字習慣的繼承，不反映新的語音信息，這也是極其正常的（文字不隨語音而變是常態）。

馬王堆帛書《周易·坎》：“系（係）用諱縲（纆）。”“諱”無疑讀為今本之“徽”，繩索義。“徽”從“微”聲，上古聲母為清鼻音*m̥-；“諱”從喉音字“韋”得聲，其上古聲母也是喉音。能假借“諱”為“徽”，證明“徽”的聲母已經發生*m̥->*hw-的音變。

馬王堆帛書《戰國縱橫家書·十六》“朱己謂魏王章”：“秦之欲許久矣。秦有葉、昆陽，與舞陽鄰，聽使者之惡，隨（墮）安陵是（氏）而亡之，繚舞陽之北以東臨許，南國

---

① 斯塔羅思京著，張興亞譯，唐作藩審定：《古漢語音系的構擬》，北京：北京大學出版社 2012 年版，第 244、247、251 頁。

② 斯塔羅思京著，張興亞譯，唐作藩審定：《古漢語音系的構擬》，北京：北京大學出版社 2012 年版，第 241 頁。

③ AXEL SCHUESSLER（許思萊）. Minimal old Chinese and later Han Chinese：a companion to grammata serica recensa. Honolulu：University of Hawai'i Press, 2009.

④ 比如斯塔羅思京引《釋名》“霍，晦也”來證明東漢還有清鼻音 m̥-，但此條完全可能是以疊韻為聲訓，如《釋名·釋姿容》“沐，秃也”之比。《釋名·釋親屬》：“兄，荒也，荒，大也。故青徐人謂兄為荒也。”此條反倒可以證明清鼻音*m̥-已經變為*hw-。

⑤ 邊田鋼先生亦認為東漢時清鼻音已經消失（微信交流）。

⑥ 裘錫圭主編：《長沙馬王堆漢墓簡帛集成·肆》，北京：中華書局 2014 年版，第 151 頁注一一。原整理者讀“曠”，整理小組讀“荒”。《集成》注謂“曠”“荒”音義皆近（按：此說不妥，“曠”與“荒”的上古音不近），但正文括注“曠”，似傾向於讀為“曠”。

⑦ 如《韓非子·五蠹》：“賢能之行成，而兵弱而地荒矣。”

⑧ 參看張富海：《利用諧聲構擬上古音應該注意的幾個問題》，《出土文獻》2021 年第 1 期。

必危，國先害已。"兩個"許"均為地名。① 在古文字中，國名、地名、姓氏之"許"從不寫作"許"（"許"字本義是許諾之"許"），而是寫作從"無"聲的字形，如西周春秋金文作"盤""鄦""鄦"等形②，清華簡《封許之命》作"鄦"，《繫年》作"鄦"。戰國文字中地名、姓氏之"許"還有寫作從"亡"聲的異體，是"無"聲字形替換聲符後的簡化寫法。③《說文》："鄦，炎帝太嶽之胤，甫侯所封，在潁川。讀若許。"保存了古老的用字。專名之"許"用"無*m̥-""亡*m̥-"為聲符，證明其上古聲母為清鼻音*m̥-，而與許諾之"許"的牙喉音聲母相差很遠（許諾之"許"的上古聲母為與其聲符"午*ŋ-"相近的清鼻音*ŋ̊-）。因此，在先秦古文字資料中專名之"許"和許諾之"許"截然兩分，從未見到用字相混的情況。④ 此帛書用"許"字為地名之"許"，可證西漢早期專名之"許"的清鼻音*m̥-已經變為*h-⑤，許諾之"許"亦已發生*ŋ̊- > *h-的音變，從而兩字變得完全同音，故能用"許"字表示地名之"許"。

　　《秦印文字彙編》（增訂本）"許"字頭下收錄 21 例許姓人名。⑥《秦印文字彙編》收錄的範圍是戰國秦至漢初⑦，如果這些印章中確實有屬於秦的，那麼專名"許"在秦代甚至戰國秦地已經寫成"許"字了，說明清鼻音消失的時代還能提前，有可能此音變是在秦方言中率先發生的。由於秦和漢初的私印很難區分開來，這些許姓人名章裏沒有秦印的可能性也是存在的。⑧

　　古書中專名之"許"皆用"許"字，承襲了秦漢文字的用字習慣。用"許"字代替"鄦"字來表示專名"許"，顯係出於簡化字形的目的，與六國文字或寫作從"亡"聲的目的相同，只是戰國時代專名"許"仍是清鼻音，與"亡"音近而與許諾之"許"音遠，所以兩個時代文字簡化的方式不同。

　　以上三個例子，應能證明清鼻音的消失不是開始於東漢，而是西漢早期或秦代就已經發生，至少在一部分方言中*m̥- > *hw-音變已經完成。

　　下面談《毛詩》文本的寫定時代。傳統的認識中，《毛詩》是古文經，自然原來是戰國古文寫本。馬瑞辰《毛詩傳箋通釋》卷一《毛詩古文多假借考》云："《毛詩》為古文，其經字類多假借。……齊、魯、韓用今文，其經文多用正字。"其所舉例子，如《衛風·芄

---

① 裘錫圭主編：《長沙馬王堆漢墓簡帛集成·叁》，北京：中華書局 2014 年版，第 234 頁注二九。原整理者注："許，地名，在今河南省許昌。"

② 參看董蓮池編著：《新金文編》，北京：作家出版社 2011 年版，第 828－829 頁。

③ 周波：《戰國文字中的"許"縣和"許"氏》，中國古文字研究會、中華書局編輯部編：《古文字研究》（第二十八輯），北京：中華書局 2010 年版。

④ 關於古文字中專名之"許"和許諾之"許"的用字區別及其所反映的語音差異及變化，參看施瑞峰：《作為同時證據的諧聲、假借對上古漢語音系構擬的重要性：一項準備性的研究》，李學勤主編：《出土文獻》（第十三輯），上海：中西書局 2018 年版，第 429 頁。

⑤ *m̥-本應變為*hw-，變為*h-不規則。同樣的情況如"海"*m̥- > *h-，不規則，而"悔"*m̥- > *hw-，是規則音變。

⑥ 許雄志編著：《秦印文字彙編》（增訂本），鄭州：河南美術出版社 2021 年版，第 85 頁。

⑦ 《秦印文字彙編·凡例》第二條："本書所錄秦印文字包括印章、封泥、印匋，除典型的秦印之外，上延戰國秦系印章，下限至西漢初期的秦印風格印章。"

⑧ 關於秦和漢初印章的時代區分問題，得到田煒先生的指教，謹致謝忱！

蘭》"能不我甲"，《韓詩》作"能不我狎"。① 王國維《漢時古文本諸經傳考》（《觀堂集林》卷七）云："《漢書·藝文志》：'《毛詩》二十九卷'，不言其為古文。《河間獻王傳》列舉其所得古文舊書，亦無《毛詩》。至後漢始以《毛詩》與《古文尚書》《春秋左氏傳》並稱。其所以並稱者，當以三者同未列學官之學，非以其同為古文也。惟盧子幹言'古文科斗，近於為實'，而下列舉《毛詩》《左傳》《周禮》三目，蓋因《周禮》《左傳》而牽連及之。其實《毛詩》當小毛公、貫長卿之時，已不復有古文本矣。"王國維的論斷可以信從。《毛詩》文本寫定於西漢初年，在漢初出現和流傳之時就已經是隸書寫本，沒有存在過古文寫本的形態，這一點與《古文尚書》《左傳》《周禮》的情況有所不同。因此，雖然《毛詩》應該有先秦古本的依據，不可能全憑口傳，但其文字並不會忠實於先秦《詩經》文本，而會根據當時普遍的書寫習慣甚至寫定者個人的某些習慣進行書寫，也可能出現臨時性、偶然性的寫法（實際上，即使漢代確曾有過古文寫本的古文經書，在流傳過程中也是如此）。比如《詩經》中兩次出現的國名之"許"（《鄘風·載馳》及《王風·揚之水》），先秦古本必定寫作"鄦"或其他從"無"或"亡"聲的字形，而《毛詩》在漢初寫定時應該就按當時的用字習慣寫成"許"了。除了像"許"這樣古書中普遍如此的例子，《毛詩》確實還有特別的寫法，即根據語音能判定為後起的寫法。《周南·螽斯》："螽斯羽，薨薨兮。"據王先謙《詩三家義集疏》，《韓詩》"薨薨"作"訇訇"。② 安大簡《詩經》作"厷厷"，③ 正與《韓詩》相合。"厷"及從"厷"聲的"訇"的聲母屬於牙喉音一類；"薨"是中古曉母字，但從"夢*m-"聲，所以其上古聲母只能是清鼻音*m̥-，與"訇"不同類，先秦《詩經》文本不可能將形容眾多的"訇訇"這個詞寫作"薨薨"。《毛詩》寫作"薨薨"，是*m̥- > hw-音變發生以後才可能出現的同音假借。今本《爾雅·釋訓》："薨薨、增增，眾也。"也是據《毛詩》文本而來的寫法，《經典釋文》引顧舍人本作"雄雄"。

白一平在《〈詩經〉中的周漢音韻》一文中說："The *Shijing* as we now have it is a Zhou text in Han clothing（我們現在所看到的《詩經》是披着漢代外衣的周代文本）." 他認為《詩經》的文字和文本受到後《詩經》時代語音的影響，據之得出的上古音往往是周漢語音的雜糅。④ 他所舉的例子都很難說一定反映漢代的語音，但《毛詩》"披着漢代外衣"這一判斷仍然十分正確。

討論至此，自然可得出如下結論：安大簡《詩經·卷耳》"員（云）可（何）無矣"之"無"字與今本《毛詩》所對應的"吁"字所記錄的是同一個詞在不同時代的不同語音形式，非共時平面的音近通假。"吁"字或其他詩篇中的"盱"字所記錄的這個義為憂的

---

① 清華簡《迺命一》簡1"母（毋）我甲（狎）"，亦假借"甲"為"狎"。
② 王先謙：《詩三家義集疏》，北京：中華書局1987年版，第39頁。
③ 安徽大學漢字發展與應用研究中心編，黃德寬、徐在國主編：《安徽大學藏戰國竹簡》（一），上海：中西書局2019年版，圖版第10頁，釋文第78頁。
④ WILLIAM H BAXTER（白一平）. Zhou and Han Phonology in the *Shijing*. In WILLIAM G B & MICHAEL C S（eds.）. Studies in the historical phonology of Asian languages. Amsterdam：John Benjamins Publishing Company, 1991. 參看馬譽文的中譯本。所引白一平的原話見原書第30頁。

詞，其讀音為 *hwa，是西漢早期清鼻音已經消失即發生 *m̥- > *hw-音變之後的語音；而戰國竹簡本《詩經》寫作"無"，記錄的這個義為憂的詞的語音形式是 *m̥a，是《詩經》時代即上古音時代的語音。這個詞可能比較生僻，戰國秦漢時的口語中大概已經不再使用，所以一直沒有給它造專門的字，抄寫於戰國時代的安大簡《詩經》假借音近的"無 *ma"字來表示，寫定於西漢早期的《毛詩》假借當時完全同音的"吁"或"盱"字來表示，都是極其正常的文字使用現象。《毛詩》假借"吁"或"盱"字來表示這個詞，與秦漢文字假借許諾之"許"字來表示專名之"許"的性質完全相同。

參考文獻

［1］安徽大學漢字發展與應用研究中心編，黃德寬、徐在國主編：《安徽大學藏戰國竹簡》（一），上海：中西書局 2019 年版。

［2］蔡一峰：《安大簡〈詩經〉異文考辨叢札》，《中山大學學報》（社會科學版）2021 年第 5 期。

［3］董蓮池編著：《新金文編》，北京：作家出版社 2011 年版。

［4］高亨纂著，董治安整理：《古字通假會典》，濟南：齊魯書社 1989 年版。

［5］許雄志編著：《秦印文字彙編》（增訂本），鄭州：河南美術出版社 2021 年版。

［6］馬衡：《漢石經集存》，上海：上海書店出版社 2021 年版。

［7］裘錫圭主編：《長沙馬王堆漢墓簡帛集成・肆》，北京：中華書局 2014 年版。

［8］施瑞峰：《作為同時證據的諧聲、假借對上古漢語音系構擬的重要性：一項準備性的研究》，李學勤主編：《出土文獻》（第十三輯），上海：中西書局 2018 年版。

［9］斯塔羅思京著，張興亞譯，唐作藩審定：《古漢語音系的構擬》，北京：北京大學出版社 2012 年版。

［10］王先謙：《詩三家義集疏》，北京：中華書局 1987 年版。

［11］張富海：《利用諧聲構擬上古音應該注意的幾個問題》，《出土文獻》2021 年第 1 期。

［12］鄭張尚芳：《上古音系》（第二版），上海：上海教育出版社 2013 年版。

［13］周波：《戰國文字中的"許"縣和"許"氏》，中國古文字研究會、中華書局編輯部編：《古文字研究》（第二十八輯），北京：中華書局 2010 年版。

［14］AXEL SCHUESSLER（許思萊）. Minimal old Chinese and later Han Chinese：a companion to grammata serica recensa. Honolulu：University of Hawai'i Press，2009.

［15］W SOUTH COBLIN（柯蔚南）. A hang book of Eastern Han sound glosses. Hong Kong：The Chinese University Press，1983.

［16］WILLIAM H BAXTER（白一平）. Zhou and Han Phonology in the *Shijing*. In WILLIAM G B & MICHAEL C S（eds.）. Studies in the historical phonology of Asian languages. Amsterdam：John Benjamins Publishing Company，1991.

A Supplementary Interpretation of *Shijing* in Anhui University Bamboo Slips

Zhang Fuhai

Abstract：The character "*wu*"（無）in "*yuan ke wu yi*"（員可無矣）on *Shijing Zhounan Juaner*（《詩經·周南·卷耳》）in Anhui University Bamboo Slips should be interpreted as "*xu*"（吁）that means sorrow in current version，which is a later form of writing after the phonetic change m̥- > hw- in the Han Dynasty.

Key words：*Shijing* in Anhui University Bamboo Slips，*xu*（吁），voiceless nasal

（復旦大學出土文獻與古文字研究中心、"古文字與中華文明傳承發展工程"協同攻關創新平臺）

從非楚文字特徵看安大簡《詩經》的流傳

許俊煒

提　要　安大簡《詩經》以楚文字為主體書寫，但具有一定程度的三晉文字遺存與存古痕迹。這反映了安大簡《詩經》依據某個以三晉文字書寫甚至在三晉流傳的底本進行轉錄。抄手對底本轉錄成楚文字較為徹底，但對於個別具有晉系文字特點的字並不熟悉。通過先秦古書的文字特徵，我們可以剖析底本流傳的地域信息；再結合異文與借字的現象，揭橥口傳與抄寫皆是《詩經》流傳的重要途徑。

關鍵詞　安大簡《詩經》　非楚文字特徵　寫本　口傳

2019 年《安徽大學藏戰國竹簡》（一）正式出版後，戰國簡本《詩經》引起學界持續關注。整理者據竹簡內容主體用楚文字書寫①，推斷其為楚地傳抄的《詩經》文本，同時指出，"在傳授和轉抄過程中，個人對詩意理解的差異、地域用字的習慣和特點、不同時代文字轉寫或傳抄的一時之誤，都有可能造成異文分歧"（黃德寬、徐在國，2019）。因此，本文嘗試討論安大簡《詩經》的非典型楚文字特徵，並在文字學分析的基礎上申說安大簡《詩經》的流傳問題。

一、安大簡《詩經》的非楚文字特徵

近年戰國文字區系分域研究有許多推進，大量出土戰國文獻為我們提供了材料基礎，而各國別區系的字編亦為我們查詢比對提供了便捷。下文將通過字形結構、書寫風格的比勘，考察簡本文字的區系特徵。

---

① 經筆者比對，安大簡《詩經》中大部分字的字形特徵與楚文字完全一致且風格統一，如不、弗、左、於、介、事、寺、者、至、望、發、異、專、春、備、已等。因本文重點討論非楚文字特徵，故不詳述。

（一）古

表 1　"古" 字區系比較

字例	安大簡①	三晉②	楚③	齊魯④	燕⑤	秦⑥
古	古 周南·卷耳 7 古 周南·卷耳 7 古 秦·小戎 48 古 矦·陟岵 72 古 矦·伐檀 77 古 矦·伐檀 77 古 矦·伐檀 78 古 矦·伐檀 80 古 甬·君子偕老 88 古 魏·羔裘 113 古 魏·鴇羽 115 古 魏·鴇羽 115	古 銘文選二 881 中山王方壺 古 璽彙 3097	古 郭店·老子甲 8 古 郭店·太一生水 11 古 郭店·緇衣 15 古 九店 M621 30 古 清華·筮法 43 古 清華·厚父 5 古 清華·封許 2 古 清華·命訓 10 古 清華·湯丘 13 古 清華·啻口 1 古 清華·三壽 12	古 山東 104 司馬楙編鎛	古 陶錄 4·141·1 古 貨系 3262	古 石鼓文

---

　　①　文字圖片從黃德寬、徐在國主編《安徽大學藏戰國竹簡》（一）（中西書局 2019 年版）收錄原大圖版截取，同字異形全部收錄。

　　②　字形參看湯志彪編著《三晉文字編》（作家出版社 2013 年版），下文不再詳列頁碼，各字編、字表同。

　　③　字形參看李守奎編著《楚文字編》（華東師範大學出版社 2003 年版）、滕壬生主編《楚系簡帛文字編》（增訂本）（湖北教育出版社 2008 年版）、李學勤主編《清華大學藏戰國竹簡（壹—叁）文字編》（中西書局 2014 年版），以及黃德寬主編《清華大學藏戰國竹簡》第肆至拾壹冊（中西書局 2014—2021 年版）書末附字形表。同一篇內多個同形字只錄首個。

　　④　字形參看張振謙編著《齊魯文字編》（學苑出版社 2014 年版）。

　　⑤　字形參看王愛民的碩士學位論文《燕文字編》。因材料較少，故以被考字為偏旁的字亦納入對比。

　　⑥　字形參看王輝主編《秦文字編》（中華書局 2015 年版）。因年代較晚、材料較多，故僅選取一到兩個清晰的同形字。

（續上表）

字例	安大簡	三晉	楚	齊魯	燕	秦
古	古 魏·鴇羽115 古 魏·鴇羽116		古 清華·孺子2 古 清華·管仲13 古 清華·子儀1 古 清華·子產2 古 清華·子犯2 古 清華·晉文公3 古 清華·越公49 古 清華·處位8 古 清華·邦道1 古 清華·心中2 古 清華·治政1 古 清華·成人5 古 清華·命一7 古 清華·命二6 古 清華·四告40 古 清華·五紀4			

　　安大簡《詩經》“古”字凡十四例：《卷耳》“古”字兩例，與《毛詩》對應，讀

“姑”，《小戎》《伐檀》《君子偕老》讀“胡”，《陟岵》讀“岵”，《羔裘》讀“故”。《鴇羽》讀“鹽”及“怙”。簡本字形絕大部分“口”形內有一橫筆，是典型的晉系文字寫法。楚系文字中，“古”或从“古”之字，絕大部分只寫作“口”，“口”形內無橫筆。① 現公佈的清華簡除《厚父》外，“古”字無一例外“口”形內無橫筆，而這亦恰好印證了《厚父》具有明顯晉系文字元素的文本特徵（參看趙平安，2017）②。齊系文字樣本量較少，不太具有參考價值。

（二）矦

表 2　“矦”字區系比較

字例	安大簡	三晉	楚	齊魯	燕	秦
矦	周南·兔罝 13	矦侯馬 3：21 矦侯馬 200：25	包山 243 包山 214	集成 4646 十四陳侯午敦	集成 10583 郾侯載簋	秦銅·146 北私府橢量·始皇詔
	周南·兔罝 13		郭店·老子甲 18	集成 4649 陳侯脅敦	西清 29·42 郾侯載豆	秦銅·183 美陽銅權
	周南·兔罝 13		清華·繫年 8		集成 11219 郾侯載戈	
	召南·采蘩 22		清華·封許 5		集成 11383 蠱生不戈	
	召南·何彼襛矣 39		清華·管仲 15		集成 11513 郾侯載矛	
	召南·何彼襛矣 40		清華·子儀 4		集成 11272 郾侯脮戈	
	矦 83		清華·晉文公 8			
	魏·綢繆 111		清華·趙簡子 8			
			清華·越公 6			
			清華·邦道 7			

---

① 郭店簡只有極少部分“口”形加橫筆，可以視作《郭店簡》的非楚文字特徵，參看劉剛：《晉系文字的範圍及內部差異研究》，復旦大學博士學位論文，2013 年，第 28 頁。

② 趙平安：《談談戰國文字中值得注意的一些現象：以清華簡〈厚父〉為例》，原刊載復旦大學出土文獻與古文字研究中心編：《出土文獻與古文字研究》（第六輯），上海：上海古籍出版社 2015 年版，後收錄於趙平安：《文字·文獻·古史：趙平安自選集》，上海：中西書局 2017 年版。

（續上表）

字例	安大簡	三晉	楚	齊魯	燕	秦
矦			[字形]清華·心中 6 [字形]清華·虞夏 3 [字形]清華·治政 5 [字形]清華·四告 6 [字形]清華·四告 18 [字形]清華·五紀 112			

　　安大簡《詩經》"矦"字凡八例。《兔罝》《采蘩》讀"公侯"之"侯"；"矦"作篇名；《綢繆》讀"邂逅"之"逅"。其中，《何彼襛矣》"齊侯之子"的"侯"字出現了兩種寫法：一是常見的字形上部有短橫飾筆，所從"矢"字有短橫貫穿；二是字形上部無短橫。前者是楚文字的典型寫法，廣泛見於郭店簡、包山簡、清華簡；後者則是晉系文字的寫法，但楚文字中也有零星字例，如包山第 243 號簡。清華簡《繫年》除簡 89 外幾乎全部無字形上部的短橫飾筆，一般認為這是因為《繫年》依照晉系文字底本進行轉錄，《治邦之道》"侯"字亦是相似情況。戰國齊系文字"矦"字所從之"矢"中間多是圓點，而非橫筆，與楚文字、三晉文字有別。而安大簡《詩經》出現了無上部短橫"矦"字孤例，或許是傳抄晉系文字底本過程中，沒有完全轉寫成楚文字的遺留（參看李守奎、肖攀，2015；王永昌，2018）。

（三）从"韋"得聲字

表 3　从"韋"得聲字區系比較

字例	安大簡	三晉	楚	齊魯	秦
韋		[字形]侯馬 198：3 [字形]璽彙 3264	[字形]九店 M5644 [字形]清華·繫年 128		
緯	[字形]秦·小戎 45	[字形]璽彙 2604		[字形]璽彙 0262 "賡"字	[字形]睡簡·秦律·201

（續上表）

字例	安大簡	三晉	楚	齊魯	秦
贖	秦·黃鳥 52 秦·黃鳥 53		清華·繫年 126	集成 10374 子禾子釜	睡簡·秦律·61 睡簡·雜抄·32
其餘从"韋"得聲字		璽彙 2594 璽彙 2070	清華·繫年 127 上博·緇衣 7		

　　安大簡《詩經》有从"韋"得聲字凡三處：一處見於《秦風·小戎》，對應《毛詩》"陰靷鋈續"之"續"；兩處見於《秦風·黃鳥》，對應《毛詩》"如可贖兮"之"贖"。今本兩字皆从"賣"得聲，是經秦文字轉寫的結果。前人對作為聲符的"賣"討論甚夥①，對它的構型及來源眾說紛紜（劉釗，2002；趙平安，2017）。其中，裘錫圭先生的說法頗有啟發，他曾指出，从"肉"聲的"牘"字，以及以之為聲諸字，見於璽印的大多屬於三晉。而《繫年》"牘"字以及从"韋"得聲的字可能受三晉文字影響（參看裘錫圭，2012）。覆案字編諸字形，九店楚簡其實有類似"韋"的寫法，但僅是孤證，且中間的部件與安大簡及三晉文字字形對應起來並不相似，沒有類似"罒"的構件。齊系文字中則多用"賡"表"續"，而子禾子釜的"贖"字頗為漫漶，難以判斷。綜上類推，簡本"續""贖"很有可能還是反映安大簡《詩經》的源初底本具有晉系文字之特色。

（四）易

表 4　"易"字區系比較

字例	安大簡	三晉	楚	齊魯	燕	秦	西周②
易	甬·君子偕老 88	銘文選二 880 中山王鼎 銘文選二 880 中山王壺	清華·命訓 2 清華·說命下 8 郭店·老子甲 25	集成 274 叔尸鐘 集成 285 叔尸鎛	彙考 326 "賜"字 彙考 0010 "鄖"字	秦銅·3 不其簋蓋 睡簡·語書·10 睡簡·日甲·122	瘦簋 08.4172.1 師西簋 08.4288.1

　　① 趙平安：《釋古文字資料中的"睿"及相關諸字：從郭店楚簡談起》，原載華東師範大學中國文字研究與應用中心編：《中國文字研究》（第二輯），南寧：廣西教育出版社 2001 年版，後收錄於趙平安：《文字·文獻·古史：趙平安自選集》，上海：中西書局 2017 年版。

　　② 字形參看董蓮池編著：《新金文編》，北京：作家出版社 2011 年版。

（續上表）

字例	安大簡	三晉	楚	齊魯	燕	秦	西周
易			𝄆郭店·尊德義 5 𝄆郭店·語叢二 23 𝄆信 1·1 𝄆清華·保訓 5 𝄆清華·封許 5 𝄆清華·命訓 2 𝄆清華·三壽 20 𝄆清華·子儀 1 𝄆清華·子犯 8 𝄆清華·攝命 8 𝄆清華·邦道 13 𝄆清華·治政 23 𝄆清華·成人 29 𝄆清華·四告 23				

　　安大簡《詩經》"易"字，對應《毛詩·君子偕老》讀"扡"。楚文字"易"常見的寫法如清華簡《命訓》作"𝄆"，《成人》作"𝄆"，上部件"口"内有兩畫。《尊德義》的"𝄆"、《語叢二》的"𝄆"①、《子儀》的"𝄆"，以及睡虎地秦簡的"易""𝄆"，雖然都保留了"口"内的一畫橫筆，但書寫風格完全不同，前者的"日"與"勿"形相連，與

---

① 馮勝君指出郭店簡《語叢二》整體具有齊系文字的特徵（參看馮勝君，2007）。

齊系文字形更近，有西周金文遠源，後者則顯然是分別書寫。在西周金文中，無點畫的
"⿰" 字較 "⿰" 字更為普遍。而信陽楚簡 "⿰"、《保訓》的 "⿰" 乃至安大簡的
"⿰"，正好保留了西周金文常見的 "易" 字的字形特徵，更為存古。①

（五）某

表 5　"某" 字區系比較

字例	安大簡	三晉	楚	燕	秦	西周
某	⿰召南·摽有梅 34 ⿰召南·摽有梅 34 ⿰召南·摽有梅 34 ⿰秦·終南 50	⿰侯馬 1：86	⿰曾 134 ⿰天策 ⿰信 2.21 ⿰包山 95 ⿰九店 M5643 ⿰包 12 ⿰清華·祝辭 1 ⿰清華·子犯 12 ⿰清華·越公 39 ⿰清華·禱辭 1 ⿰清華·五紀 39	⿰陶錄 4·43·1 "謀" 字	⿰睡簡·秦律·168	⿰禽簋 07.4041 ⿰禽鼎 02.1157 ⿰諫簋 08.42851

安大簡《詩經》"某" 字凡 4 例，均讀為 "摽有梅" "有條有梅" 之 "梅"。侯馬盟書
寫法與戰國楚簡常見的寫法相同，即上部的 "口" 形兩端出頭。同時，包山簡、新陽簡、
新公佈的楚簡也有不少 "口" 形兩端不出頭的寫法，這種 "某" 字繼承西周早期金文字形
"⿰"。而簡本 4 例 "某" 字均符合這種存古特徵。

此外，我們還能依據新材料指出過去字形地域劃分錯誤觀點，如 "弟" 字。

---

① 燕系文字唯有從 "易" 字的璽印文字材料，但受限於書寫的材質與面積，很可能改變了筆畫特徵，姑附於此。

表6　"弟"字區系比較

字例	安大簡	三晉	楚	齊魯
弟	侯·陟岵74	侯馬156：19 侯馬67：38 侯馬67：13 璽彙1988	郭店·六德29 郭店·語叢一55 包山86 包山95 清華·孺子7 清華·子儀12 清華·越公其事19 清華·邦政6 清華·邦道26 清華·治政1 清華·四告9	集成271·1 鎘鎛 歷文2009.2.51 鮑子鼎

　　"弟"字僅見於《矦風·陟岵》。安大簡字形大抵四筆書就，在中間繞劃的基礎上，下部有短橫飾筆，且字迹表現出短橫飾筆與繞筆不相連的情況。有學者曾經將"弟"的字形特徵劃分為晉、楚兩類：楚系文字以《六德》"　"為代表，而晉系以侯馬盟書"　"為代表。① 實際上，依據新公佈的清華簡材料，在中間繞筆的基礎上，添加短橫作為飾符而不與繞筆相連的寫法亦十分常見，如《邦家之政》的"　"。而這種寫法正與侯馬盟書"　"字相同，可見楚文字"弟"字寫法多元。安大簡的寫法亦見於《子儀》"　"、《越公其事》"　"。因此，安大簡"弟"字應屬於晉、楚文字共有的寫法。

二、從文字特徵看安大簡《詩經》的流傳地域

　　安大簡《詩經》異於後世三家詩與《毛詩》的篇序、內容，且有不少異文。《矦》所收六篇詩見於今本《毛詩·魏風》，而安大簡《魏》所收十篇詩，除篇首《葛屨》見於今本《毛詩·魏風》，其餘九首均見於今本《毛詩·唐風》。安大簡《詩經》特殊的編排方式引發學者廣泛討論。

　　整理者提出兩種可能，其一是安大簡《詩經》與《毛詩》分屬不同系統，其二懷疑《矦風》即是《王風》，且"《矦》所屬《魏》風六篇，疑為抄手誤置所致"（參看黃德寬、徐在國，2019）。此後，夏大兆提出"矦"為晉國自稱，"安大簡《詩經》底本可能是晉國的一個抄本或摘編本，流傳到楚國後，楚人將其重新抄寫，所以具有明顯楚文字風格"（夏

---

　　① 此外，馮勝君還提及《唐虞之道》的一種特殊寫法"　"，與《說文》古文形體吻合（參看馮勝君，2007）。

大兆，2018，2020）。

　　而與上兩說不同的，胡平生最早指出，"安大簡《詩經·魏風》有可能與魏文侯有關。這裏所謂的'有關'，是假設安大簡《詩經》的祖本為魏人所抄寫，因此其對本國國風的稱呼就直接寫作'矦（侯）'，即魏文侯（或武侯）"[①]，後來經過輾轉傳抄講授，成為今天見到的楚文字簡本（胡平生，2020）。又有學者在胡說的延長綫上，對文本作進一步發揮。如馬銀琴據詩篇編排中《矦》對《魏風》的重編，以及《魏》對《唐風》的替代，推斷其為戰國初魏國改制《詩》樂以強化文化影響力的《詩》本（馬銀琴，2020）。王化平"贊成安大簡《魏》之所以抄寫《毛詩·唐風》中的詩篇，當與戰國時期魏國國力強盛、佔有晉國故地相關。由於抄寫《唐風》詩篇的部分被稱為'魏'，因此，抄寫《魏風》的部分就不能再稱為'魏'，必須改題。從《毛詩》諸國風的命名邏輯看，'侯'極可能是地名。不過，若考慮到安大簡的特點，'侯'為爵位也未嘗不可"（王化平，2020）。張樹國更是直接斷其為子夏西河《詩鈔》，並對簡本每一"風"的編纂意圖都作出闡釋。[②]

　　此外，與承認"矦"的獨特性不同，胡寧認為"矦"只是"魏"的假借字，可能是抄寫、整編過程中，今本《魏風》中有七首詩，安大簡"侯六"部分則有六首詩，所缺少的正是《葛屨》，很有可能此簡本各部分並不是都抄自同一更早文本，而是抄自多個文本再加以彙總整編的。《汾沮洳》等六首所抄自的本子題名就叫"侯"，而且缺失《葛屨》。《葛屨》與《唐風》九首則抄自另一文本。[③] 而陳民鎮則提出另一種相反的可能：《侯》即《唐》，只是安大簡的抄寫者誤將"侯（唐）""魏"的風名安到了《魏》和《侯（唐）》之上（陳民鎮，2020）。趙敏俐的觀點與陳說相近（趙敏俐，2021）。曹建國、宋小芹更是從《侯風》尾簡的"習書"入手，簡83"作魚寺＝"可讀為"昔虞之詩"，指叔虞，從而確認"侯風"即"唐風"（曹建國、宋小芹，2021）。

　　安大簡文本性質眾說紛紜，莫衷一是，不論是把它理解為"另一系統"抑或"誤置""誤書"，不論是把它歸為"晉詩""唐風"抑或"魏侯改制之本"，大抵從文本編纂的取捨與意圖分析，再以戰國時期三晉史事、子夏傳《經》等作為旁證。[④] 本文則重點立足於先秦古書的書寫面貌，具體而言即實物文本所呈現的文字特徵，來思考安大簡《詩經》能提供的有限歷史信息。馮勝君先生曾指出："從理論上講，楚地出土的戰國簡特別是古書類竹簡，當然有可能是由某一國家的書手用當地文字抄寫，流傳到楚地，在被埋入墓地之前一直保持原貌，未經輾轉傳抄，但這種情況到目前為止尚未發現。以郭店簡和已公佈的上博簡為例，沒有哪一篇簡文是完全不包含楚文字因素的其他國家的抄本，應該都是楚人的轉錄本。"（馮勝君，2006）我們認為安大簡《詩經》亦然。

---

　　① 胡平生：《安大簡〈詩經〉"矦"為"魏風"說》，最早發表於微信公眾號"语言与文献"，2019 年 9 月 30 日，後收入中國文化遺產研究院編：《出土文獻研究》（第十九輯），上海：中西書局 2020 年版。
　　② 張樹國認為簡本《詩經》的原型為子夏西河講學，為魏文侯師，媚附魏斯始侯（前 446 年）制禮作樂而編選，除改《魏風》為《侯風》、《唐風》為《魏風》外，選編"二南"表達"王化之基"，選《秦風》表達"尚武"為立國之本，選《鄘風》作為屬國之風，如此選編具有強烈現實政治目的與個人訴求（參看張樹國，2020）。
　　③ 胡寧：《安大簡〈詩經〉"侯六"及相關問題析論》，見微信公眾號"上大古代文明研究中心"，2019 年 10 月 1 日。
　　④ 夏大兆文章腳注提及劉剛指出安大簡"棘"字具有晉系文字特徵（參看夏大兆，2018）。

　　通過本文第一部分的分析我們可以看出，即便簡文整體是以楚文字書寫，還是一定程度上保留了三晉文字的特徵，具有存古痕迹。安大簡《詩經》的書寫面貌未必能確證它的性質，但起碼可以說明，它是以楚文字轉錄另一個以三晉文字書寫的底本。從"疢"字例我們可以看出，楚文字轉錄是較為徹底的；由從"肂"諸字可以看出，轉錄者對於個別具有晉系文字特點的字並不熟悉；從簡號、分篇以墨釘間隔、篇名、風名、篇數俱全的整體特徵來看①，安大簡《詩經》（或其轉錄的底本）應是經過有意識的編纂與整齊，而非無意識地從多個文本彙抄。

三、從文字特徵看安大簡《詩經》的流傳方式

　　在 20 世紀下半葉中國出土簡帛大量湧現之前，西方漢學已經用口述文學的理論來研究《詩經》，如葛蘭言、王靖獻等。近年以柯馬丁為首的漢學家更是結合古文字材料發展前人觀點，他依據六種不同的《詩經》及引《詩》寫本②，發現有三成之多的漢字與傳世文獻不同，且異文大多數本質上是或諧聲的。由是，他提出這類寫本產生的三種可能情境："面前有底本，抄手一邊看底本，一邊寫抄本"；"有人朗讀底本，抄手一邊聽底本，一邊寫抄本"；"手頭無底本，抄手憑着記憶寫，或者聽人背誦着寫"（參看夏含夷，2020）。柯馬丁認為《詩經》傳授很大程度上是口傳的過程，"一個手頭沒有底本的傳授過程能最好地解釋寫本所見異文的比例和性質"。然而，他同時也不否認古代寫本中存在因字形相近而造成的異文，即"字形相似卻並不相關的漢字看起來像是抄寫錯誤，譬如'而'和'天'"。③

　　分析安大簡《詩經》的文字特徵，可以幫助我們檢視上述討論《詩經》文本流傳的觀點。我們發現以楚文字為主體書寫的簡本中，出現三晉文字的特徵，這意味着簡本不可能完全是口授筆錄的產物。假如抄手是以楚文字作為工作語言，那麼他在耳聞筆寫的時候一定會寫成楚文字。只有抄手是在對照以三晉文字書寫的底本轉錄時，才會出現簡本保留部分晉系文字特徵的現象，且這個底本亦可能保留更古的字形要素。此外，已有學者指出安大簡《詩經》存在一定的文字錯訛現象④，而訛字只可能是在轉抄時產生。同時，我們亦注意到安大簡《詩經》中同一詩篇內同字異形的現象，如《周南·關雎》中"參差"的"差"，簡本第二章寫作"𤞤"部件有"土"，第三章兩處寫作"𤟭"部件無"土"；又如《召南·行露》中的"速"字，簡本或從"宀"寫作"𥦊"，或從"言"寫作"𧪞"；再如《秦·車鄰》中的"阪"字，簡本或從"阜"寫作"𨸘"，或從"土"寫作"坂"；"逝"

　　① 簡本《甬》標記首篇篇名《白（柏）舟》，《魏》標記首篇篇名《葛婁（屨）》，每一《風》末記《風》名及篇數。
　　② 包括阜陽漢簡《詩經》，馬王堆帛書《五行》，郭店楚簡《五行》《緇衣》，上博簡《緇衣》《孔子詩論》。
　　③ 除夏含夷外，已有學者對柯馬丁的觀點作出中允的批評。如廖群從先秦文獻所載《詩經》流傳以及阜陽漢簡《詩經》的訛寫、諱字的角度，提出《詩經》"確曾被編定過一個通行於各列國並訴諸文字的書寫文本（母本），用於教授和賦詩徵引。只因當時傳播形式以口頭為主，憑記憶、背誦來二次書寫成為常態，才造成了其後所見文本詩篇、詩句大致相同、書寫文字多有差異的'異文'現象"（參看廖群，2019）。
　　④ 陳劍認為《召南·羔羊》中的"後"應是"退"字之誤。參看陳劍：《簡談安大簡中幾處攸關〈詩〉之原貌原義的文字錯訛》，武漢大學簡帛網，http：//www. bsm. org. cn/show_article. php？id＝3429，2019 年 10 月 8 日。

字簡本或從"欠"寫作"𣄴"，或不從"欠"寫作"𨒅"。數量不少的同字異形或承自底本，當然亦不排除部分內容口授筆錄、草率寫就的可能。

此外，安大簡《詩經》也存在不少同音借字的情況，如前文"古"字。《卷耳》"古"字讀"姑"，《小戎》《伐檀》《君子偕老》讀"胡"，《陟岵》讀"岵"，《羔裘》讀"故"，《鴇羽》讀"盬"或"怙"。雖然破讀各異，但皆從"古"得聲。根據文字特徵，我們可以肯定簡本轉錄的底本應是都寫作"古"，這個底本的製作不排除有口傳的可能性。而"易""某"字的寫法反映底本或許有更古老的源頭。綜上，安大簡《詩經》文本流傳邏輯可簡單圖示如下：

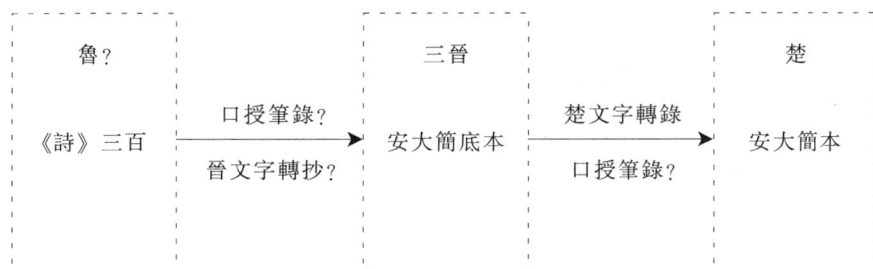

圖1　安大簡《詩經》文本流傳邏輯

從《詩》三百到安大簡底本有可能是口授筆錄的形式抄就，也有可能是基於某種底本轉抄，更不排除刪汰篇目、調整次序的工作已在這個階段完成。今本安大簡《詩經》亦未必是對底本的完整抄錄，但它的底本部分地保留晉文字特徵是不爭的事實。

四、小結

通過有限文字材料的特徵比對，我們可以確定以楚文字為主體書寫的安大簡《詩經》具有一定的三晉文字遺存，這反映了安大簡《詩經》依據某個以三晉文字書寫甚至在三晉流傳的底本進行轉錄，而這個底本亦可能保留更古的字形特徵。抄手的楚文字轉錄是較為徹底的，但對於個別具有晉系文字特點的字並不熟悉。先秦古書的文字特徵及異文與借字的現象，揭櫫了口傳與抄寫都是《詩經》流傳的重要途徑，二者始終相伴相隨，不可偏廢。

參考文獻

[1] 安徽大學漢字發展與應用研究中心編，黃德寬、徐在國主編：《安徽大學藏戰國竹簡》（一），上海：中西書局 2019 年版。

[2] 曹建國、宋小芹：《從"侯風"論安大〈詩〉簡的文本性質》，《南開學報》（哲學社會科學版）2021 年第 5 期。

[3] 陳民鎮：《安大簡〈國風〉的次序及"侯風"試解》，《北方論叢》2020 年第 1 期。

[4] 董蓮池編著：《新金文編》，北京：作家出版社 2011 年版。

［5］馮勝君：《有關戰國竹簡國別問題的一些前提性討論》，中國古文字研究會、華南師範大學文學院編：《古文字研究》（第二十六輯），北京：中華書局 2006 年版。

［6］馮勝君：《郭店簡與上博簡對比研究》，北京：綫裝書局 2007 年版。

［7］胡平生：《安大簡〈詩經〉"矦"為"魏風"說》，中國文化遺產研究院編：《出土文獻研究》（第十九輯），上海：中西書局 2020 年版。

［8］黃德寬主編：《清華大學藏戰國竹簡》（玖），上海：中西書局 2019 年版。

［9］黃德寬主編：《清華大學藏戰國竹簡》（拾），上海：中西書局 2020 年版。

［10］黃德寬主編：《清華大學藏戰國竹簡》（拾壹），上海：中西書局 2021 年版。

［11］李守奎編著：《楚文字編》，上海：華東師範大學出版社 2003 年版。

［12］李守奎、肖攀：《清華簡〈繫年〉文字考釋與構形研究》，上海：中西書局 2015 年版。

［13］李學勤主編：《清華大學藏戰國竹簡》（肆），上海：中西書局 2013 年版。

［14］李學勤主編：《清華大學藏戰國竹簡（壹—叁）文字編》，上海：中西書局 2014 年版。

［15］李學勤主編：《清華大學藏戰國竹簡》（伍），上海：中西書局 2015 年版。

［16］李學勤主編：《清華大學藏戰國竹簡》（陸），上海：中西書局 2016 年版。

［17］李學勤主編：《清華大學藏戰國竹簡》（柒），上海：中西書局 2017 年版。

［18］李學勤主編：《清華大學藏戰國竹簡》（捌），上海：中西書局 2018 年版。

［19］廖群：《〈詩經〉早期書寫定本考索》，《中國詩歌研究》2019 年第 1 期。

［20］劉剛：《晉系文字的範圍及內部差異研究》，復旦大學博士學位論文，2013 年。

［21］劉釗：《釋"價"及相關諸字》，中國文字編輯委員會編：《中國文字》（新廿八期），臺北：藝文印書館 2002 年版。

［22］馬銀琴：《安大簡〈詩經〉文本性質蠡測》，《中國文化研究》2020 年第 3 期。

［23］裘錫圭：《說從"峀"聲的從"貝"與從"辵"之字》，《文史》編輯部編：《文史》（二〇一二年第三輯），北京：中華書局 2012 年版。

［24］湯志彪編著：《三晉文字編》，北京：作家出版社 2013 年版。

［25］滕壬生主編：《楚系簡帛文字編》（增訂本），長沙：湖北教育出版社 2008 年版。

［26］王愛民：《燕文字編》，吉林大學碩士學位論文，2010 年。

［27］王化平：《安大簡〈詩經〉"矦六""魏九"淺析》，《北方論叢》2020 年第 1 期。

［28］王輝主編：《秦文字編》，北京：中華書局 2015 年版。

［29］王永昌：《清華簡文字與晉系文字對比研究》，吉林大學博士學位論文，2018 年。

［30］夏大兆：《安大簡〈詩經〉"矦六"考》，《貴州師範大學學報》（社會科學版）2018 年第 4 期。

［31］夏大兆：《安大簡〈詩經〉"矦六"續考》，《北方論叢》2020 年第 1 期。

［32］夏含夷撰，孫夏夏譯，蔣文校：《出土文獻與〈詩經〉口頭和書寫性質問題的爭議》，《文史哲》2020 年第 2 期。

［33］張樹國：《"安大簡"〈詩經〉為子夏西河〈詩鈔〉》，《中原文化研究》2020 年第 5 期。

［34］張振謙編著：《齊魯文字編》，北京：學苑出版社 2014 年版。

［35］趙敏俐：《簡論安大簡〈詩經〉抄本中的訛誤等問題》，《北方論叢》2021 年第 2 期。

［36］趙平安：《文字‧文獻‧古史：趙平安自選集》，上海：中西書局 2017 年版。

The Circulation of *The Book of Poetry* on Bamboo Slips Collected at Anhui University from a Non-Chu Characteristic Perspective

Xu Junwei

Abstract：*The Book of Poetry* on Bamboo Slips Collected at Anhui University were written in the Chu script, but with a certain degree of Sanjin script, and with scattered traces of antiquities. This reflects the fact that *The Book of Poetry* on Bamboo Slips was transcribed from a base text written in the Sanjin script and even handed down in Sanjin. The transcriber is more thorough in transcribing the base text into the Chu script, but is not familiar with individual characters with Jin script features. Through the textual features of the pre-Qin ancient books, we can analyze the regional information of the circulation of the base text; and then combine the phenomenon of different texts and borrow characters to reveal that both oral transmission and transcription are important channels for the circulation of *The Book of Poetry*.

Key words：*The Book of Poetry* on Bamboo Slips Collected at Anhui University, non-Chu characteristic, transcription, oral transmission

（清華大學中文系）

安大簡《卷耳》"維以永懷""維以永傷"訓釋淺議

吳　鵬

提　要　安大簡《詩經》是目前出土的最早的抄本，其中多處與傳世本《詩經》存在差異，這也引起了學界熱議。簡文《卷耳》異文情況較為明顯，除第二、三章與傳世本順序互乙外，字句內容也不盡相同，其中第二、三章末句作"維以永懷""維以永傷"，較傳世本少一"不"字。學界多以二者意義相反。筆者認為其實二者為同義。這種表達屬於上古漢語中一種特殊的語言現象——"語急省"。

關鍵詞　安大簡　卷耳　語急省

一、引言

在安大簡出土以前，《詩經·卷耳》第二、三章的末句釋義爭議性不大，主要是集中在今古文"姑"和"及"的訓釋①以及詩義兩個方面。安大簡問世後，簡文和今本《詩經》的異文現象迅速成為學者們關注的焦點。安大簡《卷耳》第二、三章末句和今本《詩經》之間存在異文，簡文為"維以永懷""維以永傷"，較今本少一"不"字。安大簡注釋者認為二者意義相反："簡本此句沒有'不'字，意思與《毛詩》截然相反。"②

學者為此聚訟不已，或是簡文，或是今本。筆者認為，其實二者表達了相同的詩義，而安大簡的表述方式屬於上古漢語中一種特殊的語言現象——"語急省"。

二、"語急省"的研究和界定

"語急省"這一概念首先由顧炎武在其著作《日知錄》中提出。《日知錄》卷三十二專列"語急"條，以《公羊傳·隱公元年》"母欲立之，已殺之，如勿與而已矣。傳云：'如即不如，齊人語也。'"③為楔子，簡單整理了《左傳》和《漢書》中與之類似的數條語句，沿用發揚了《左傳正義》中的說法，並舉出其他文獻中的數條例子：

　　　　按，此不必齊人語……《左傳正義》曰："古人語然，猶不敢之言敢也。"古

---

① "毛傳""鄭箋"將"姑"釋為"且"，"三家詩"則皆作"及"，訓為"沾"。
② 安徽大學漢字發展與應用研究中心編，黃德寬、徐在國主編：《安徽大學藏戰國竹簡》（一），上海：中西書局2019年版，第75頁。
③ 公羊壽傳，何休解詁，徐彥疏，浦衛忠整理，楊向奎審定：《春秋公羊傳》，北京：北京大學出版社2000年版，第20頁。

人多以語急而省其文者。《詩》："亦不夷懌。""懌"下省一"乎"字。《書》："弗慎厥德，雖悔可追。""可"上省一"不"字。"我生不有命在天。""不"上省一"豈"字。"在今爾安百姓，何擇非人，何敬非刑，何度非及。""人"下、"刑"下、"及"下各省一"乎"字。《孟子》："雖褐寬博，吾不惴焉。""不"上省一"豈"字。《禮記》："幼壯孝悌，耆耋好禮……好學不倦，好禮不變……""幼"上、"好"上各省一"非"字。《公羊傳·隱公七年》："母弟稱弟，母兄稱兄。"注："母弟，同母弟；母兄，同母兄。"不言同母，言母弟者，若謂"不如"言"如"矣，齊人語也。①

　　雖然顧炎武提出了數條證據以明"語急"一事，但分析來看，這些例子中摻入了語詰反問和語氣詞省略等語法現象，由此可以斷定顧炎武將上述兩種常見的古漢語中的語法現象和類如"敢如不敢""不如言如"的"語急"現象混為一談了。

　　此後，有清一代，俞樾、錢大昕、楊樹達等學者先後關注了這類語言現象，但並未深入探討。曾運乾《尚書正讀》援引錢大昕說解釋《堯典》"試可乃止"："錢大昕云，古人語急，以不可為可。"②

　　俞樾《古書疑義舉例》中專門設"語急例"一條，其學說源自《日知錄》，但並未完全繼承。俞樾僅僅引用《日知錄》中所提及前人已明確的論注來表明觀點，即《左傳》和《公羊》注釋中的"不敢言敢""如即不如"為之劃分語法界限。另外，俞樾拓展了"語急省"的語法範圍，即在疊韻詞中或者同義詞連用的情況下可能出現"語急省"：

　　　《雍也篇》："……亦可以弗畔矣夫。""畔"亦即"畔喭"也。畔、喭本疊韻字，急言之，則或曰"喭"，"由也喭"是也；或曰"畔"，"亦可以弗畔矣夫"是也。《鄭注》曰："弗畔，不違道。"殆未免乎知二五而不知十也。

　　　《禮記·曲禮篇》："為大夫累之。"按："累之"猶"解之"也。累、解本疊韻字。《荀子·富國篇》："則和調累解。"累、解二字同義，猶和、調二字亦同義，古語如此，楊倞《注》非也。緩言之曰"累解"，急言則止曰"累"矣。③

　　俞樾從語音角度開拓了"語急省"的界定，該學術觀點對後世學者有一定影響。筆者認為，楊寬先生創造性地提出"鯀"為"共工"的急音、"共工"為"鯀"的緩音這一學術觀點，或多或少受到了俞樾的影響。④

　　楊樹達先生則拓展了"語急省"所省略內容的數量範圍，即不再限定於一個字，可能

①　顧炎武：《日知錄》，潘耒遂初堂本，清康熙三十四年（1695），現藏於國家圖書館。
②　曾運乾：《尚書正讀》，北京：中華書局2015年版，第15頁。
③　俞樾：《古書疑義舉例》，上海：上海古籍出版社2007年版，第22頁。
④　詳參呂思勉、童書業編著的《古史辨》（第七冊）中收錄的楊寬先生所著《中國上古史導論·第十二編·一、鯀與共工》一文。

是多個字或者一句話，並且在《古書疑義舉例續補》中將"語急省"歸入"省句例"，將之框定在"省略"這一語法現象內：

> 其所以省略之故，有由於說者語急不及盡言，而記事者據其本真以達之者……俞氏書卷二有"語急例"，所述皆省一字之例，不及省句。①

其所據因"語急"省略數字的例子即《禮記·檀弓上》中曾子叱責子夏因喪子痛哭而失明的話語，子夏先是認為自己無辜受難，曾子大怒曰："商！女何無罪也？……而曰女何無罪與？"②"而曰女何無罪與"比較難解，據"語急省"形式，"而曰"後正常語句當有"女無罪"三字，正常語句作"而曰女無罪，女何無罪與"，這是曾子對子夏哀毀太過以致傷身，卻依然冥頑不化一事感到非常憤怒，因而叱責其"罪過"，由是語急而省，曾子當時的憤怒情緒躍然紙上。

當代學者李運富先生、陳煥良先生對此均有研究。李運富先生認為這是一種語句省略情況，原因在於話講得太快或者講話緊張導致語句出現脫漏：

> 說話者自己情緒激動，話說得太快或太緊張，從而脫漏了一些內容。這就是前人所說的因"語急"而省。但前人的"語急"過於寬泛，有的未必是"語急"。我們把"語急"限制在對話的環境中，並且前後有相應的言辭反映說話者的情緒急越，否則，一般不看作"語急"省。③

陳煥良先生則反對將"語急省"的情況特殊化，特別是以顧炎武的眼光來看，其中很多屬於反問句或省略語氣詞，並且不同意"語急省"的說法：

> 舊注已有確詁可從者，不必更以"語急省文"釋之。有本屬反問句式者，亦與"語急"無關。與"語急"有聯繫的，其所"不及盡言"者，可稱之為"潛語"，以別一般所說的"省略"。④

陳煥良先生提及的"潛語"則與閻仲笙先生的"潛語"概念有關聯，即：

> 潛語，是文言語句中潛在的而又無法確定的詞語。它類似省略，而又不同於省略……有潛語的語句必須添補一定的詞語意思才清楚……潛語的添補不"只有一種可能"，它在語言結構中莫名其妙地隱去了，人們只能順蔓摸瓜，推測出它的

① 楊樹達：《馬氏文通刊誤·古書句讀釋例·古書疑義舉例續補》，上海：上海古籍出版社 2013 年版，第 241 頁。
② 鄭玄注，孔穎達疏，龔抗雲整理，王文錦審定：《禮記正義》，北京：北京大學出版社 2000 年版，第 236 頁。
③ 李運富：《古文中的語句省略》，《語言研究》1990 年第 2 期，第 86 頁。
④ 陳煥良：《古人語急獻疑》，《中山大學學報》（社會科學版）1992 年第 3 期，第 134 頁。

意思，卻拿不準到底是甚麼詞語。①

可以肯定的是，“語急省”確實莫名其妙地缺失了完整的語言結構，但“語急省”需要添補的詞語是指向明確的，這方面和“潛語”有本質區別，因而不能單純地將“語急省”歸為“潛語”。

綜上所述，“語急省”需要符合以下條件：首先，語言結構可能出現缺失。其次，缺失部分指向性較明確，如“不敢言敢”“如即不如”“不可為可”等，缺失部分從一字至數位不等，甚至可能是一句話。再次，語境中存在情緒變化。另外需要補充的是，反問句疑問詞、特殊句式中語氣詞的缺失不能看作“語急省”，因為這並不符合“反映說話者情緒”，即“語急”的對話環境。而俞樾提出的疊韻詞單獨出現則屬於“語急省”範疇，前提一定是文本沒有出現脫奪的情況。

三、安大簡《卷耳》異文為“語急省”及今本例證

從安大簡《卷耳》圖版中可以看出，抄寫者並沒有修改的痕跡。如果說抄錯一處的話還可以理解，可是前後兩章皆少今傳《詩經》一個“不”字，這自然不會是偶然現象。從簡本《詩經》和今本《詩經》的近似度對比來看，也不存在有兩種《詩經》版本的可能。

“維以永懷”“維以永傷”是否屬於“語急省”的情況，要結合上文總結的條件進行對照。首先，《卷耳》一詩確實帶有情緒變化，王先謙《詩三家義集疏》：

> 言如此則我不至以賢之不見，長久懷思，冀望之詞也。蓋文王當日以官人為急慮，岩棲穀隱之賢伏而不出，不憚跋涉勞瘁，躬親訪求，故有“崔嵬”“高岡”“馬病”“僕痛”之事。②

當然，王先謙將《卷耳》的詩義理解為“文王懷賢”，因而其中體現出的情緒為急迫地想要見到賢人。即便是從今天對《卷耳》詩義的研究成果來看，思念征夫也是一種強烈的情緒體現。

其次，語言結構上是否有缺失。這比較難以判斷，因為無論有無“不”字，其語言結構都講得通。不過從情緒上判斷，作者喝酒的目的是借酒澆愁，在酒精麻痹意識之前確實是因為“懷賢”或者“思夫”或者其他甚麼原因而“永懷”“永傷”，那麼姑且③酌酒就是為了暫時逃避這種情緒，“不”字正是“姑酌”目的性的直接體現。

最後，可以肯定的是，“不”在這裏既不是反問句疑問詞，也不是語氣詞。綜上所述，

① 閻仲笙：《古文潛話說略》，《求是學刊》1987 年第 3 期，第 75 頁。
② 王先謙：《詩三家義集疏》，北京：中華書局 1987 年版，第 27 頁。
③ “毛傳”：“姑，且也。”“三家詩”則認為“姑”為“沽”之假借，應訓為“沽酒”。筆者更傾向於前者。

簡本"維以永懷""維以永傷"符合"語急省"的基本條件，可以判定為"語急省"。進而可以得出結論，傳本《詩經·卷耳》"維以不永懷""維以不永傷"和"簡本"《詩經·卷耳》"維以永懷""維以永傷"意義相同，"簡本"為"傳本"的"語急省"。

其實，今傳《詩經》中"語急省"的現象也是存在的，可以為安大簡"維以永懷""維以永傷"提供間接例證。最典型的就是《魏風·葛屨》和《小雅·大東》中的"糾糾葛屨，可以履霜"，"毛傳"："夏葛屨，冬皮屨，葛屨非可以履霜。"①

無論是"詩小序"所言詩義為"刺褊"，還是依據今天的研究理解為下人怨懟之辭，詩句中明顯帶有不滿情緒，詩文表述為"可以"，現實則是"不可以"。《葛屨》中接下來的"摻摻女手，可以縫裳"②與之對舉成文，所謂"可以縫裳"，其實是"不可以縫裳"，女手"纖纖"③，並不是天生用來"縫裳"的。鄭玄箋："言女手者，未三月未成為婦。裳，男子之下服，賤，又未可使縫。"④整體上也是在表達"不可為可"的意思，其後所謂"利其事也"等語不過為了遵從詩序作調停之筆。"可以履霜""可以縫裳"自然不是反問句，所省"不"字在這裏也不是語氣詞。

《王風·大車》的反問句之後同樣存在語急省現象："豈不爾思？畏子不敢。""毛傳"："畏子大夫之政，終不敢。"⑤"毛傳"的說法秉承"小序"之義，解讀此詩旨意為反對男女淫奔，因此"畏子不敢"的語義不會是"害怕你不敢（私奔）"這般直白潑辣，由是論之，"不敢"前省略了"大夫之政""最終"等詞彙。"毛傳"對詩義的闡釋有曲意理解"小序"之嫌，現代學者一般不認同該說法。現代學者將"小序"的影響剝離後，認為《大車》的詩義就是表達"為了愛情可以私奔"，依此來看，"不敢"後面省略了"奔"。另外，《大車》"不敢"之後的省略現象相較而言更為複雜。從《詩經》用韻規律看，其第一章中"葵""敢"同韻，不適合以"奔"結尾，且在以"不敢"為結尾的激烈語境中，對話者完全可以省略其中早已達成共識的內容。

《小雅·小宛》中也存在這種現象："哀我填寡，宜岸宜獄。箋云：……可哀哉，我窮盡寡財之人，仍有獄訟之事……"⑥對於"填寡"之人而言，"宜岸宜獄"是完全不可能的，窮盡寡財的普通人自然是不宜獄訟。這其中的情緒變化從"哀"字中就可以品味出來，"宜岸宜獄"也不是甚麼反問句或疑問句，所謂的"宜"其實是"不宜"。

《小雅·巧言》第一章省略不止一個字。"無罪無辜，亂如此幠"中的"亂"指的是幽王"亂以刑"的暴虐行為。"昊天已威，予甚無罪。昊天大幠，予甚無辜"之中，"予甚無罪"和"予甚無辜"前都省略了類如"降予以罪"之類的表達。單就結構而言，"亂"與"幠"之間，"昊天已威""昊天大幠"和後文聲竭開脫己罪的語句之間，都沒有必然聯繫，

①　毛亨傳，鄭玄箋，孔穎達正義，孔祥軍點校：《毛詩傳箋》，北京：中華書局2018年版，第139頁。
②　毛亨傳，鄭玄箋，孔穎達正義，孔祥軍點校：《毛詩傳箋》，北京：中華書局2018年版，第139頁。
③　"毛傳"釋"摻摻"為"纖纖"，"韓詩"直作"纖纖"。
④　毛亨傳，鄭玄箋，孔穎達正義，孔祥軍點校：《毛詩傳箋》，北京：中華書局2018年版，第139頁。
⑤　毛亨傳，鄭玄箋，孔穎達正義，孔祥軍點校：《毛詩傳箋》，北京：中華書局2018年版，第104頁。
⑥　毛亨傳，鄭玄箋，孔穎達正義，孔祥軍點校：《毛詩傳箋》，北京：中華書局2018年版，第279頁。

必如"鄭箋"云："今乃刑殺無罪無辜之人，為亂如此……我誠無罪而罪我……"① 否則沒有必要大聲疾呼"亂如此憮""無罪""無辜"。在語境中，完全可以看出作者就天子濫用刑罰一事而體現出激動的情緒，因憤怒之故，作者不及語盡而怒號，亦實屬無奈之舉。其中的省略內容也不是反問句或者語氣詞。

四、結語

筆者認為，造成簡本《卷耳》與今本產生差異的原因既不是傳抄失誤、版本差異等客觀因素，也不可能是某些學人在闡釋中聯想出來的"女性本位意識"所導致。② 同樣地，單純通過前人解讀的詩義推斷出"抒情主體"，並以此認為傳世文獻優於"安大簡"，這樣的結論也較為主觀③。另外，將"不"看作"丕"的通假，訓為無意義的語詞是一個新的角度。④ 不過，"丕"在《詩經》中亦可訓為"大"意，我們很難判斷此處"不"是否存在實際意義。綜上所述，"不"顯然是由"語急"造成的省略現象，並導致傳世本和安大簡出現差異。二者其實均在表明"不永懷""不永傷"的詩義。

參考文獻

［1］安徽大學漢字發展與應用研究中心編，黃德寬、徐在國主編：《安徽大學藏戰國竹簡》（一），上海：中西書局 2019 年版。

［2］陳煥良：《古人語急獻疑》，《中山大學學報》（社會科學版）1992 年第 3 期。

［3］鄭玄注，孔穎達疏，龔抗雲整理，王文錦審定：《禮記正義》，北京：北京大學出版社 2000 年版。

［4］李運富：《古文中的語句省略》，《語言研究》1990 年第 2 期。

［5］呂思勉、童書業編著：《古史辨》（第七冊），海口：海南出版社 2005 年版。

［6］顧炎武：《日知錄》，潘耒遂初堂本，清康熙三十四年（1695）。

［7］王先謙：《詩三家義集疏》，北京：中華書局 1987 年版。

［8］俞樾：《古書疑義舉例》，上海：上海古籍出版社 2007 年版。

［9］王雪梅：《安大簡〈卷耳〉異文舉隅》，《文教資料》2021 年第 18 期。

［10］公羊壽傳，何休解詁，徐彥疏，浦衛忠整理，楊向奎審定：《春秋公羊傳》，北京：北京大學出版社 2000 年版。

［11］毛亨傳，鄭玄箋，孔穎達正義，孔祥軍點校：《毛詩傳箋》，北京：中華書局 2018 年版。

［12］閻仲笙：《古文潛話說略》，《求是學刊》1987 年第 3 期。

［13］楊樹達：《馬氏文通刊誤·古書句讀釋例·古書疑義舉例續補》，上海：上海古籍出版社 2013 年版。

---

① 毛亨傳，鄭玄箋，孔穎達正義，孔祥軍點校：《毛詩傳箋》，北京：中華書局 2018 年版，第 285 頁。

② 參看張瀚文：《維以永傷的夙願：安大簡〈詩經·卷耳〉中的女性本位意識》，《鴨綠江》（下半月）2020 年第 18 期，第 62 頁。

③ 參看王雪梅：《安大簡〈卷耳〉異文舉隅》，《文教資料》2021 年第 18 期，第 1－2 頁。

④ 參看張一方：《安大簡〈詩經〉"維以永傷"解》，《古籍研究》編輯委員會編：《古籍研究》（總第 72 卷），南京：鳳凰出版社 2020 年版，第 217－218 頁。

［14］曾運乾：《尚書正讀》，北京：中華書局 2015 年版。

［15］張瀚文：《維以永傷的夙願：安大簡〈詩經·卷耳〉中的女性本位意識》，《鴨綠江》（下半月）2020 年第 18 期。

［16］張一方：《安大簡〈詩經〉"維以永傷"解》，《古籍研究》編輯委員會編：《古籍研究》（總第 72 卷），南京：鳳凰出版社 2020 年版。

A Brief Discussion on the Notes of "Comfort Me from Deep Thoughts" and "Spare My Heart from Long Sadness" in *Field Chickweed* of Anhui University Bamboo Slips

Wu Peng

Abstract：*The Book of Songs* of Anhui University Bamboo Slips is the earliest codex among unearthed manuscripts of *the Book of Songs*, and there are many differences between this codex and the presenting edition of *the Book of Songs*, which has caused heated discussion in the academic circle. The difference in *Field Chickweed* is pretty obvious, in addition to the sequence of the second and third chapters, the content of the words is not exactly the same. The last sentences of the second and third chapters are "comfort me from deep thoughts" and "spare my heart from long sadness". There is one less "no" in each sentence than in the presenting edition. Most scholars believe that the two meanings are opposite, but the author thinks that the two meanings are the same. This kind of expression belongs to a special linguistic phenomenon in ancient Chinese, which called "omit of urgency".

Key words：Anhui University Bamboo Slips, *Field Chickweed*, omit of urgency

（北京師範大學文學院）

戰國文字飾符"口"隸定的誤導搭配[*]

朱學斌

提 要 戰國文字飾符"口"與其他構件的搭配，其依樣隸定容易對釋讀造成不必要的阻礙。通過歸納可以總結出可、售、唯、喜、各、冐、畾、唇、含、吟、員、舍等一系列容易在今文字產生誤導的戰國文字構件。甄別這些搭配結構之後進行相應的嚴式隸定，有助於解決相關的一系列釋讀問題。

關鍵詞 戰國文字 隸定 同形字

構件"口"是導致最多誤導隸定同形字的戰國文字構件。雖然有時構件"口"充當區別符號，例如楚文字表示干支的"己"寫為"吕"，表示自己的"己"仍作"己"，但更多情況下纍增的構件"口"相對今文字是贅符，容易造成誤導。

柯馬丁（Martin Kern）指出鮑則嶽（William G. Boltz）對於古文字釋文方式存在許多不足之處，第一種就是"照原樣轉錄過來的漢字有可能會導致誤解"即同形字問題，他指出戰國文字的"售"字其實是"唯"字，而與現代漢語"售賣"的"售"字無關①。飾符"口"在依樣隸定造成的誤導結構屢見不鮮，例如：

一、隸定為"可"的誤導搭配

表 1 戰國文字隸定為"可"的飾符"口"相關誤導搭配

嚴式隸定	粤	蕁	遭	餉	宰
依樣隸定	哥哼	葺蒔	遭	餉	庢
字形	哥	蕁	遭	餉	宰
出處	《秦家嘴》99.15	《包山》125	《清華玖·治政》39	《葛陵》零416	《曾侯乙》154

戰國文字與構件"可"形近的搭配誤導多與構件"粤"有關。戰國文字構件"粤"下部形似"丂"的組件，因為半包圍結構內有大片空隙而經常增加羨符"口"。這類現象隸

---

* 本文是國家社科基金青年項目"清華大學藏戰國竹簡（1—10）'書'類文獻詞匯與形成時代研究"（項目編號：21CYY020）、華東師範大學2022年度人文社會科學青年預研究項目（項目編號：2022ECNU–YYJ051）的階段性成果之一。

① 柯馬丁：《方法論反思：早期中國文本異文之分析和寫本文獻之產生模式》，陳致主編：《當代西方漢學研究集萃》（上古史卷），上海：上海古籍出版社2012年版，第360頁。以下腳注文獻的詳細信息見參考文獻，不一一列出。

定从可應理解為隸定有誤，例如形（《秦家嘴》99.15）隸定為“哻”字①。但也有論著因為其構形下部形近於“可”而隸定為“啇”字②。類似的情況還有曲筆穿過構件“口”的形（《包山》125）隸定為“蔄”字③和“萛”字④的區別。如此依樣隸定會給讀者造成从由从可的誤導，其實這些字用法與“可”字並無直接聯繫。另外，戰國文字从辛諸字也有增加羨符“口”之後下部類似“可”形的問題。例如“宰”字增加羨符“口”作形（《曾侯乙》154），依樣隸定為“𡪱”字⑤，其實嚴式隸定為“宰”字即可。為了避免依樣隸定从可造成的誤導，學界也有將形（《葛陵》零416）依樣隸定為“餶”字⑥的處理。所以戰國文字从甹諸字如果增加了羨符“口”，在嚴式隸定時應將羨符去除，例如形（《清華玖・治政》39）依樣隸定為“遖”字⑦，其嚴式隸定應為“遉”字。

二、隸定為“售”“唯”的誤導搭配

表2　戰國文字隸定為“售”“唯”的飾符“口”相關誤導搭配（上）

嚴式隸定	惟	輴	進	蜼	雀	雇	維	瘫
依樣隸定	售唯	轄	遭	蟦	雀	雇曐	繕	瘖瘫
字形								
出處	《陳侯因資敦集成》4649	《璽彙》1126	《安大二・曹沫》37	《清華肆・筮法》39	《郭店・魯穆》6	《璽彙》3204	《子彈庫・五行》23	《陶錄》4.23.1

戰國文字構件“隹”經常在下部增加飾符“口”而依樣隸定為“售”字，實則與後世同形“售賣”的“售”音義並無聯繫。例如“雀”字增口作形（《郭店・魯穆》6），依樣隸定為“雀”字⑧。

戰國文字依樣隸定“售”還產生了同形字的衝突。例如金文形（《集成》10409：雍鋪首）依樣隸定為“售”字⑨，通過辭例對勘可知是地名“雍”，所以此形實則是“售”字省簡。同理簡牘也有這種情況作形（《清華拾壹・五紀》79）。而戰國文字部件“售”

① 《上博楚簡文字聲系》（一—八）第1977頁，《出土戰國文獻字詞集釋》第2卷第662頁，《包山楚墓文字全編》第57、433頁，《清華大學藏戰國竹簡（壹—叁）文字編》第35頁，《楚文字編》第77、296頁，《楚系簡帛文字編》（增訂本）第473頁，《戰國文字字形表》第647頁，《戰國文字編》（修訂本）第75頁，《戰國楚簡字義通釋》第67頁，《簡帛古書通假字大系》第1105頁。

② 《楚簡帛通假彙釋》第397頁，《戰國時代各系文字間的用字差異現象研究》第179頁。

③ 《包山楚墓文字全編》第29頁，《楚文字編》第45頁，《楚系簡帛文字編》（增訂本）第74頁，《戰國文字編》（修訂本）第43頁。

④ 《出土戰國文獻字詞集釋》第1卷第392頁，《楚簡帛通假彙釋》第397頁，《戰國文字字形表》第97頁。

⑤ 《曾文字編》第162頁，《楚文字編》第455頁，《楚系簡帛文字編》（增訂本）第688頁，《戰國文字字形表》第1037頁。

⑥ 《新蔡葛陵楚簡文字編》第103頁，《戰國文字字形表》第691頁。

⑦ 《清華大學藏戰國竹簡》（玖）第205頁。

⑧ 《郭店楚簡文字編》第17頁，《楚簡帛通假彙釋》第145頁，《戰國楚簡字義通釋》第224頁，《簡帛古書通假字大系》第657頁。

⑨ 《金文大字典》第1787頁，《戰國古文字典》第1209頁。

對應的今文字部件是"雠",所以此字嚴式隸定為"雦"字,寬式隸定為"雍"字。

　　對於搭配飾符"口"的構件"隹"應當隸定為"唯"還是"售",學界並未統一意見。例如"惟"字作[形]形(《集成》4649:陳侯因[咨]敦)、[形]形(《清華玖·治政》11)依樣隸定為"慅"字①或"應"字②。从日的[形]形(《璽彙》3204)依樣隸定為"暜"字③或"罜"字④,嚴式隸定為"暀"字。从疒的[形]形(《陶錄》4.23.1)依樣隸定為"瘖"字⑤或"癱"字⑥,嚴式隸定為"瘫"字。

　　依樣隸定的戰國文字部件"售"帶來了許多誤導,所以飾符"口"在嚴式隸定應省去。戰國文字依樣隸定的"售""唯"誤導搭配,在嚴式隸定時應省去飾符"口"而對應从隹:例如从辵的[形]形(《安大二·曹沫》37),依樣隸定為"遣"字⑦,嚴式隸定為"進"字;从糸的[形]形(《子彈庫·五行》23),依樣隸定為"維"字⑧,嚴式隸定為"維"字。从車的[形]形(《璽彙》1126),依樣隸定為"轄"字⑨,嚴式隸定為"輈"字。值得一提的是从虫的[形]形(《清華肆·筮法》39),依樣隸定為"蟜"字⑩,嚴式隸定為"蜼"字。而由辭例"乃蜼兕之所集"對勘可知,此處的"蜼"字讀為"唯"字而非"雖"字。

　　戰國文字構件"隹"容易增加飾符"口",不代表所有"唯"字的嚴式隸定都要簡省為"隹"。戰國文字位置關係的變化調整並不影響其取義。例如[形]形(《上博二·昔者》4)依樣隸定為"售"字⑪,由其辭例"[形]邦之大務是敬"可知此字應釋為"唯"。劉洪濤也指出,應區別古文字"唯諾"的"唯"與"隹"今字"唯"的虛詞用法。

表 3　戰國文字隸定為"售""唯"的飾符"口"相關誤導搭配(下)

嚴式隸定	藿	箈	雁	癱	勘	曈	萑
依樣隸定	藚	箸	厴	癰	噱	蘀	舊
字形	[形]	[形]	[形]	[形]	[形]	[形]	[形]
出處	《璽彙》2269	《郭店·魯穆》7	《璽彙》1545	《璽補》1059	《璽彙》1355	《清華拾貳·不韋》76	《璽彙》507

---

① 《戰國文字字形表》第1465頁。
② 《清華大學藏戰國竹簡》(玖)第253頁,《清華大學藏戰國竹簡》(拾)第208頁,《郭店楚簡文字編》第152頁,《楚簡帛通假彙釋》第275頁,《戰國古文字典:戰國文字聲系》第1205頁,《戰國楚簡字義通釋》第566頁,《出土戰國文獻字詞集釋》第10卷第5377頁,《古文字譜系疏證》第2942頁。
③ 《三晉文字編》第1016頁,《古文字譜系疏證》第2942頁,《戰國文字字形表》第951頁,《戰國古文字典:戰國文字聲系》第1209頁,《鉩文印典》第264頁。
④ 《出土戰國文獻字詞集釋》第7卷第3404頁,《戰國文字編》(修訂本)第462頁。
⑤ 《鉩文印典》第467頁。
⑥ 《燕文字編》第128頁,《古文字譜系疏證》第2944頁,《戰國古文字典:戰國文字聲系》第1205頁。
⑦ 《安徽大學藏戰國竹簡》(二)第129頁。
⑧ 《子彈庫帛書》第226頁。
⑨ 《古璽印圖典》第327頁,《出土戰國文獻字詞集釋》第14卷第7019頁,《古文字譜系疏證》第2943頁,《戰國文字編》(修訂本)第941頁,《戰國古文字典:戰國文字聲系》第1209頁。
⑩ 《清華大學藏戰國竹簡》(肆)第173頁,《戰國文字字形表》第1802頁,《戰國楚簡字義通釋》第712頁。
⑪ 《楚文字編》第67頁,《戰國文字字形表》第500頁。

戰國文字組件"隹"的搭配誤導在組件上也容易發生。例如"雚"字增口作🔲形（《璽彙》2269），依樣隸定為"𩂑"字①。"箟"字增口作🔲形（《郭店·魯穆》7），依樣隸定為"𥷚"字②。"雁"字增口作🔲形（《璽彙》1545），依樣隸定為"𪁉"字③。"癃"字增口作🔲形（《璽補》1059），依樣隸定為"癃"字④。"崔"字增口作🔲形（《璽彙》507），依樣隸定為"舊"字⑤。另外，🔲形（《璽彙》1355），復審原圖版可知摹釋為🔲形從而隸定為"𪈈"字⑥有誤，左側構件的中部並無勾廓。所以依樣隸定為"𪀜"字⑦，嚴式隸定為"𪀜"字。

值得一提的是，從蚰的🔲形（《侯馬》156：26）依樣隸定為"盒"字⑧，學界多從何琳儀認為此字是"蛤"字的繁化，又是"蝪"字的異體，並引《集韻》："蝪，蟹醢。或從舍。"⑨ 其說較為迂曲。本文將此處構件"口"視為飾符，嚴式隸定為"蛤"字。

三、隸定為"喜"的誤導搭配

表4　戰國文字隸定為"喜"的飾符"口"相關誤導搭配

寬式隸定	彭	鼙	鼛	鼓
嚴式隸定	彭	𪔛	𪔛	鼓
依樣隸定	彭	𪔛	𪔛𪔛	𪔒𪔒
字形	🔲	🔲	🔲	🔲
出處	《葛陵》甲三133	《包山》145	《清華陸·太甲》5	《安大一·詩經》3

戰國文字構形"壴"有時會增加組件"口"，對於今文字而言容易與構件"喜"相混淆。例如"彭"字增口作🔲形（《葛陵》甲三133），依樣隸定為"彭"字⑩。因為現代漢字"喜"常用作聲旁，所以依樣隸定"彭"乍看確實不易與"彭"字相聯繫而容易誤導釋讀。

---

① 《戰國文字字形表》第49頁。
② 《楚文字編》第283頁，《楚系簡帛文字編》（增訂本）第442頁，《楚簡帛通假彙釋》第145頁，《戰國楚簡字義通釋》第269頁。
③ 《鉨文印典》第579頁，《三晉文字編》第1393頁，《中國璽印類編》第315頁，《出土戰國文獻字詞集釋》第9卷第4705頁，《古文字譜系疏證》第2943頁，《戰國文字字形表》第1327頁，《戰國文字編》（修訂本）第636頁，《戰國古文字典：戰國文字聲系》第1209頁。
④ 《〈古璽彙編〉補編》第160頁。
⑤ 《戰國文字字形表》第507頁。
⑥ 《古文字譜系疏證》第2942頁，《〈古璽彙編〉補編》第263頁，《戰國古文字典：戰國文字聲系》第1209頁，《鉨文印典》第217頁。
⑦ 《戰國文字字形表》第1892頁，《三晉文字編》第1856頁。
⑧ 《古文字譜系疏證》第1493頁，《古璽印圖典》第278頁，《戰國文字編》（修訂本）第873頁，《戰國古文字典：戰國文字聲系》第535頁，《出土戰國文獻字詞集釋》第13卷第6642頁，《侯馬盟書文字編》第386頁，《侯馬盟書字表新編》第141頁，《春秋文字字形表》第571頁。
⑨ 《出土戰國文獻字詞集釋》第13卷第6642頁，《古文字譜系疏證》第1493頁，《古璽印圖典》第278頁，《侯馬盟書文字編》第386頁，《侯馬盟書字表新編》第141頁，《春秋文字字形表》第571頁，《戰國文字編》（修訂本）第873頁，《戰國古文字典：戰國文字聲系》第535頁。
⑩ 《新蔡葛陵楚簡文字編》第99頁。

因此，構件"壴"增口形成的構件"喜"，在嚴式隸定上需要還原為"壴"。所以，從卑聲的🔣形（《包山》145）依樣隸定為"諀"字①，嚴式隸定應為"諀"字，寬式隸定為"鼙"字。"諀"字見於後世字書，例如《集韻》："駢迷切，音枇。騎鼓也。與鼙同。"另外，整理者將🔣形（《清華陸・太甲》5）依樣隸定為"嚩"字②而不辭。單育辰指出所謂此字形右部實則從卑聲，所謂構件"專"實則是構件"卑"的上部與左部構件相類化，所以依樣隸定應改為"諀"字，辭例"諀靯"讀為"披甲"也很通順③。又有"鼓"字增口異體作🔣形（《安大一・詩經》3），依樣隸定為"嗀"字④，但辭例對應"鼓"字，下部構件"口"在今文字視為贅符。而且後世字書"嗀"字是"歊"的訛字，又《玉篇・支部》"嗀，戲也"與"鼓"字並無聯繫，所以此字嚴式隸定應為"鼓"字。

四、隸定為"各"的誤導搭配

表 5　戰國文字隸定為"各"的飾符"口"相關誤導搭配（上）

寬式隸定	徵	徵	懲	登	登	登	鼾
嚴式隸定	岃	詻	悇	迖	陉	陉	鼾
依樣隸定	峇峇唪	諮	悇	遝	陸	隉	髂
字形	🔣	🔣	🔣	🔣	🔣	🔣	🔣
出處	《上博四・采風》33	《包山》137 反	《璽彙》2984	《包山》128	《望山》2.50	《包山》5	《望山》2.53

　　戰國文字與構件"各"形近的搭配誤導非常多，例如"遣"字作🔣形（《清華拾貳・不韋》91），右下部構形搭配就形如"各"。有些形近構件"各"的搭配誤導成系統出現，例如楚文字構件"岃"相關構形。楚文字部件"岃"對應今文字"徵"字中間的構件，不同之處在於秦系文字用聲符"壬（在今文字後來訛變為王）"代替了楚文字的聲符"升"。楚系文字部件"岃"有時下增羨符"口"，例如🔣形（《上博四・采風》33）依樣隸定為"峇"字⑤或"唪"字⑥。

　　因為"徵"字《說文》古文作🔣形，依樣隸定為"嫩"字，所以有辭書將戰國文字

---

　　①　《出土戰國文獻字詞集釋》第 5 卷第 2519 頁，《包山楚墓文字全編》第 191 頁，《古文字譜系疏證》第 2092 頁，《楚文字編》第 302 頁，《楚系簡帛文字編》（增訂本）第 483 頁，《戰國文字字形表》第 657 頁，《戰國古文字典：戰國文字聲系》第 773 頁。
　　②　《清華大學藏戰國竹簡》（陸）第 177 頁。
　　③　《清華簡六〈鄭文公問太伯〉釋文商榷》，《出土文獻研究》第十六輯第 309 – 310 頁。
　　④　《安徽大學藏戰國竹簡》（一）第 242 頁，《出土戰國文獻字詞集釋》第 3 卷第 1749 頁，《春秋文字字形表》第 152、218 頁，《楚文字編》第 200 頁。
　　⑤　《上博藏戰國楚竹書字匯》第 320 頁，《楚簡帛通假彙釋》第 27 頁，《戰國文字字形表》第 1189 頁。
　　⑥　《出土戰國文獻字詞集釋》第 2 卷第 664 頁、第 8 卷第 4101 頁，《曾文字編》第 177 頁。

構件 "各" 全都依樣隸定為 "峇" 字①。但是，《說文》形的構件 "口" 也是羨符，左下部看似从各是類化訛變而來，其實與 "各" 並無音義聯繫。而且，楚文字从屰諸字更多情況下並不从口，因為認定字根是 "峇" 而將其一概隸定為 "峇" 字，與原字形實際構形不相吻合。這不僅加劇了釋讀難度，還容易造成誤導。

不从口的楚文字部件 "屰" 依樣隸定从峇，例如將从辵的遳形 (《包山》128) 隸定為 "遳" 字，將从言的誻形 (《包山》137 反) 隸定為 "誻" 字②，將从阜的陥形 (《望山》2.50) 隸定為 "陥" 字③，嚴式隸定其實都从屰。

值得一提的是，从心的愬形 (《璽彙》2984) 依樣隸定為 "愬" 字④，施謝捷釋為 "懲" 字可從⑤，所以本文認為其嚴式隸定為 "愬" 字。从鼎的鬺形 (《望山》2.53) 不从口也依樣隸定為 "鬺" 字⑥，而可與鬺形 (《集成》2215：蔡侯申鼎，春秋晚期) 對照，所以寬式隸定為 "鬺" 意為一種平底鼎沒有大的問題。而其因為聲旁是 "屰"，因此本文認為其嚴式隸定應作 "鬺" 字。从阜从止的陸形 (《包山》5) 並不从口而依樣隸定為 "陸" 字⑦，但戰國文字構件 "止" 向 "辵" 的轉換並非無條件，所以嚴式隸定仍為 "陸" 字⑧。

表6　戰國文字隸定為 "各" 的飾符 "口" 相關誤導搭配 (中)

寬式隸定	复	復	復	復	腹	輹
嚴式隸定	复	敱	逳	復	腹	輹
依樣隸定	㝈	㪔	遻	徭	膇	輵
字形	㝈	㪔	遻	徭	膇	輵
出處	《清華玖·命》1	《清華捌·邦政》7	《中山王鼎·集成》2840	《清華伍·厚父》6	《上博四·內禮》7	《清華拾·四時》29

戰國文字與構件 "各" 形近的搭配誤導在構件 "复" 上也容易產生。"復" 字相關諸字的誤導搭配，例如徭形 (《清華伍·厚父》6) 依樣隸定為 "徭" 字⑨；增加意符 "止" 作遻形 (《集成》2840：中山王鼎)，依樣隸定為 "遻" 字⑩；意符替換為攴的㪔形 (《清

　　① 《上博楚簡文字聲系》(一—八) 第 662 頁，《古文字譜系疏證》第 353 頁，《金文大字典》第 1779 頁，《戰國古文字典：戰國文字聲系》第 140 頁。
　　② 《古文字譜系疏證》第 354 頁，《戰國古文字典：戰國文字聲系》第 141 頁。
　　③ 《戰國古文字典：戰國文字聲系》第 141、1463 頁。
　　④ 《古文字譜系疏證》第 356 頁。
　　⑤ 《〈古璽彙編〉釋文校訂》1996 年修訂稿，《容庚先生百年誕辰紀念文集》第 644－651 頁。
　　⑥ 《戰國古文字典：戰國文字聲系》第 1463 頁。
　　⑦ 《古文字譜系疏證》第 355 頁。
　　⑧ 《出土戰國文獻字詞集釋》第 2 卷第 767 頁，《清華大學藏戰國竹簡》(玖) 第 271 頁，《楚文字編》第 827 頁，《楚系簡帛文字編》(增訂本) 第 1195 頁，《楚簡帛通假彙釋》第 27 頁，《戰國文字字形表》第 1976 頁。
　　⑨ 《清華大學藏戰國竹簡》(伍) 第 175 頁，《清華大學藏戰國竹簡》(拾) 第 168 頁，《清華大學藏戰國竹簡》(肆) 第 155 頁，《戰國文字字形表》第 241 頁，《春秋文字字形表》第 86 頁。
　　⑩ 《上海博物館藏戰國楚竹書 (一—五) 文字編》第 96 頁，《戰國文字字形表》第 240 頁，《春秋文字字形表》第 87 頁，《清華大學藏戰國竹簡》(陸) 第 159 頁，《清華大學藏戰國竹簡 (壹—叁) 文字編》第 53 頁，《楚文字編》第 118 頁，《楚系簡帛文字編》(增訂本) 第 180 頁，《戰國楚簡字義通釋》第 109 頁。

華捌 · 邦政》7），依樣隸定為 "歠" 字①，嚴式隸定為 "歠" 字，以上諸字寬式隸定均為 "復" 字。

　　其他 "复" 字相關諸字的誤導搭配，例如 ❖形（《清華玖 · 命》1），依樣隸定為 "昬" 字②，嚴式隸定為 "复" 字。"复" 字的《說文》小篆作 ❖形："行故道也。从夊，畐省聲。" 段注："彳部又有復，復行而夏廢矣。疑彳部之復乃後增也。" 从車的 ❖形（《清華拾 · 四時》29）依樣隸定為 "轀" 字③，嚴式隸定為 "輹" 字。从肉的 ❖形（《上博四 · 內禮》7）依樣隸定為 "膧" 字④，嚴式隸定為 "腹" 字。

表 7　戰國文字隸定為 "各" 的飾符 "口" 相關誤導搭配（下）

寬式隸定	退	後	後	後	後
嚴式隸定	逻	後	謱	遂	遂
依樣隸定	遏	徬	謱	遒	蹲
字形	❖	❖	❖	❖	❖
出處	《上博一 · 性情》27	《守丘刻石銘圖》19831	《葛陵》乙一 16	《陶錄》3.338.1	《璽圖》3747

　　戰國文字與構件 "各" 形近的搭配誤導在構件 "後" "退" 上也容易產生。例如今文字的 "退" 字是古文字 "逻" 字類化訛變而成，"退" 字《說文》古文 ❖即 "逻" 字古文："逻，亦古文退"，段注："古文从辵。今字多用古文，不用小篆。" 所以 "逻" 和 "退" 是古今字關係。戰國文字 "逻（退）" 有增加羨符 "口" 作 ❖形（《上博一 · 性情》27），依樣隸定為 "遏" 字⑤容易引起以為从曰从各的困擾，所以嚴式隸定去羨符仍為 "逻" 字。

　　"後" 字相關諸字誤導搭配，例如 ❖形（《銘圖》19831：守丘刻石），依樣隸定為 "徬" 字⑥；增止作 ❖形（《陶錄》3.338.1），依樣隸定為 "謱" 字⑦；增止的 ❖形（《璽圖》3747），徐暢誤將視為復合聲旁而隸定為 "蹲" 字⑧，其實以上諸字嚴式隸定均為

---

① 《清華大學藏戰國竹簡》（捌）第 186 頁。
② 《清華大學藏戰國竹簡》（玖）第 206 頁，《清華大學藏戰國竹簡》（拾）第 168 頁，《清華大學藏戰國竹簡（壹—叁）文字編》第 150 頁，《春秋文字字形表》第 88 頁。
③ 《清華大學藏戰國竹簡》（拾）第 226 頁。
④ 《戰國楚簡字義通釋》第 249 頁，《上海博物館藏戰國楚竹書（一—五）文字編》第 218 頁，《春秋文字字形表》第 184 頁，《戰國文字字形表》第 558 頁。
⑤ 《楚系簡帛文字編》（增訂本）第 181 頁，《楚文字編》第 119 頁，《戰國楚簡字義通釋》第 111 頁。
⑥ 《銘圖》第 35 卷第 459 頁。
⑦ 《曾文字編》第 35 頁，《楚文字編》第 119 頁，《楚系簡帛文字編》（增訂本）第 181 頁，《戰國文字字形表》第 245 頁，《戰國楚簡字義通釋》第 111 頁，《上海博物館藏戰國楚竹書（一—五）文字編》第 97 頁，《包山楚墓文字全編》第 83 頁，《春秋文字字形表》第 90 頁，《清華大學藏戰國竹簡》（拾）第 169 頁，《清華大學藏戰國竹簡》（捌）第 178 頁。
⑧ 《古璽印圖典》第 196 頁。

"遂"字。另外，從言的🔣形（《葛陵》乙一16）依樣隸定為"譗"字①，嚴式隸定為
"詨"字。對於其他與構件"各"形近的搭配誤導，在嚴式隸定都應省簡飾符"口"。

五、隸定為"冐"的誤導搭配

表8　戰國文字隸定為"冐"的飾符"口"相關誤導搭配

寬式隸定	禽	禽	禽	資	胸	朏
嚴式隸定	肎	肎	肎	脊	胐	朓
依樣隸定	肹	唅胎臉	肏	脊脊	冐	朏
字形	🔣	🔣	🔣	🔣	🔣	🔣
出處	《唐維寺》2	《望山》125	《上博二·容成》5	《陶錄》3.594.3	《璽彙》3225	《陶錄》3.600.4

戰國文字誤導搭配"冐"大量存在，例如"胸"字換位上下結構作🔣形（《璽彙》
3225）依樣隸定為"冐"字②。為了不與"冐"混同，曾有學者將🔣形（《陶錄》3.594.3）
依樣隸定改為"脊"字③。

誤導隸定"冐"對釋讀的誤導作用，例如🔣形（《唐維寺》2），趙曉斌依樣隸定為
"肹"字而讀為"今"④，但是原辭例釋為"因其今"不辭。蘇建洲指出此字用法與不帶口
的🔣形（《上博二·容成》5）相同。《容成氏》辭例為"肏（禽）獸朝"，所以《唐維寺》
的"因其禽"亦即《包山》的"因其常牲"⑤。此字嚴式隸定不為"肹"字，是為了避開
同形字帶來的誤導。"肹"字常見為"函"字，《說文》俗體🔣，《說文》："函，舌也。象
形。舌體弓。弓從弓，弓亦聲。肹，俗函從肉、今。"整理者將🔣形（《望山》125）依樣隸
定為"胎"字⑥。而因同形字的問題，學界在將其依樣隸定為"唅"字的時候釋為"函"
字異體字⑦。陳斯鵬為了區別而將其改隸定為"臉"字⑧，則增補稍多。

對於飾符"口"造成隸定為"冐"誤導的歸納，可以有助於相關材料的釋讀。例如🔣
形（《陶錄》3.600.4）學界以往依樣隸定為"朏"字⑨而無解。而由前文所舉例證之中的

---

① 《新蔡葛陵楚簡文字編》第58頁，《楚系簡帛文字編》（增訂本）第228頁，《楚簡帛通假彙釋》第148頁，
《戰國文字字形表》第332頁，《上博楚簡文字聲系》（一——八）第987頁，《出土戰國文獻字詞集釋》第3卷1388頁。
② 《中國璽印類編》第128頁，《齊文字編》第96頁，《齊魯文字編》第548頁，《戰國文字字形表》第581頁。
③ 《戰國文字字形表》第574頁。
④ 《荊州棗林鋪楚墓出土卜筮祭禱簡》，《簡帛》第19輯第21—28頁。
⑤ 《荊州唐維寺M126卜筮祭禱簡釋文補正》，武漢大學簡帛網，2020年1月14日，http：//www.bsm.org.cn/?
chujan/8216.html。
⑥ 《望山楚簡》第79頁。
⑦ 《楚文字編》第262、435頁，《楚系簡帛文字編》（增訂本）第666頁。
⑧ 《簡帛文獻與文學考論》第111、129頁注2。
⑨ 《古陶字錄》第336頁，《陶文字典》第249頁，《齊文字編》第248頁，《齊系文字編》第267頁，《齊魯文字
編》第1226頁，《戰國文字字形表》第1300頁。

飾符“口”大量與構件“肉”同出的情況，可以推斷此處的構件“口”也有可能是飾符，所以此字嚴式隸定可為“脤”字。

六、隸定為“嘼”的誤導搭配

表 9　戰國文字隸定為“嘼”的飾符“口”相關誤導搭配

寬式隸定	單	憚	幝	驒	鼉	戰	篖	獸
嚴式隸定	單	憚	幝	驒	鼉	戰	篖	獸
依樣隸定	嘼嘼嘼閵	嚲嚲㥜	㡐	驒	毛嘼	戰戰	篖	獸
字形	🖼	🖼	🖼	🖼	🖼	🖼	🖼	🖼
出處	《清華壹·尹至》5	《上博四·曹沫》34	《清華貳·繫年》117	《曾侯乙》185	《天星觀·遣策》	《清華陸·太甲》6	《安大二·仲尼》10	《清華捌·天下》1

　　戰國文字的構件“嘼”對應今文字構件“單”而非“嘼”。李零將“嘼”釋為“單”①，讀作《詩經·大雅·崧高》的“嘽嘽”，認為“嘽嘽”和“簡簡”意思相近，表示喜樂。陳劍從之，引裘錫圭《郭店·成之聞之》簡 22 按語“嘼在古文字中即單字繁文”，指出獨立的“嘼”字音義與“獸”無關②。另外，依樣隸定為嵌套的“閵”字和未嵌套的“嘼”字，嚴式隸定都為“單”字。

　　所以，戰國文字構件“單”附加飾符“口”之後，在嚴式隸定仍應改為“單”。例如從心的形（《上博四·曹沫》34）依樣隸定為不穿筆的“嚲”字③或穿筆的“㥜”字④都與原本字形不符，原字形並不從口，依樣隸定應為“嚲”字⑤，嚴式隸定仍為“憚”字。張政烺已經指出原辭例讀為“憚憚”，《大戴禮記·曾子立事》：“君子終身守此憚憚”，注：“憚憚，憂惶也。”⑥

　　另外，從巾的形（《清華貳·繫年》117），依樣隸定為“㡐”字⑦，嚴式隸定為“幝”字。從馬的形（《曾侯乙》185）依樣隸定為“驒”字⑧，嚴式隸定為“驒”字。

---

①《論東周時期的楚國典型銅器群》，《古文字研究》第 19 輯第 173–174 頁。
②《據郭店簡釋讀西周金文一例》，《北京大學古文獻研究中心集刊（二）》；又見《甲骨金文考釋論集》。
③《上博楚簡文字聲系》（一—八）第 3033 頁，《上博藏戰國楚竹書字匯》第 565 頁。
④《戰國楚簡字義通釋》第 580 頁。
⑤《清華大學藏戰國竹簡》（捌）第 222 頁，《戰國文字字形表》第 1492 頁，《戰國古文典：戰國文字聲系》第 1022 頁。
⑥《中山國胤嗣壺考釋》，《古文字研究》第 1 輯第 229 頁。
⑦《清華大學藏戰國竹簡（壹—叁）文字編》第 212 頁，《戰國文字字形表》第 1120 頁。
⑧《古文字譜系疏證》第 617 頁，《曾侯乙墓竹簡文字編》第 184 頁，《戰國文字字形表》第 1366 頁，《戰國文字編》第 660 頁，《戰國文字編》（修訂本）第 660 頁，《戰國古文典：戰國文字聲系》第 218 頁。

从戈的圖形（《清華陸·太甲》6），依樣隸定既有不穿筆的“戜”字①又有穿筆的“戜”字②，嚴式隸定都為“戰”字。从毛的圖形（《天星觀·遣策》）依樣隸定為“毟”字③，嚴式隸定為“鈤”字。从竹的圖形（《安大二·仲尼》10）依樣隸定為“簹”字④，嚴式隸定為“篅”字。

七、隸定為“唇”的誤導搭配

表 10　戰國文字隸定為“唇”的飾符“口”相關誤導搭配

嚴式隸定	辰	辰	晨	辱	晨
依樣隸定	唇	唇	屓	夏	晜
字形	（圖）	（圖）	（圖）	（圖）	（圖）
出處	《陳璋方壺集成》9703	《九店》56.23	《清華肆·筮法》49	《郭店·老乙》6	《清華叁·琴舞》8

戰國文字“辰”經常增加飾符“口”，依樣隸定為“唇”字⑤，但與後世“嘴唇”的“唇”字只是同形字關係，取義並不相關。从晨諸字也常會產生這樣的依樣隸定，例如傳抄古文“農”字異體替換从艸作圖形（四1.12 裴），依樣隸定為“蓎”字⑥，嚴式隸定為“莀”字；替換从林作圖形（四1.12 乂），依樣隸定為“檿”字⑦，嚴式隸定為“檿”字。

戰國文字與“唇”相關的誤導隸定，例如“晨”字增口作圖形（《清華肆·筮法》49）依樣隸定為“屓”字⑧，“晨”字增口作圖形（《清華叁·琴舞》8）依樣隸定為“晜”字⑨。其中誤導性較強的是圖形（《郭店·老乙》6）依樣隸定為“夏”字⑩，因為古文字偏旁“寸”原先多寫為“又”，加之飾符“口”的干擾，就依樣隸定的字形本身而言，不易將其與嚴式隸定的“辱”字相聯繫。

---

① 《上博楚簡文字聲系》（一—八）第3033頁，《上博藏戰國楚竹書字匯》第412頁，《金文形義通解》第2947頁，《新蔡葛陵楚簡文字編》第193頁，《楚文字編》第697頁，《楚系簡帛文字編》（增訂本）第1052頁，《楚簡帛通假彙釋》第116頁，《戰國文字字形表》第1704頁。

② 《清華大學藏戰國竹簡》（柒）第210頁，《清華大學藏戰國竹簡》（陸）第210頁，《清華大學藏戰國竹簡（壹—叁）文字編》第302頁，《戰國楚簡字義通釋》第667頁。

③ 《古文字譜系疏證》第617頁，《楚文字編》第517頁，《楚系簡帛文字編》（增訂本）第777頁，《戰國古文字典：戰國文字聲系》第218頁。

④ 《安徽大學藏戰國竹簡》（二）第148頁。

⑤ 《秦文字編》第229、643頁，《上海博物館藏戰國楚竹書（一—五）文字編》第62、648頁，《上博楚簡文字聲系》（一—八）第2537頁，《上博藏戰國楚竹書字匯》第289頁，《出土戰國文獻字詞集釋》第2卷第638頁、第14卷第7215頁。

⑥ 《汗簡注釋》第22、195頁，《古文異體關係整理與研究》第261頁，《傳抄古文綜合研究》第652頁。

⑦ 《古文異體關係整理與研究》第261頁，《傳抄古文綜合研究》第652頁。

⑧ 《清華大學藏戰國竹簡》（肆）第156頁，《戰國文字字形表》第368頁。

⑨ 《戰國楚簡字義通釋》第389頁。

⑩ 《戰國楚簡字義通釋》第790頁。

八、隸定為"含""吟"的誤導搭配

表 11　戰國文字隸定為"含""吟"的飾符"口"相關誤導搭配（上）

嚴式隸定	今	念	貪	㝁	袞
字形	〔字形〕	〔字形〕	〔字形〕	〔字形〕	〔字形〕
出處	《清華壹·保訓》3	《上博五·鬼神》7	《清華拾·治政》23	《包山》15	《上博五·三德》9
依樣隸定	吟含	念恔唫	賠貪貪	硈寭	裕袞袁裦
增加飾符字形	〔字形〕	〔字形〕	〔字形〕	〔字形〕	〔字形〕
出處	《上博六·莊王》7	《郭店·成之》2	《上博二·從甲》5	《清華拾貳·不韋》3	《上博五·姑成》6

　　戰國文字出現過大量"含"字和"吟"形搭配誤導，但用例基本是由"今"字增加飾符"口"而成，與後世"口含"的"含"字和"吟誦"的"吟"字只是同形字，《說文》："含，有嗛也。从口今聲。"《說文》："吟，呻也。从口今聲。"為了解決从今諸字贅旁"口"的安置問題，學界產生了"含""吟"兩種差別很大的依樣隸定。"念"字相關的誤導隸定問題，例如對於戰國文字从心从今从口的字形，同一個字有"念""恔""唫"三種差異巨大的依樣隸定。主流隸定為"念"字①，用法仍是"念"字。滕壬生將其依樣隸定為"恔"字②，但辭例基本用如"念"字，與傳世字書"恔"字如《集韻》"恔，呼含切，音崤，疏縱也"的"疏縱"義相去甚遠，二者只是同形字關係。《上博二·從甲》簡 15 的〔字形〕形，《戰國文字字形表》依樣隸定為"唫"字③，辭例為"毋暴、毋禓（虐）、毋惻（賊）、毋〔字形〕"，可知此字讀為"貪"，與"唫"字取義差異甚遠。《說文》："唫，口急也。从口念聲。《詩》曰：'民之方唫吪。'"此字仍應釋為"念"字的異體字。

　　"袞"字相關的誤導隸定問題，例如對於《上博五·姑成》簡 5 〔字形〕形、簡 6 〔字形〕形从衣从今从口的同一個字，整理者及雷黎明等依樣隸定為"袁"字④，白於藍等依樣隸定為"裕"字⑤，徐在國、劉信芳等依樣隸定為"袞"字⑥，後來又依樣隸定為"裦"字⑦，還有隸定為"衿"字⑧的。原字形並不複雜，如此繁多的依樣隸定根源在於贅旁"口"的位置。根

---

　　①　《古文字譜系疏證》第 3879 頁，《金文大字典》第 1846 頁，《清華大學藏戰國竹簡》（捌）第 173 頁，《郭店楚簡文字編》第 149 頁，《楚簡帛通假彙釋》第 36 頁，《戰國文字字形表》第 1458 頁，《戰國古文字典：戰國文字聲系》第 1389 頁，《戰國楚簡字義通釋》第 561 頁，《簡帛古書通假字大系》第 1382 頁。

　　②　《楚系簡帛文字編》（增訂本）第 926 頁。

　　③　《戰國文字字形表》第 852 頁。

　　④　《上海博物館藏戰國楚竹書》（五）第 245 頁，《戰國楚簡字義通釋》第 476 頁。

　　⑤　《簡帛古書通假字大系》第 1383 頁。

　　⑥　《上博藏戰國楚竹書字彙》第 665 頁，《楚簡帛通假彙釋》第 36 頁。

　　⑦　《上博楚簡文字聲系》（一—八）第 3149 頁，《戰國文字字形表》第 1200 頁。

　　⑧　《上博藏戰國楚竹書字彙》第 664 頁，《上博楚簡文字聲系》（一—八）第 3149 頁。

據前文所言對贅旁"口"的省略，此字嚴式隸定應為"衾"字。"宨"字相關的誤導隸定問題，例如對於🔲形（《包山》15 背），何琳儀、徐在國等依樣隸定為"客"字①，滕壬生、李守奎等依樣隸定為"宨"字②。去掉飾符"口"之後嚴式隸定應為"宨"字。

"貪"字的隸定例如對於《上博二·從甲》簡 5 的🔲形，雷黎明依樣隸定為"貪"字③，《戰國文字字形表》依樣隸定為不成字的"貪"字④，滕壬生、劉信芳等依樣隸定為"賧"字⑤，而"賧"字見於傳世字書如《龍龕》音含。但由辭例"事則🔲"可知其用法仍為"貪"字，嚴式隸定沒有必要加入新的同形字，所以省去贅旁"口"嚴式隸定為"貪"字。

表 12　戰國文字隸定為"含""吟"的飾符"口"相關誤導搭配（下）

寬式隸定	陰	陰	陰	紟	禽
嚴式隸定	佥	霒	吟	韐	胗
依樣隸定	佥	霒	含唅	韐	唷胎
字形	🔲	🔲	🔲	🔲	🔲
出處	《清華壹·保訓》6	《九店》56.33	《九店》56.29	《安大一·詩經》45	《望山》1.125

戰國文字還有其他"含""吟"相關誤導搭配的隸定問題。例如从日从云的🔲形（《九店》56.33），依樣隸定為"霒"字⑥，嚴式隸定為"霒"字，寬式隸定為"陰"字。《說文》："霒，雲覆日也。从雲今聲。佥，古文或省。"段注："今人'陰陽'字小篆作'霒昜'。"

另外，从日的🔲形（《九店》56.29），依樣隸定為"含"字⑦，嚴式隸定為"吟"字。又如从韋的🔲形（《安大一·詩經》45），依樣隸定為"韐"字⑧，嚴式隸定為"韐"字，寬式隸定替換意符"糸"為"紟"字。从肉的🔲形（《望山》1.125），依樣隸定為"唷"字⑨或"胎"字⑩，嚴式隸定為"胗"字。

---

① 《戰國古文字典：戰國文字聲系》第 1389 頁，《戰國文字字形表》第 1051 頁。
② 《楚系簡帛文字編》（增訂本）第 696 頁，《楚文字編》第 461 頁。
③ 《戰國楚簡字義通釋》第 365 頁。
④ 《戰國文字字形表》第 852 頁。
⑤ 《楚系簡帛文字編》（增訂本）第 611 頁，《楚簡帛通假彙釋》第 37 頁。
⑥ 《九店楚簡文字編》第 45 頁，《楚系簡帛文字編》（增訂本）第 1190 頁。
⑦ 《簡帛古書通假字大系》第 1382 頁，《楚簡帛通假彙釋》第 37 頁，《戰國文字字形表》第 1609 頁。
⑧ 《安徽大學藏戰國竹簡》（一）第 246 頁。
⑨ 《楚系簡帛文字編》（增訂本）第 666 頁，《楚文字編》第 262、435 頁。
⑩ 《戰國文字字形表》第 1989 頁。

九、隸定為"員"的誤導搭配

表 13　戰國文字隸定為"員"的飾符"口"相關誤導搭配

嚴式隸定	賤	具	寱	賊	賏
依樣隸定	賤	鼻	寱	賦	賀
字形	𤖻	𡊉	𤖼	𤖽	𤖾
出處	《清華叁·良臣》7	《上博七·凡甲》23	《清華拾·四時》10	《溫縣》T1K1：1961	《清華拾貳·不韋》18

　　古文字"員"本來从○不从口，因為鼎口多為圓形，將鼎口的橫截面和鼎一併展示，以會圓形之意。但在類化以後"員"字改从口，與形旁"貝"之上附加的飾符"口"容易混淆，由是產生了容易誤導為"員"的隸定。例如"賊"字異構增加飾符"口"作𤖽形（《溫縣》T1K1：1961），依樣隸定為"賦"字①。又如"具"字增加飾符"口"作𡊉形（《上博七·凡甲》23），依樣隸定為"鼻"字②。值得注意的是，王挺斌來信指出有時附加飾符"口"訛變為其他框架，例如𤖻形（《清華叁·良臣》7）左上部更像○形。

十、隸定為"舍"的誤導搭配

表 14　戰國文字隸定為"舍"的飾符"口"相關誤導搭配（上）

嚴式隸定	余	悆	馀	涂	敘	諭
依樣隸定	舍舍	惪惪	䣆䣆	湁湁	敆敆	諂諂
字形	𤔔	𤔕	𤔖	𤔗	𤔘	𤔙
出處	《清華伍·三壽》27	《包山》5	《清華壹·楚居》16	《上博二·容成》25	《清華伍·厚父》4	《上博六·用曰》10

　　戰國文字構件"余"經常在下部附加飾符"口"，但是並不表示後世"屋舍"的"舍"字。戰國文字的"余"和"舍"之間更多是同形字關係。而且這類現象會帶來依樣隸定為"舍"字③還是"舍"字④的問題。

---

① 《出土戰國文獻字詞集釋》第 12 卷第 6243 頁，《春秋文字字形表》第 537 頁，《戰國文字字形表》第 1703 頁。

② 《戰國文字字形表》第 357 頁。

③ 《清華大學藏戰國竹簡（壹—叁）文字編》第 28、36、143 頁，《曾文字編》第 21 頁，《楚文字編》第 320 頁，《楚系簡帛文字編》（增訂本）第 510 頁，《楚簡帛通假彙釋》第 201 頁，《戰國文字字形表》第 696 頁。

④ 《陶文字典》第 127 頁，《清華大學藏戰國竹簡（壹—叁）文字編》第 143 頁，《郭店楚簡文字編》第 89 頁。

　　例如從心的▢形（《包山》5），依樣隸定為“念”字①或“念”字②，嚴式隸定為“念”字。從水的▢形（《上博二·容成》25），依樣隸定為“涂”字③或“涂”字④，嚴式隸定為“涂”字。從攴的▢形（《清華伍·厚父》4），依樣隸定為“敔”字⑤或“敔”字⑥，嚴式隸定為“敘”字。從巫的▢形（《清華壹·楚居》16），依樣隸定為“醯”字⑦或“醯”⑧，嚴式隸定為“醶”字。從言的▢形（《上博六·用曰》10），依樣隸定為“諂”字⑨或“諂”字⑩，嚴式隸定為“諒”字。

表 15　戰國文字隸定為“舍”的飾符“口”相關誤導搭配（下）

嚴式隸定	茶	郤	蜍	龜	絓
依樣隸定	荅	郤	蛤蝓	龜龜	絝
字形	▢	▢	▢	▢	▢
出處	《天星觀·卜筮》	《十鐘》3.61 下	《侯馬》156∶26	《葛陵》甲一 25	《璽彙》2307

　　還有一些增加了飾符“口”的戰國文字構件“余”，學界目前只將其依樣隸定為“舍”字而非“舍”字。例如從艸的▢形（《天星觀·卜筮》），依樣隸定為“荅”字⑪，嚴式隸定為“茶”字。從龜的▢形（《葛陵》甲一 25），依樣隸定為“龜”字⑫或“龜”字⑬，嚴式隸定為“龜”字。從邑的▢形（《十鐘》3.61 下），依樣隸定為“郤”字⑭，嚴式隸定為“郤”字。從系的▢形（《璽彙》2307），依樣隸定為“絝”字⑮，嚴式隸定為“絓”字。

---

　　① 《古籀彙編》第 348 頁，《三晉文字編》第 1565 頁，《中國璽印類編》第 358 頁，《出土戰國文獻字詞集釋》第 10 卷第 5399 頁，《古璽印圖典》第 327、440 頁，《戰國文字字形表》第 1474 頁，《戰國古文字典：戰國文字聲系》第 534 頁。

　　② 《包山楚墓文字全編》第 404 頁。

　　③ 《戰國秦漢簡帛古書通假字彙纂》第 194 頁，《簡帛古書通假字大系》第 292 頁。

　　④ 《上海博物館藏戰國楚竹書（一—五）文字編》第 504 頁，《上博楚簡文字聲系》（一—八）第 1413 頁，《上博藏戰國楚竹書字匯》第 471 頁，《出土戰國文獻字詞集釋》第 11 卷第 5609 頁，《古文字通假字典》第 118 頁，《楚系簡帛文字編》（增訂本）第 950 頁，《楚簡帛通假彙釋》第 203 頁，《戰國楚簡字義通釋》第 601 頁。

　　⑤ 《上博楚簡文字聲系》（一—八）第 1413 頁，《古文字通假字典》第 108 頁，《古文字譜系疏證》第 1493 頁，《戰國古文字典：戰國文字聲系》第 534 頁，《簡帛古書通假字大系》第 293 頁。

　　⑥ 《子彈庫帛書》第 188 頁，《出土戰國文獻字詞集釋》第 3 卷第 1768 頁，《古文字詁林》第 11 卷第 592 頁，《清華大學藏戰國竹簡》（伍）第 182 頁，《楚文字編》第 202 頁，《上海博物館藏戰國楚竹書（一—五）文字編》第 174 頁，《楚系簡帛文字編》（增訂本）第 313 頁，《楚帛書詁林》第 283 頁，《楚簡帛通假彙釋》第 203 頁，《戰國時代各系文字間的用字差異現象研究》第 200 頁。

　　⑦ 《戰國文字字形表》第 640 頁。

　　⑧ 《清華大學藏戰國竹簡》（壹）第 220 頁，《清華大學藏戰國竹簡（壹—叁）文字編》第 126 頁，《戰國文字字形表》第 641 頁，《簡帛古書通假字大系》第 284 頁。

　　⑨ 《出土戰國文獻字詞集釋》第 3 卷第 1398 頁。

　　⑩ 《上博楚簡文字聲系》（一—八）第 1412 頁，《上博藏戰國楚竹書字匯》第 766 頁，《楚簡帛通假彙釋》第 203 頁，《戰國文字字形表》第 335 頁，《戰國楚簡字義通釋》第 154 頁。

　　⑪ 《楚系簡帛文字編》（增訂本）第 70 頁。

　　⑫ 《戰國文字字形表》第 1820 頁，《楚系簡帛文字編》（增訂本）第 1117 頁。

　　⑬ 《楚簡帛通假彙釋》第 203 頁。

　　⑭ 《戰國文字編》（修訂本）第 425 頁，《戰國文字字形表》第 893 頁，《戰國古文字典：戰國文字聲系》第 535 頁。

　　⑮ 《三晉文字編》第 1770 頁，《中國璽印類編》第 424 頁，《出土戰國文獻字詞集釋》第 13 卷第 6532 頁，《古文字譜系疏證》第 1494 頁，《古璽印圖典》第 338 頁，《戰國文字字形表》第 1797 頁，《戰國文字編》（修訂本）第 859 頁。

值得一提的是，從虫的 🔣 形（《侯馬》156：26）依樣隸定為"盒"字①，學界多從何琳儀認為此字是"蛤"字的繁化，又是"蝤"字的異體，並引《集韻》："蝤，蟹醢。或從舍。"② 其說較為迂曲。本文將此處構件"口"視為飾符，嚴式隸定為"蜍"字。

十一、結語

以上歸納了戰國文字飾符"口"系統造成的常見誤導隸定。這類問題其實還有不少，更多情況下羨增的構件"口"相對今文字是贅符，容易誤導隸定，例如從門的 🔣 形（《葛陵》甲三134、108）依樣隸定為"閆"字③，實則跟"問"字並無關係。又如"本"字作 🔣 形（《包山》95）依樣隸定為"哑"字④或"杏"字⑤。又如"咸"字中部增加飾符"口"作 🔣 形（《清華捌·邦政》11），依樣隸定為"感"字⑥。整理者已由辭例"無感無章（彰）"將"感"字釋為"滅"，由此可知此字與"咸"字並無音義聯繫，在嚴式隸定應去除飾符"口"。所以 🔣 形依樣隸定為"感"字，嚴式隸定為"咸"字，寬式隸定為"滅"字。春秋金文例如"初"字中部增加飾符"口"作 🔣 形（《銘圖》15186：鍾離君柏鐘），由辭例"正月初吉丁亥"可知釋為"初"字沒有問題。但有依樣隸定為"剋"字⑦，此字與"哀"字並無音義聯繫，依樣隸定容易誤導讀者的理解。綜上所述，戰國文字研究要結合篇章辭例加以綜合分析，不能貿然"照葫蘆畫瓢"將裝飾構件也納入隸定。

附記：本文部分內容曾在中國文字學會第十一屆學術年會宣讀，承蒙劉洪濤、王挺斌等師友及審稿專家提出寶貴建議，在此謹致謝忱。

參考文獻

［1］安徽大學漢字發展與應用研究中心編，黃德寬、徐在國主編：《安徽大學藏戰國竹簡》（一），上海：中西書局 2019 年版。

［2］安徽大學漢字發展與應用研究中心編，黃德寬、徐在國主編：《安徽大學藏戰國竹簡》（二），上海：中西書局 2022 年版。

［3］白於藍編著：《簡帛古書通假字大系》，福州：福建人民出版社 2017 年版。

---

① 《古文字譜系疏證》第 1493 頁，《古璽印圖典》第 278 頁，《戰國文字編》（修訂本）第 873 頁，《戰國古文字典：戰國文字聲系》第 535 頁，《出土戰國文獻字詞集釋》第 13 卷第 6642 頁，《侯馬盟書文字編》第 386 頁，《侯馬盟書字表新編》第 141 頁，《春秋文字字形表》第 571 頁。

② 《出土戰國文獻字詞集釋》第 13 卷第 6642 頁，《古文字譜系疏證》第 1493 頁，《古璽印圖典》第 278 頁，《侯馬盟書文字編》第 386 頁，《侯馬盟書字表新編》第 141 頁，《春秋文字字形表》第 571 頁，《戰國文字編》（修訂本）第 873 頁，《戰國古文字典：戰國文字聲系》第 535 頁。

③ 《新蔡葛陵楚簡文字編》第 190 頁，《出土戰國文獻字詞集釋》第 12 卷第 6062 頁。

④ 《楚系簡帛文字編》（增訂本）第 125 頁，《戰國古文字典：戰國文字聲系》第 1360 頁。

⑤ 《包山楚簡解詁》第 91 頁，《楚文字編》第 340 頁。

⑥ 《清華大學藏戰國竹簡》（捌）第 218 頁。

⑦ 《金文形義通解訂補》（上編）第 262 頁，《春秋文字字形表》第 190 頁。

［4］白於藍編著：《戰國秦漢簡帛古書通假字彙纂》，福州：福建人民出版社 2012 年版。

［5］戴家祥主編：《金文大字典》，上海：學林出版社 1995 年版。

［6］高明、涂白奎編著：《古陶字錄》，上海：上海古籍出版社 2014 年版。

［7］何琳儀：《戰國古文字典：戰國文字聲系》，北京：中華書局 1998 年版。

［8］黃德寬主編：《古文字譜系疏證》，北京：商務印書館 2007 年版。

［9］黃德寬主編，清華大學出土文獻研究與保護中心編：《清華大學藏戰國竹簡》（玖），上海：中西書局 2019 年版。

［10］黃德寬主編，清華大學出土文獻研究與保護中心編：《清華大學藏戰國竹簡》（拾），上海：中西書局 2020 年版。

［11］黃錫全：《汗簡注釋》，武漢：武漢大學出版社 1990 年版。

［12］鞠煥文：《金文形義通解訂補》（上編），東北師範大學博士學位論文，2014 年。

［13］雷黎明：《戰國楚簡字義通釋》，上海：上海古籍出版社 2020 年版。

［14］李春桃：《傳抄古文綜合研究》，上海：上海古籍出版社 2017 年版。

［15］李春桃：《古文異體關係整理與研究》，北京：中華書局 2016 年版。

［16］李零：《子彈庫帛書》，北京：文物出版社 2017 年版。

［17］李守奎編著：《楚文字編》，上海：華東師範大學出版社 2003 年版。

［18］李守奎、賈連翔、馬楠編著：《包山楚墓文字全編》，上海：上海古籍出版社 2012 年版。

［19］李守奎、曲冰、孫偉龍編著：《上海博物館藏戰國楚竹書（一—五）文字編》，北京：作家出版社 2007 年版。

［20］李學勤主編，清華大學出土文獻研究與保護中心編：《清華大學藏戰國竹簡》（肆），上海：中西書局 2013 年版。

［21］李學勤主編，清華大學出土文獻研究與保護中心編：《清華大學藏戰國竹簡》（陸），上海：中西書局 2016 年版。

［22］李學勤主編，清華大學出土文獻研究與保護中心編：《清華大學藏戰國竹簡》（柒），上海：中西書局 2017 年版。

［23］李學勤主編，清華大學出土文獻研究與保護中心編：《清華大學藏戰國竹簡》（捌），上海：中西書局 2018 年版。

［24］李學勤主編，沈建華、賈連翔編：《清華大學藏戰國竹簡（壹—叁）文字編》，上海：中西書局 2014 年版。

［25］劉信芳編著：《楚簡帛通假彙釋》，北京：高等教育出版社 2011 年版。

［26］馬承源主編：《上海博物館藏戰國楚竹書》（五），上海：上海古籍出版社 2005 年版。

［27］莫小不、江吟編：《鉨文印典》，杭州：西泠印社出版社 2020 年版。

［28］饒宗頤主編：《上博藏戰國楚竹書字匯》，合肥：安徽大學出版社 2012 年版。

［29］孫剛編纂：《齊文字編》，福州：福建人民出版社 2010 年版。

［30］孫啟燦：《曾文字編》，吉林大學碩士學位論文，2016 年。

［31］湯餘惠主編，賴炳偉副主編，徐在國、吳良寶編纂：《戰國文字編》（修訂本），福州：福建人民出版社 2015 年版。

［32］湯志彪編著：《三晉文字編》，北京：作家出版社 2013 年版。

［33］滕壬生：《楚系簡帛文字編》（增訂本），武漢：湖北教育出版社 2008 年版。

［34］王愛民：《燕文字編》，吉林大學碩士學位論文，2010 年。

［35］王恩田編著：《陶文字典》，濟南：齊魯書社 2007 年版。

［36］王輝主編，楊宗兵、彭文、蔣文孝編著：《秦文字編》，北京：中華書局 2015 年版。

［37］吳國昇編著：《春秋文字字形表》，上海：上海古籍出版社 2017 年版。

［38］小林斗盦編，周培彥譯：《中國璽印類編》，天津：天津人民美術出版社 2004 年版。

［39］徐暢編著：《古璽印圖典》，天津：天津人民美術出版社 2016 年版。

［40］徐在國：《上博楚簡文字聲系》（一—八），合肥：安徽大學出版社 2013 年版。

［41］徐在國、程燕、張振謙編著：《戰國文字字形表》，上海：上海古籍出版社 2017 年版。

［42］伊沛霞、姚平主編，陳致本卷主編：《當代西方漢學研究集萃》（上古史卷），上海：上海古籍出版社 2012 年版。

［43］曾憲通、陳偉武主編：《出土戰國文獻字詞集釋》，北京：中華書局 2019 年版。

［44］張道升：《侯馬盟書文字編》，合肥：黃山書社 2017 年版。

［45］張光裕、黃錫全、滕壬生主編：《曾侯乙墓竹簡文字編》，臺北：藝文印書館 1997 年版。

［46］張守中：《侯馬盟書字表新編》，北京：文物出版社 2017 年版。

［47］張守中、張小滄、郝建文撰集：《郭店楚簡文字編》，北京：文物出版社 2000 年版。

［48］張新俊、張勝波編著：《新蔡葛陵楚簡文字編》，成都：巴蜀書社 2008 年版。

［49］張振謙編著：《齊魯文字編》，北京：學苑出版社 2014 年版。

［50］周波：《戰國時代各系文字間的用字差異現象研究》，北京：綫裝書局 2012 年版。

Misleading Collocation of "*Kou*"（口）in the Warring States Characters

Zhu Xuebin

Abstract：It can be concluded that a series of Warring States characters collocation glyphs will mislead researchers, such as "*ke*"（可），"*shou*"（售），"*wei*"（唯），"*xi*"（喜），"*ge*"（各），"*yuan*"（肙），"*chu*"（嘼），"*chun*"（脣），"*han*"（含），"*yin*"（吟），"*yuan*"（員），"*she*"（舍）and so on. By summarizing these misleading combinations, researchers can solve a series of related problems.

Key words：Warring States characters, transcription, homographic characters

（華東師範大學中文系）

上博八《李頌》"丨"字釋讀補說[*]

王　涵

提　要　關於上博八《李頌》"寣（侵）剀（毀）丨可（分）"之"丨"字，學界有"針"字初文說、"杖"字初文說、"及"字古文說、"璋"字初文說四種觀點，分析諸家異說，此字應是"針"字象形初文，在《李頌》中讀為"殄"，訓為"盡"。

關鍵詞　楚簡　上博簡　李頌　丨

上博八《李頌》是出土的楚辭體作品，原整理者曹錦炎先生認為歌詠主題是"李"，命名為《李頌》，該篇實與李無涉，而是以桐為歌詠主體，託物言志，以桐不與荆棘同類、傲然生長之姿來比擬君子。賦中有"蹦（亂）本曾（層）枳（枝），寣（侵）剀（毀）丨可（分）"句，其中"丨"字並非在楚簡中首見，關於此字應如何釋讀，爭議頗多。本文擬對《李頌》中"丨"字的釋讀問題作一討論。為便於討論，先錄出經筆者校訂的《李頌》（《桐頌》）部分釋文：

> 槾（相）虞（吾）官查（樹），桐虞（且）忌（怡）可（分）。剗出（摶）外罠（疏）宋（中），眾木之紹（紀）可（分）。旓（晉）旮（冬）之旨（祁）倉〈寒〉，杲（燥）亓方蓉（落）可（分）。曌（鳳）鳥之所寒（集），玘時（時）而俊（作）可（分）。木斯蜀（獨）生，秦（榛）枊（棘）之闢（間）可（分）。旡〈丞〉植兼〈束，速〉成，砈（厚）亓（其）不還可（分）。深利（庚）【簡1正】开（堅）豆（豎），夼（夼，剛）亓（其）不式（貳）可（分）。蹦（亂）本曾（層）枳（枝），寣（侵）剀（毀）丨可（分）。

一、以往諸家舊說

"丨"書寫簡單，所以學者在考釋此字時幾乎都從象形初文入手，"丨"究竟是哪個字的象形初文，有四種說法：

（一）"針"字初文說

"丨"字首見於郭店《緇衣》，裘錫圭先生提出"丨"是"針"字象形初文的觀點，學

---

* 本文是國家社科基金重點項目"出土戰國文獻匯釋今譯暨數據庫建設"（項目編號：17AYY014）的階段性成果。

者多從之。郭店簡《緇衣》“出言又（有）丨，利（黎）民所𧤛”，裘錫圭（2003）指出“丨”即甲骨文“桼”旁所從的上部，當為“針”之象形初文，楚簡用為“慎”字的聲旁。①

在認為“丨”是“針”象形初文的基礎上，《李頌》此字應如何破讀、作何意理解，又有七種觀點。曹錦炎先生據上博簡《凡物流形》“天下亡不又丨（章）”，將《李頌》此字也讀為“章”。《史記·貨殖列傳》：“水居千石魚陂，山居千章之材。”裴駰《集解》引如淳曰：“章，大材也。”② 復旦吉大古文字專業研究生聯合讀書會（2011）認為“丨”應為陽部韻，《李頌》讀“彰”。“丨”在楚簡中出現多次，皆不能準確釋出，可能是表示缺字的符號。③ “章”“彰”是古今字的關係，出土文獻中“章”多可讀為“彰”，訓為“明”。曹錦炎先生在上博八整理報告中將“章”訓為“大木材”，非文獻中“章”的常用義，至於《李頌》“章”是否可理解為“大木材”，指代桐樹，詳見下文。

鄔可晶（2011）認為“丨”即《說文·一上·丨部》“引而上行讀若囟”的“丨”，“讀若囟”則屬真部，與其上句“剛其不貳”的脂部字“貳”正可押韻（脂、真陰陽對轉）。④ 黃浩波（2011）認為“丨”的本義是草木初生的莖桿生長直上之貌。⑤

季旭昇（2013）從裘錫圭說，將“丨”視為“針”的初文，在楚文字中作真部字“慎”的聲符，《說文》讀為“囟”，本篇與脂部的“貳”叶韻，讀為“損”。“慎”，時刃切，禪紐真部；“囟”，息晉切，心紐真部；“損”，蘇本切，心紐文部。三字上古聲紐相同或旁紐，韻為真文旁轉，真文二部主要元音相近，典籍互叶最多。⑥

王寧（2011A）認為“丨”應讀為“絢”，“絢”古音真部，與上句脂部之“弍”為韻（脂真對轉）。“絢”本來是五采成文，這裏指桐樹的美好之質，言亂木層枝來侵害桐樹的美質。⑦ 王寧（2011B）又改讀為“次”，次第、次序。⑧

林清源（2018）將“丨”讀為“殪”，訓為“死”。林謂簡文大意是說桐樹身處榛棘雜木之中，長期受其亂根層枝糾纏遮蔽，遲早恐有遭其毀殺的危險。⑨

（二）“杖”字初文說

俞紹宏、白雯雯（2018）將“丨”釋為“杖”字象形初文，依形隸為“丨”（與《說

---

① 裘錫圭：《釋郭店〈緇衣〉“出言有丨，黎民所𧤛”：兼說“丨”為“針”之初文》，荊門郭店楚簡研究（國際）中心編：《古墓新知：紀念郭店楚簡出土十週年論文專輯》，香港：國際炎黃文化出版社 2003 年版，第 1 - 8 頁。又見氏著《裘錫圭學術文集》（第二卷　簡牘帛書卷），上海：復旦大學出版社 2012 年版，第 388 - 393 頁。

② 馬承源主編：《上海博物館藏戰國楚竹書》（八），上海：上海古籍出版社 2011 年版。

③ 復旦吉大古文字專業研究生聯合讀書會：《上博八〈李頌〉校讀》，復旦大學出土文獻與古文字研究中心網站，http：//fdgwz. org. cn/Web/Show/1596，2011 年 7 月 17 日。

④ 鄔可晶在復旦吉大古文字專業研究生聯合讀書會上的《上博八〈李頌〉校讀》文後評論，復旦大學出土文獻與古文字研究中心網站，http：//fdgwz. org. cn/Web/Show/1596，2011 年 7 月 17 日。

⑤ 黃浩波：《讀上博八〈杍頌〉札記》，簡帛網，http：//www. bsm. org. cn/？ chujian/5729. html，2011 年 8 月 23 日。

⑥ 季旭昇：《〈上海博物館藏戰國楚竹書（八）桐頌〉考釋》，《“中央研究院”歷史語言研究所集刊》（第八十四本第四分），2013 年，第 651 - 693 頁。

⑦ 王寧：《〈上博八·李頌〉閑詁》，簡帛網，http：//www. bsm. org. cn/？ chujian/5731. html，2011 年 8 月 29 日。

⑧ 王寧：《再釋楚簡中的“丨”字》，復旦大學出土文獻與古文字研究中心網站，http：//fdgwz. org. cn/Web/Show/1640，2011 年 9 月 7 日。

⑨ 林清源：《讀上博八〈李頌（桐頌）〉》，《“中央研究院”歷史語言研究所集刊》（第八十九本第一分），2018 年，第 1 - 45 頁。

文》訓為"上下通也"的"丨"非一字）。《李頌》"丨"字讀為"彰"，與其後屬東部的
"容""同"合韻，其義為明、盛、烈等；或讀為"張"，《詩經·大雅·韓弈》"四牡奕
奕，孔修且張"，毛傳："張，大也。"①

（三）"及"字古文說

顧史考（2012）持此說，《李頌》每章四句以 ABCB 為式，韻腳一律在"可（兮）"字
前，各韻押得非常嚴整。"弌"與"丨"應是同部字，"弌"讀為"忒"，"丨"讀為"極"，
正疊韻。"極"形容虧損程度之甚。② 顧說與楊澤生舊說相合，楊澤生（2004）認為郭店簡
《緇衣》"出言又（有）丨"之"丨"應讀為"及"，《說文》古文"及"作"乁"。③

（四）"璋"字初文說

范常喜（2013）認為"丨"可能是"璋"字象形初文，也可能源於當時寫於文末的標
識符號。簡文讀為"章""彰"皆可，其義為"明""盛""烈"。④ 范說與陳高志（1999）
舊說相合。陳高志（1999）在討論郭店簡《緇衣》"出言又（有）丨，利（黎）民所𣃸"
時，認為"丨"是"璋"字初文，陳云："凡名為'璋'之物，其上方一側均作斜角
狀，……由圖形並結合傳統訓詁說解，可知'丨'是'璋'象形初文。此字或許是書寫者
為求便捷的手法，將'戰國時玉璋大為盛行'之物，信手繪畫而出。"⑤ 周鳳五（1999）也
認為"丨"是玉璋省體之形。⑥

在以上幾種觀點中，我們首先不贊成"丨"是符號的觀點，楚簡所見"丨"皆佔了一
字的書寫位置，不似楚簡中的標點符號，後者常附着在上一字末尾。且"丨"都有實際的
表意作用，因此不宜當作符號處理。

將"丨"看作"及"字古文，楚簡中"丨"幾乎都是垂直豎筆，上端由左側起筆，因
而有一個小的斜角，和"及"字古文"乁"有較大差異。如果因此將它和"及"字古文釋
為一體，則犯了簡單的以形臆測的毛病。此觀點蘇建洲（2006）也已駁之：楊澤生
（2004）文原是其博士學位論文的一部分，寫作時未見上博二《容成氏》的字形。如果郭
店簡《緇衣》"丨"釋為"及"，同簡的"𣃸"不知該如何解釋。⑦

關於"省體象形"說，認為"丨"是"璋"字象形初文也值得商榷。馮勝君（2002）
云："裘錫圭早就指出'象形字幾乎都出現的很早'（《文字學概要》第 120 頁）。所以在戰

---

① 俞紹宏、白雯雯：《楚簡中的"丨"字補說》，《文獻》2018 年第 3 期，第 14-23 頁。
② 顧史考：《楚簡"乁（及）"字文例試解》，中國古文字研究會、復旦大學出土文獻與古文字研究中心編：《古文字研究》（第二十九輯），北京：中華書局 2012 年版，第 621-632 頁。
③ 楊澤生：《孔壁竹書的文字國別》，《中國典籍與文化》2004 年第 1 期，第 77 頁。
④ 范常喜：《〈上博六·用曰〉札記三則》，復旦大學出土文獻與古文字研究中心網站，http://fdgwz. org. cn/Wed/Show/2077，2013 年 6 月 24 日。
⑤ 陳高志：《〈郭店楚墓竹簡·緇衣篇〉部分文字隸定檢討》，編輯委員會編：《張以仁先生七秩壽慶論文集》，臺北：學生書局 1999 年版，第 365-366 頁。
⑥ 周鳳五：《郭店楚簡識字札記》，編輯委員會編：《張以仁先生七秩壽慶論文集》，臺北：學生書局 1999 年版，第 352 頁。
⑦ 蘇建洲：《上海博物館藏戰國楚竹書（二）校釋》，臺北：花木蘭文化出版社 2006 年版。

國文字中，幾乎沒有產生新的'省體象形'字的可能。"① "璋"從玉、章聲，古文字材料所見的"璋"字多從玉，如"璋"（《子璋鐘》，《集成》114）、"璋"（《陳璋方壺》，《集成》9703），將"丨"看作"璋"字的象形初文不可信。

俞紹宏、白雯雯（2018）認為"丨"不是"針"的象形初文，因為"針"是侵部字，與《詩》韻不合，其實裘先生已指明楚簡中"丨"可用作真部字的聲符。我們認為"丨"字應依裘錫圭（2003），解為"針"字象形初文，各本情況不一，如何破讀要根據具體的語言環境來確定。

二、出土戰國文獻中所見"丨"字探討

"丨"字並非只是在《李頌》中偶見，戰國楚簡中所見"丨"的字形及辭例如下：

（1）寺（詩）員（云）："丌（其）頌（容）不改，出言又（有）丨（章），利（黎）民所丨。"（郭店簡《緇衣》簡17）

（2）樟丨是（氏）。（上博二《容成氏》簡1）

（3）☒丨，丌（其）有成惠（德）。（上博六《用曰》簡3）

（4）是古（故）又（有）豸（貌），天下亡不又（有）丨（章）；亡豸（貌），天下亦亡豸（貌）又（有）丨（章）。（上博七《凡物流形》甲本簡21）

（5）圝（亂）本曾枳（枝），痛剆（毀）丨可（兮）。（上博八《李頌》簡1反面）

（6）民若誥（告）祅（妖），乃丨（章）歪（之）五兇。（清華簡玖《成人》簡11）

（7）寺（時）女（汝）四亢（荒），破（礣）丨（撼）寺（蛮）尤（尤），乍（作）嗀（過）五兵。希（肆）趏（越）高鬼（畏），丨（撼）正（征）且（阻）黃（橫）。（清華簡拾壹《五紀》簡105）

"丨"字在戰國楚簡中凡九見，構件中含"丨"的字有二：郭店簡《緇衣》簡17"所丨"；上博簡《緇衣》簡10僅剩"所丨"，上博簡整理者原釋為"信"。

今本《緇衣》引《詩》作"彼都人士，狐裘黃黃。其容不改，出言有章。行歸於周，萬民所望"。其中"黃""章""望"同押陽部韻。郭店整理者原疑"丨"為"字未寫全者"，"丨"字釋為"信"，白於藍（2001）指出非是，"丨"與今本"章"字對應，"丨"

---

① 馮勝君：《二十世紀古文獻新證研究》，吉林大學博士學位論文，2002年，第146頁。

是一從言"⼁"聲的形聲字。① "訆"字，裘錫圭（2003）認為可讀為"訓"；或釋為"信"，是"信"的特殊異體字或通假字。

上博二《容成氏》簡1"樟⼁是（氏）"，"⼁"字整理者未釋，注云與郭店《緇衣》"出言又（有）⼁"第四字同。蘇建洲（2006）認為此字就是《說文》的"⼁"，讀若透母物部的"退"，《容成氏》中讀為定母文部"沌"，聲母同為端系，韻部為文物陽入對轉，"樟⼁是"讀為"混沌氏"。我們認為"⼁"在上博二讀為"沌"可信，《容成氏》簡首列上古傳說帝王數十人，"樟⼁是（氏）"讀為"混沌氏"，音理上也可相通。"⼁"依《說文》"讀若透"的讀音，"透"是透母物部，與定母文部的"沌"聲母同為端系，韻部文物陽入對轉。

上博六《用曰》"⼁"，整理者原釋為"十"，圖版字形作"⼁"，戰國文字"十"中部常有一圓點或短橫，如"⼁"（《鄂君啟舟節》，《集成》12113）、"⼁"（《十三年壺》，《集成》9693），《用曰》"⼁"字和戰國文字"十"形體不合，我們將之釋為"⼁"，但因簡文前面殘損，此處用作何意不可知。

上博七《凡物流形》"⼁"兩見，第二處"⼁"寫法飄逸，與"⼁"不類，是因為"⼁"是本簡末倒數第二字，書手寫至簡末，書寫盡興所致。通過同簡上文"有貌，天下亡不有⼁"，下文"亡貌，天下亦亡貌有⼁"，"⼁""⼁"出現在相似的語言環境，確是同一字。此處釋為"⼁"，讀為"章"，訓為"明"。

清華簡玖《成人》"⼁"，《成人》整理者根據郭店簡《緇衣》，上博簡《容成氏》《用曰》《李頌》等"⼁"的用例，讀為"章"，訓為"明"。"章"的此類用例亦見清華壹《尹至》簡3"夏有祥，在西在東，見章於天"。

清華簡拾壹《五紀》整理者從裘錫圭說，認為"⼁"是"針"字初文，《五紀》中讀為侵部的"撼"字。

"⼁"在出土文獻中共九見，最多的用例是讀為"章"（4次），其次是讀為"撼"（2次），讀為"沌"（1次），《用曰》"⼁"何意不可知，《李頌》"⼁"字應如何破讀詳見下文。

三、《李頌》"⼁"字釋讀試說

在將"⼁"看作"針"字初文的前提下，有依《說文》讀若"囪"、讀為"絢"、讀為"次"、讀為"殗"、讀為"章"、讀為"彰"、讀為"損"共七種說法。

《說文·一上·⼁部》："⼁，上下通也。引而上行讀若囟，引而下行讀若退。"《說文》"讀若囟""讀若退"的讀音可從，許慎對字形的分析不可從。鄔可晶（2011）讀若"囪"，

---

①　白於藍：《郭店楚墓竹簡考釋（四篇）》，李學勤、謝桂華主編：《簡帛研究二〇〇一》（上冊），桂林：廣西師範大學出版社2001年版，第192頁。

黃浩波（2011）解為草木生長貌，"窝（侵）劓（毀）丨可（兮）"之"丨"可能是名詞，作"侵毀"的賓語，或是與"侵毀"並列的動詞。"丨"未必要讀若真部的"囟"，與脂部的"貳"押韻。復旦大學出土文獻與古文字研究中心讀書會（2011）認為此字當為陽部韻，讀為"彰"，此說是建立在讀"章"的基礎上，讀書會應是將"彰"訓為"明""盛"義，《李頌》簡文此處描述梧桐樹的生長環境被雜草荊棘所侵蝕，和典籍中常見的"彰"字用法不合。王寧（2011A，2011B）讀為"絢""次"，林清源（2018）讀為"殪"，我們認為稍顯牽強。

上博簡整理者讀為"章"，有其合理之處。首先是有傳世文獻的對讀，郭店簡《緇衣》與今本《緇衣》相比較，"丨"所對應的字是陽部韻的"章"。其次，在押韻上面，"丨"與上句的"弍（貳）"相押，"貳"是脂部字；按照一般古音系統，"丨"屬於侵部字，但楚簡中以"丨"為聲的"慎"是真部字（脂真對轉），"丨"可讀為陽部的"章"字（真陽旁轉）。上博簡整理者讀為"章"，依《史記》裴駰《集解》解為"大木材"，在簡文中指代桐樹，但在詞義上值得商榷。出土戰國文獻中，讀為"章"的"丨"字，如上博七《凡物流形》"天下亡不又（有）丨（章）"、清華玖《成人》"民若誥（告）祅（妖），乃丨（章）𢌳（之）五兕"，皆訓為"明"。《故訓匯纂》收錄了"章"的140種訓釋，在先秦古籍中多訓為"明"，與此類用法相合。[①] 裴駰《集解》所言"大材也"，有幾條與之相類的訓釋，如《史記·貨殖列傳》"木千章"，裴駰集解引《漢書音義》曰："章，材也。"《漢書·百官公卿表上》"屬宮有石庫、東園主章"，顏師古注引如淳曰："章，謂大材也。"《史記·司馬相如列傳》"梗柟豫章"，張守節正義引（溫）《活人》云："章，今之樟木也。"[②]"章"是"樟"的聲符，訓為"大木"的"章"，疑是指樟木，樟木是一種比梧桐更為高大的樹木，常作為建築用材。"大材"並不是"章"的常用義項，且傳世文獻中解為"大材"的"章"是樟木，與《李頌》（應更名為《桐頌》）歌詠主體桐樹無涉。

季旭昇（2013）讀為"損"頗有可從之處，"弍（貳）"是脂部字，"丨"在楚簡中有真部字的音（脂真陰陽對轉）；"損"是心紐文部（真文旁轉）。讀為"損"意思上也頗通暢，"酈（亂）本曾（層）枳（枝），窝（侵）劓（毀）丨（損）可（兮）"是描述梧桐樹生長環境惡劣，雜草亂枝眾多，桐樹的生長環境被侵害損毀得厲害。但"損"字從員聲，楚簡"損"皆記寫作"員/晶"，"丨"讀為"損"似與楚簡用字習慣不甚相合。

筆者試提出一說，《李頌》"丨"或可讀為文部字的"殄"，《詩經·大雅·瞻卬》"邦國殄瘁"，毛傳："殄，盡也。"《尚書·益稷》"用殄厥世"，蔡沈《書集傳》："殄，絕也。""殄"在楚簡中沒有對應的字形記錄，往往假借其他字表示，如清華簡壹《皇門》簡12："天用弗宩（保），悉（媚）夫先受殄（殄）罰，邦亦不宮（寍）。""殄"還可和真部的"慎"相通，如上博七《吳命》簡3背："非疾痌（疢）安（焉）加之，而憨（殄）𥚃

① 宗福邦、陳世鐃、蕭海波主編：《故訓匯纂》，北京：商務印書館2003年版，第1656－1657頁。
② 宗福邦、陳世鐃、蕭海波主編：《故訓匯纂》，北京：商務印書館2003年版，第1657頁。

（絕）我二邑之好。"① "｜"是甲骨文"夰"旁所從的上部，楚簡中"夰"往往讀為文部字或用作文部字的聲旁，楚簡中"｜"跟真、文二部字關係密切，"珍"既是文部字，也與真部的"憖（慎）"發生關係，從音理的角度，"｜"讀為"珍"沒有問題。從文意來看，"宻（侵）剈（毀）｜（珍）可（分）"，"珍"依《說文》訓為"盡"，此句即言梧桐樹生長環境被層纍的亂木枝椏侵蝕殘毀得厲害。

參考文獻

［1］白於藍：《郭店楚墓竹簡考釋（四篇）》，李學勤、謝桂華主編：《簡帛研究二〇〇一》（上冊），桂林：廣西師範大學出版社 2001 年版。

［2］陳高志：《〈郭店楚墓竹簡·緇衣篇〉部分文字隸定檢討》，編輯委員會編：《張以仁先生七秩壽慶論文集》，臺北：學生書局 1999 年版。

［3］復旦大學出土文獻與古文字研究中心讀書會：《〈上博七·吳命〉校讀》，復旦大學出土文獻與古文字研究中心網站，http：//fdgwz. org. cn/Web/Show/577，2008 年 12 月 30 日。

［4］復旦吉大古文字專業研究生聯合讀書會：《上博八〈李頌〉校讀》，復旦大學出土文獻與古文字研究中心網站，http：//fdgwz. org. cn/Web/Show/1596，2011 年 7 月 17 日。

［5］范常喜：《〈上博六·用曰〉札記三則》，復旦大學出土文獻與古文字研究中心網站，http：//fdgwz. org. cn/Web/Show/2077，2013 年 6 月 24 日。

［6］馮勝君：《二十世紀古文獻新證研究》，吉林大學博士學位論文，2002 年。

［7］顧史考：《楚簡"乁（及）"字文例試解》，中國古文字研究會、復旦大學出土文獻與古文字研究中心編：《古文字研究》（第二十九輯），北京：中華書局 2012 年版。

［8］黃浩波：《讀上博八〈杍頌〉札記》，簡帛網，http：//www. bsm. org. cn/? chujian/5729. html，2011 年 8 月 23 日。

［9］季旭昇：《〈上海博物館藏戰國楚竹書（八）桐頌〉考釋》，《"中央研究院"歷史語言研究所集刊》（第八十四本第四分），2013 年。

［10］林清源：《讀上博八〈李頌（桐頌）〉》，《"中央研究院"歷史語言研究所集刊》（第八十九本第一分），2018 年。

［11］馬承源主編：《上海博物館藏戰國楚竹書》（八），上海：上海古籍出版社 2011 年版。

［12］裘錫圭：《釋郭店〈緇衣〉"出言有｜，黎民所訐"：兼說"｜"為"針"之初文》，荊門郭店楚簡研究（國際）中心編：《古墓新知：紀念郭店楚簡出土十週年論文專輯》，香港：國際炎黃文化出版社 2003 年版。又見氏著《裘錫圭學術文集》（第二卷　簡牘帛書卷），上海：復旦大學出版社 2012 年版。

［13］蘇建洲：《上海博物館藏戰國楚竹書（二）校釋》，臺北：花木蘭文化出版社 2006 年版。

［14］王寧：《〈上博八·李頌〉閑詁》，簡帛網，http：//www. bsm. org. cn/? chujian/5731. html，2011 年 8 月 29 日。

［15］王寧：《再釋楚簡中的"｜"字》，復旦大學出土文獻與古文字研究中心網站，http：//fdgwz. org. cn/Web/Show/1640，2011 年 9 月 7 日。

---

① "｜（珍）"從《〈上博七·吳命〉校讀》。見復旦大學出土文獻與古文字研究中心讀書會：《〈上博七·吳命〉校讀》，復旦大學出土文獻與古文字研究中心網站，http：//fdgwz. org. cn/Wed/Show/577，2008 年 12 月 30 日。

[16] 俞紹宏、白雯雯:《楚簡中的"丨"字補說》,《文獻》2018 年第 3 期。

[17] 楊澤生:《孔壁竹書的文字國別》,《中國典籍與文化》2004 年第 1 期。

[18] 周鳳五:《郭店楚簡識字札記》,編輯委員會編:《張以仁先生七秩壽慶論文集》,臺北:學生書局 1999 年版。

[19] 宗福邦、陳世鐃、蕭海波主編:《故訓匯纂》,北京:商務印書館 2003 年版。

The Analysis of *Shangbo VIII Li Song* "丨" Character's Interpretation and Reading

Wang Han

Abstract:Academia have different views about the character "丨" in *Li Song*. Among which there are four main points of view: the pictographic beginning of the character "*zhen*"(針); the beginning of the character "*zhang*"(杖); the ancient writing of the character "*ji*"(及); the beginning of the character "*zhang*"(璋). Analysing scholar's views, we hold the view that "丨" is the pictographic beginning of the character "*zhen*"(針), which reads as "*tian*"(殄), means desperate.

Key words:Chu Bamboo scripts, Chu Bamboo scripts of Warring States in Shanghai Museum, *Li Song*, 丨

(華南師範大學文學院)

談馬王堆漢墓竹簡遣冊中代詞"其"的一種特殊用法

吳辛丑

提 要 一般認為,古漢語中的代詞"其"可作定語,表"其中"義。我們在馬王堆竹簡遣冊中發現,表"其中"義的"其"可用作狀語,用在總分複句中具有回指前文與提起解釋(引出補充性說明)的作用,並據此對一些語言現象作出新的解釋。

關鍵詞 馬王堆漢墓竹簡 遣冊 其 其中

"其"是古漢語裏比較常見的一個虛詞,有代詞、副詞、連詞、助詞、語氣詞等多種用法。作為代詞,"其"有一個意義為"其中"。如遲鐸主編《古代漢語虛詞詞典》釋"其"的代詞用法云:"表示遠指。指代人、事物。作定語。""可譯為'其中……'"① 所舉例證及譯文為:

《漢書•藝文志》:諸子十家,其可觀者九家而已。【譯文】諸子十家,其中值得一看的只有九家罷了。

馬中錫《中山狼傳》:丈人知其一,未知其二。【譯文】老人家只知道其中的一方面,不知道其中的第二個方面。

何樂士編《古代漢語虛詞詞典》"其"字條"人稱代詞"下第四小項釋云:"用在數詞或數量詞,或數詞加名詞前,作定語,表領有的數量。可譯為'其中……'或'其中的……'等。"② 所舉例證及譯文為:

鄴三老、廷掾常歲賦斂百姓,收取其錢得數百萬,用其二三十萬為河伯娶婦,分其餘錢持歸。(《史記•滑稽列傳》補)【譯文】鄴縣的三老、廷掾每年向老百姓徵收捐稅,收刮他們的錢有幾百萬,用其中的二三十萬替河神娶媳婦,跟巫婆瓜分那些剩餘的錢拿回家去。(編者原說明:"此例中'收取其錢','其'表'他們的',指'百姓的';'其餘錢'的'其'是指示代詞,表'那些';'其二三十萬'的'其'表示'其中的'。")

---

① 遲鐸主編:《古代漢語虛詞詞典》(最新修訂版),北京:商務印書館國際有限公司 2010 年版,第 161 – 162 頁。

② 何樂士編:《古代漢語虛詞詞典》,北京:語文出版社 2006 年版,第 293 – 295 頁。

使弈秋誨二人弈，其一人專心致志，惟弈秋之為聽。(《孟子·告子上》)【譯
文】假使讓弈秋教兩個人下棋，其中（的）一人一心一意，只聽弈秋的話。

我們認為，學者們認定古漢語代詞 "其" 可表 "其中" 義，在句中作定語，大體上是
不錯的。但是，對 "其" 的語法功能與作用的認識，尚有不夠周全妥善的地方，比如《孟
子》"其一人專心致志" 句中的 "其"，其實是作狀語的。何樂士先生所編《古代漢語虛詞
詞典》引《孟子》文例不全，以致容易產生 "其" 作定語的錯覺。查《孟子·告子上》，
原句及其上下文是這樣的：

今夫弈之為數，小數也，不專心致志，則不得也。弈秋，通國之善弈者也。
使弈秋誨二人弈，其一人專心致志，惟弈秋之為聽；一人雖聽之，一心以為有鴻
鵠將至，思援弓繳而射之，雖與之俱學，弗若之矣。為是其智弗若與？曰：非
然也。①

很明顯，"使弈秋誨二人弈，其一人專心致志……一人雖聽之……"，這是一個總分複
句："使弈秋誨二人弈" 是總說，"其一人專心致志……" 與 "一人雖聽之……" 是分說，
也就是對首句中 "二人" 分別進行描述。可見這個 "其" 是管轄 "一人專心致志……" 與
"一人雖聽之……" 兩個分句的（直到 "弗若之矣"），而不是僅僅作 "一人專心致志" 中
"一人" 的定語。代詞 "其" 的這種用法比較特別，以往比較少人注意到，有些語言現象
被忽視或誤解了。下面我們結合馬王堆漢墓竹簡遣冊中的有關用例，試就 "其" 字這一用
法略作分析討論。

長沙馬王堆西漢墓發現於 20 世紀 70 年代，出土的竹簡按內容可分為醫藥書和遣冊兩
類。遣冊，亦稱 "遣策"，是墓中隨葬器物的清單，反映器物的名稱、特徵、大小、數量等
信息。馬王堆遣冊多為非連貫性文本，文句比較簡短，主語多為名物名詞，謂語常由數詞
或數量詞組充當，僅有少量動詞、形容詞謂語句。例如：

(1) 牛脯一笥。(M1·34②)
(2) 大鏡一。(M1·241)
(3) 胡人一人，操弓矢、韇（韇）觀（丸），牽附（駙）馬一匹。(M3·68)
(4) 弟二，其一赤。(M1·240)

例 (1)，數量結構 "一笥" 作謂語；例 (4)，數詞 "二" 和形容詞 "赤" 作謂語。

____

① 阮元校刻：《十三經注疏》（下），北京：中華書局 1980 年版，第 2751 頁。
② M1 表示竹簡出自馬王堆一號漢墓，"34" 為竹簡整理編號。後 M3 表示竹簡出自三號漢墓。所引釋文據正式公
佈的考古發掘報告，並參考《長沙馬王堆漢墓簡帛集成》有關成果。

除"其"字外，馬王堆遣冊所用虛詞僅見"皆""凡""各""不""者""所""以"諸字，用例都不多。例如：

(5) 女子七十二人，皆衣綺。(M3·57)

(6) 右方羹凡卅物，物一鼎。(M3·104)

(7) 冠小大各一，布冠筍，五采（彩）畫一合。(M3·268)

(8) 乙笥凡十五物不發。(M3·407)

(9) 河間瑟一，鼓者一人。(M3·48)

(10) 所以除鏡一。(M1·243)〔竹簡整理者注："（所以除鏡）意即用以清除鏡上污穢之工具。"①〕

"其"字在馬王堆一號墓、三號墓遣冊中凡36例，其中有9例不是作代詞使用。這些例子是：

(11) 桼（漆）畫其末一，長二尺六寸，廣尺七寸，盛宍（肉）。(M1·208)

(12) 桼（漆）畫其末一，長二尺六寸，廣尺七寸。(M1·209)

(13) 桼（漆）畫其末二，廣各二尺，長各三尺二寸。(M1·210)

(14) 右方平般（盤）三，其末四。(M1·211)

(15) 髹畫其束，廣二尺，長三尺二寸，二枚。(M3·275)

(16) 髹畫其束，廣一尺七寸，長二尺六寸，二枚。(M3·276)

(17) 象其（棋）十二。(M3·317)

(18) 象直食其（棋），廿。(M3·318)

(19) 犬其劦（脅）炙一器。(M1·41)

例(11)"其末"，竹簡整理者注云："其末合音為橛，一作厥。……古音月末同部，是古橛字長沙方言為其末。"②《長沙馬王堆漢墓簡帛集成》從裘錫圭先生意見改釋為"其來"③。例(15)"其束"，即一號墓竹簡中的"其末"，《長沙馬王堆漢墓簡帛集成》亦讀為"其來"。例(17)"象其"即"象棋"。例(19)"犬其"之"其"，竹簡整理者注云："其，疑當訓'之'。"④《長沙馬王堆漢墓簡帛集成》則以為讀作"耆"⑤。這些"其"字用例均不在我們下面的討論範圍內。

---

① 湖南省博物館、中國科學院考古研究所編：《長沙馬王堆一號漢墓》，北京：文物出版社1973年版，第149頁。
② 湖南省博物館、中國科學院考古研究所編：《長沙馬王堆一號漢墓》，北京：文物出版社1973年版，第146頁。
③ 裘錫圭主編，湖南省博物館、復旦大學出土文獻與古文字研究中心編纂：《長沙馬王堆漢墓簡帛集成》（陸），北京：中華書局2014年版，第203頁。
④ 湖南省博物館、中國科學院考古研究所編：《長沙馬王堆一號漢墓》，北京：文物出版社1973年版，第134頁。
⑤ 裘錫圭主編，湖南省博物館、復旦大學出土文獻與古文字研究中心編纂：《長沙馬王堆漢墓簡帛集成》（陸），北京：中華書局2014年版，第179頁。

餘下 22 例, "其" 均作代詞使用。為方便觀察, 茲悉數臚陳於下。

A 組:

(20) 元栯 (梅) 二資 (瓷), 其一楊栯 (梅)。(M1·139)

(21) 茀二, 其一赤。(M1·240)

(22) 右方席七, 其四莞。(M1·291)

(23) 宦者九人, 其四人服牛車。(M3·5)

(24) 胡騎二匹, 匹一人, 其一人操駙 (駙) 馬。(M3·69)

(25) 五穜 (種) 五囊, 囊各盛三石, 其三石采 (黍)。(M3·204)

(26) 小付蓴三, 盛脂, 其一盛節 (櫛)。(M3·263)

(27) 素緺二, 其一故。(M3·345)

(28) 白敦 (縠) 衰二, 素裏, 其一故。(M3·388)

B 組:

(29) 稻食六器, 其二檢 (奩), 四盛。(M1·130)

(30) 鰠 (漆) 畫華圩 (盂) 十枚, 其一盛牛肩, 郭 (槨) 左; 九, 郭 (槨) 足。(M1·201)

(31) 鰠 (漆) 畫卑虒, 桱 (徑) 八寸, 冊。其七盛乾宒 (肉), 郭 (槨) 首, 卅一盛膌 (膽)、載 (胾)。(M1·214)

(32) 瓦器三貴 (纈), 錫 (錫) 埱 (塗), 其六鼎盛羹; 鈁六, 盛米酒、溫 (醖) 酒。(M1·221)

(33) 莞席二, 其一青掾 (緣), 一錦掾 (緣)。(M1·289)

(34) 偶 (偶) 人二人, 其一人操遷 (仙) 蓋, 一人操矛。(M3·7)

(35) 美人四人, 其二人雜 (裚), 二寋 (褰)。(M3·43)

(36) 美人四人, 其二人楚服, 二人漢服。(M3·44)

(37) 右方女子明童, 凡百八十人。其八十人美人, 廿人才人, 八十人婢。(M3·59)

(38) 莞席二, 其一繢橼 (緣), 一錦橼 (緣)。(M3·309)

(39) 右方男子明童, 凡六百七十六人。其十五人吏, 九人宦者, 二人偶人, 四人擊鼓、鐃 (鐃)、鐸, 百九十六人從, 三百人卒, 百五十人奴。(M3·42)

C 組:

(40) 鰠 (漆) 畫小具杯廿枚, 其二盛醬、鹽 (鹽); 其二郭 (槨) 首, 十

八郭（槨）足。（M1·195）

（41）右方凡兩笥六十七合，其十三合受中，五十四合臨湘家給。帛囊八，其六受中，二臨湘家給。布囊廿二，其八受中，十四臨湘家給。埒（坑）資廿一，其七受中，十四臨湘家給。埮（缶）七，其三受中，四臨湘家給。（M3·236）

從使用情況看，A組中的"其"是出現在末句之首，B組中的"其"是用在並列的兩個或多個結構的第一項之前，C組"其"字在句中出現兩次以上。例（39），"其"後有七個分句，分項說明六百七十六個"男子明童"的身份。"十五人吏"是說十五個明童是吏，"四人擊鼓、鐃、鐸"，是說有四個明童作"擊鼓、鐃、鐸"狀，也就是樂人。

觀察、比較"其"在上述三組例句中的用法，我們發現它們有一個共同點，這就是無論句子字數多少，無論是數詞、數量結構作謂語，還是動詞、形容詞作謂語，"其"都是用在總分複句中。何謂總分複句？王維賢主編《語法學詞典》釋"總分複句"云："聯合複句之一。先總說，後分說；或先分說，後總說。如：他有兩個弟弟，一個念中學，一個念小學。"① 楊劍橋《實用古漢語知識寶典》"語法學"部釋云："【總分複句】聯合複句之一。由一個表示總說的分句和兩個、兩個以上表示分說的分句組成的聯合複句。如《左傳·僖公三十二年》：'殽有二陵焉：其南陵，夏后皋之墓也；其北陵，文王之所辟風雨也。'冒號前的一個分句是總說，冒號後的兩個分句是分說。"② 按照學界對"總分複句"的一般性理解，上述B組、C組例句屬總分複句無疑，但A組例句則尚有討論餘地。主要疑點有兩個：一是後面的分句只有一個，整句是否屬於總分複句；二是句中"其"字似可看作定語，如"其一"可理解為"這一個"或"那一個"，"其"是修飾"一"的。關於A組是否為總分複句的問題，我們的態度是肯定而明確的，我們只需要修改或擴大總分複句的內涵與範圍即可：總分複句是由一個表示總說的分句和另一個或兩個以上表示分說的分句而構成的。簡單地說，我們認為總分複句的特點，不在強調分說項（分句）的多少，而是強調分說項相對總說項而言，具有分別說明或重點解釋的關係。比如B組例（36）"美人四人，其二人楚服，二人漢服"，"美人四人"是總說，"二人楚服"與"二人漢服"是分別說明前面"四人"的服飾特徵。而A組例（21）"茀二，其一赤"，"茀二"是總說（名詞"茀"作主語，數詞"二"作謂語），"其一赤"是分說——特別點出兩條茀中有一條是紅色的，此即"重點解釋"。至於A組中"其"是作定語還是作狀語，的確難以遽下定論，但我們傾向於認定為狀語，理由主要有三點。第一，除分說項目數量多少有差異外，A組和B組、C組中"其"的使用情形基本一致，其語法作用或語義功能理應一樣看待。如"莞席二，其一青掾，一錦掾"，"美人四人，其二人楚服，二人漢服"，"其"所管轄的是後面的"一青掾，一錦掾"和"二人楚服，二人漢服"，而不是"一"與"二人"，應當把它視為句首狀語；第二，"其"具有回指或複指前詞或先行語的功能，這一點無須多說，

① 王維賢主編：《語法學詞典》，杭州：浙江教育出版社1992年版，第461頁。
② 楊劍橋：《實用古漢語知識寶典》，上海：復旦大學出版社2003年版，第464頁。

因為作為代詞，它總是有一定的指代對象的。但是，"其"這個代詞，除了代替的作用，還有指示的作用，比如在"其人"這個表達裏，"其"的作用重在指示，"其人"相當於"這人"或"那人"，從功能上說，"其"是作"人"的定語，從語義關係上看，"其"是對"人"進行限定的。而在馬王堆遣冊中，代詞"其"不是直接和後面的某一個數詞或數量結構發生關係的，也就是說，"其"的作用不在表達"指示"，如在"芾二，其一赤"這個句子裏，"其一"並非要強調"這一個"，而是突出表達"這兩個芾中有一個是紅色的"。第三，也是最重要的，用了"其"，表示它後面的內容是對前面內容的分項說明或重點解釋。我們認為，表"其中"義的代詞"其"，它有一個重要語義功能在以往被人們忽視了，這就是：它出現在總分複句中，具有引出解釋性或說明性話語的功能。通俗地說，當"其"字出現在語句之中時，它就是在提醒人們：後面的內容是對前面內容的解說。這一點，在 C 組例（41）中表現尤為突出："其"字出現 5 次，表示這是五個總分複句。其間意義關係，可用數學算式表示為：$67 = 13 + 54$。$8 = 6 + 2$。$22 = 8 + 14$。$21 = 7 + 14$。$7 = 3 + 4$。（分別對應：六十七，其十三……五十四。八，其六……二。廿二，其八……十四。廿一，其七……十四。七，其三……四。）"其"字這種表示分說的用法，與現代漢語裏的"其中"十分相像。

　　既然大家肯定古代漢語的"其"可表"其中"義，就不能不說到"其中"這個詞在現代漢語裏的詞性和作用問題。這個問題比較複雜，這裏我們只略談兩個基本觀點。其一，與古漢語"其"字一樣，"其中"在複句中也具有表示後文將進行補充性說明的作用。筆者在撰寫此文時（2022 年 4 月），正值廣州爆發新冠疫情，我們在"今日頭條"上看到這樣一則報道：

　　中新網廣州 4 月 11 日電（記者蔡敏婕）廣東省衛生健康委員會 11 日通報該省新冠肺炎疫情情況稱，4 月 10 日 0 時至 24 時，全省新增本土確診病例 19 例，其中，廣州報告 18 例；新增本土無症狀感染者 18 例，其中，廣州報告 9 例，佛山報告 8 例。

　　上例中，"其中，廣州報告 18 例"屬於單項說明，"其中，廣州報告 9 例，佛山報告 8 例"屬於分項說明。

　　關於"其中"的詞性，一般認為是方位詞，我們覺得它更像代詞。《現代漢語詞典》釋"其中"云："方位詞。那裏面：不知～奧妙｜氣象站一共五個人，～三個是新來的。"①《現代漢語八百詞》解釋稍詳："〔方位〕那裏面。指處所、範圍。這是個特殊的方位詞，只能單用，不能加在名詞的後頭。"②所舉例證為"這一班四十個學生，～有一半是從別的班轉來的｜這份報告我已經看過，～提出的問題值得重視｜這種草藥對胃潰瘍有一定療效，

---

①　中國社會科學院語言研究所詞典編輯室編：《現代漢語詞典》（第 7 版），北京：商務印書館 2016 年版，第 1024 頁。
②　呂叔湘主編：《現代漢語八百詞》（增訂本），北京：商務印書館 1999 年版，第 438 頁。

但是～的道理還不清楚"。以上三例中，首例"其中有一半是從別的班轉來的"是解釋說明性的分句，"其中"在句中作狀語；後兩例，"其中"在"其中提出"中作狀語，在"其中的道理"中作定語。我們認為，不管這幾例中的"其中"是作狀語還是作定語，它都具有很明顯的回指功能，也就是說，"其中"在語義上是和前頭的前詞或先行語發生關聯的，比如"其中提出的問題"的"其中"，它的前詞是"這份報告"，"其中提出的問題"等於說"這份報告中（裏面）提出的問題"。基於"其中"的這一屬性，我們覺得把它定性為代詞似乎更妥當一些，現代漢語中與"其中"構詞方式相類的"這裏""那裏"也是歸為代詞一類的。另外，《現代漢語八百詞》說"（其中）只能單用，不能加在名詞的後頭"，我們認為似可在這個說明中再增補一句："〔其中〕不能直接用在一句之首，它的前面需要有前詞或先行語出現。"

在寫完上述文字後，我們又在網文中看到"其中"的兩個用例，似可增加人們對它有關用法的了解。其一例見於南方報業傳媒集團"南方 plus"客戶端 2022 年 4 月 15 日的一則報道，題為"王廷惠任廣東省社會科學院院長"："4 月 15 日，廣東省人民政府公佈任免工作人員名單，其中，任命王廷惠為廣東省社會科學院院長，試用 1 年。"在這個例子中，"廣東省人民政府公佈任免工作人員名單"屬於次要信息或輔助信息，"任命王廷惠為廣東省社會科學院院長"才屬於重點信息或信息焦點，由此可見"其中"有突出重要信息的作用。另一個例子比較特別，故不憚辭費，述其起末。2022 年 4 月 14 日，上海市楊浦區同濟北苑業主大會發佈一封公開信，其中第一段文字是這樣的：

　　我們是楊浦區五角場街道三門路 318 弄（同濟北苑）小區，現有住戶 604 戶，人口約 1 500 人。小區面積狹小，人口密度較大。小區居民以同濟大學在職和退休教師為主，其中包括 200 多位教授、專家和博士後研究人員，還有院士及享受副部級待遇的校領導，擔負着國家重大科研和教學任務。

同日，"今日頭條"上一位署名叫"摩登懶婆娘"的自媒體創作者轉發有關信息，文字有所改動，核心意思未變：

　　同濟北苑小區一共 604 戶業主，約 1 500 人，其中大部分是同濟大學在職和退休教師，其中包括 200 多位教授、專家和博士後研究人員，還有院士及享受副部級待遇的校領導，擔負着國家重大科研和教學任務。

這段文字，從縮寫的角度看，還是不錯的，而從表達角度看，"其中"一詞接連在上下兩句中出現，有重複之嫌。但這個表達有瑕疵的例子，卻讓我們看到"其中"的重要作用：標示與前文有關的具體說明。如果這只是一個簡單總分複句："同濟北苑小區一共 604 戶業主，約 1 500 人，其中大部分是同濟大學在職和退休教師。"那麼，這個"其中"的使用就沒有問題。但這段話其實是一個多重複句："……約 1 500 人，│其中大部分是……"為第一層次，"……在職和退休教師，│其中包括 200 多位教授……"為第二層次。在第一層次，"大部分是同濟大學在職和退休教師"是對前面籠統表述"約 1 500 人"的進一步說明；在第二層次，"大部分是同濟大學在職和退休教師"又成為被說明的內容，"包括 200 多位教授、專家和博士後研究人員……"是對其更細化的解釋。整個文段若要表達得更自然，可刪除兩個"其中"中的任何一個，或者將某一個"其中"換成"這裏面"，比如說"（這裏面）大部分是同濟大學在職和退休教師"。我們再看另一個相似的例子：

　　　　記者從今天（16 日）舉行的上海市疫情防控新聞發佈會上獲悉，目前，正在醫院治療的重型患者 13 例，其中男性 11 例、女性 2 例，1 例 33 歲，其餘 12 例均為老年人，最小的 70 歲，最大的 93 歲，他們均伴有嚴重的基礎性疾病以及高齡等高風險因素，均未接種新冠肺炎病毒疫苗。（"今日頭條"北京日報客戶端，2022 年 4 月 16 日）

這也是一個多重複句，"其中男性 11 例、女性 2 例，1 例 33 歲，其餘 12 例均為老年人"是對"重型患者 13 例"的分類說明，為第一層次，有"其中"作標誌；"最小的 70 歲，最大的 93 歲"是對"老年人"這一句的進一步說明，為第二層次，無標誌。由此可見，總分複句不一定要使用"其中"這個代詞，但用了它，後面分句的解說意味就更為明顯。因此，我們覺得，有關詞典可在"其中"條的"那裏面，指處所、範圍"說明之外，再增加一個用法說明："表示解釋，用在解說分句的前面。"

最後說回馬王堆遣冊中具有回指作用的"其"，我們認為它還是一個代詞，用在總分複句中，和現代漢語"其中"的用法相類同：其句法功能是作狀語，其語義功能是引出解說性話語（分句）。按照這個觀點，不僅《孟子·告子上》"其一人專心致志"句中的"其"需要重新解釋，《漢書》"其可觀者九家"句也要重新審視。《漢書·藝文志·諸子略》"諸子十家，其可觀者九家而已"這個例子，中國社會科學院語言研究所古代漢語研究室編《古代漢語虛詞詞典》、遲鐸主編《古代漢語虛詞詞典》"其"字條都有引用，前者更直言"表示'其中之'的意思"，與何樂士先生編《古代漢語虛詞詞典》認識一致。在我們看來，這個句子其實是個總分複句："諸子十家"，是總說（主語"諸子"，謂語"十家"），"可觀者九家而已"，是分說，是補充性說明。

參考文獻

［1］遲鐸主編：《古代漢語虛詞詞典》（最新修訂版），北京：商務印書館國際有限公司 2010 年版。

［2］何樂士編：《古代漢語虛詞詞典》，北京：語文出版社 2006 年版。

［3］湖南省博物館、中國科學院考古研究所編：《長沙馬王堆一號漢墓》，北京：文物出版社 1973 年版。

［4］湖南省博物館、湖南省文物考古研究所編：《長沙馬王堆二、三號漢墓》（第一卷　田野考古發

掘報告），北京：文物出版社 2004 年版。

　　［5］呂叔湘主編：《現代漢語八百詞》（增訂本），北京：商務印書館 1999 年版。

　　［6］裘錫圭主編，湖南省博物館、復旦大學出土文獻與古文字研究中心編纂：《長沙馬王堆漢墓簡帛集成》（陸），北京：中華書局 2014 年版。

　　［7］中國社會科學院語言研究所古代漢語研究室編：《古代漢語虛詞詞典》，北京：商務印書館 1999 年版。

A Special Usage of the Pronoun "*Qi*" （其）in Funerary Objects Lists from the Tombs of the Han Dynasty at Mawangdui

Wu Xinchou

Abstract：Generally, it is believed that the pronoun "*qi*" （其）in ancient Chinese can be used as an attribute to express the meaning of "*qizhong*" （其中）. We found that the "*qi*" （其）in the meaning of "*qizhong*" （其中）can be used as an adverbial, which has the function of anaphora and explanation—introducing supplementary notes—in compound sentences, in funerary objects lists from the Tombs of the Han Dynasty at Mawangdui. Based on this, we reinterpreted some linguistic phenomena.

Key words：The Bamboo Slips of the Tombs of the Han Dynasty at Mawangdui, funerary objects lists, *qi*(其), *qizhong*(其中)

（華南師範大學文學院）

讀《嶽麓書院藏秦簡》（叁）札記

吳秋珏

提　要　本文重新梳理了《嶽麓書院藏秦簡》（叁）中的若干簡文字詞："迺"寫法尚有古文字形體的遺存。"耐為侯"之"侯"當為"斥候"。"完識為城旦"之"完"為髡刑。"吏後弗鼠"之"吏"當為"事"。"未蝕"可讀為"未飭"。

關鍵詞　《嶽麓書院藏秦簡》（叁）　完刑　未蝕

　　《嶽麓書院藏秦簡》（叁）所收竹、木簡的內容主要是秦王政時代的司法文書，先後被命名為《奏讞書》和《為獄等狀四種》。嶽麓書院藏秦簡整理小組依據原書的標題將前四類定名為《為獄等狀四種》，剩下的第五類是少數待考的殘簡。《為獄等狀四種》從內容性質上看，可視作奏讞類文書的原型，與張家山漢簡《奏讞書》在內容上存在一定的繼承關係。

一、癸、瑣相移謀購案

　　簡殘 227/1374 正 "迺四月辛酉"，"迺" 字作🔲，《嶽麓書院藏秦簡》（叁）"迺" 字寫法均如此，如🔲（芮 0142）、🔲（芮 1377）。"迺" 字從乃從西，西字較早的古文字字形既有中間從三筆的形體，如🔲（合集 9741 正）、🔲（集成 4115）。也有只從兩筆交叉較為簡省的寫法，如🔲（合集 36975）、🔲（集成 2694）。此 "迺" 字所從之 "西" 應是承襲較簡省的寫法而來。迺，同乃，訓為此。此外，睡虎地秦簡 "迺" 作🔲（封診 17），里耶秦簡 "迺" 作🔲（8－140 正）、🔲（8－2161 正）、🔲（8－2085）（參見蔣偉男，2015），這些寫法更接近後來隸書的 "迺"。

　　0055－1/0053/0055－3 正 "瑣等言治等四人邦亡"，此處🔲疑非 "言" 字，該字右半部分缺失，雖然從紅外圖版上看沒有筆墨的痕迹，釋為言也文從字順，但從簡本身看右半部分剩餘的空間較多，釋 "言" 似乎有些可疑。

　　簡 0094 正："或曰：癸、瑣等當耐為侯（候）。" 陶安注釋：

　　　　耐為候，秦及漢初律特有的復合刑之一。"耐" 字表示針對罪囚軀體的某種制裁措施，"為" 字表示身份變更，"候" 字表示處罰後的身份。語法結構如同 "封為侯”“拜為卿”等。至於“耐”字本義和候的服役條件，尚未得到定論。①

“耐為候”的說法又見於睡虎地秦簡。《法律答問》：“當耐司寇而以耐隸臣誣人，可（何）論？當耐為隸臣。——當耐為侯（候）罪誣人，可（何）論？當耐為司寇。”《秦律雜鈔》：“除弟子律當除弟子籍不得，置任不審，皆耐為侯（候）。”《中國司法大辭典》對“候”的注釋是：“秦代強迫罪犯在邊境伺望敵情的一種徒刑。古代有斥候，專門在邊境伺網敵情。”②

　　《六韜》：“武王問太公曰：‘引兵深入諸侯之地，與敵相當，而天大寒甚暑，日夜霖雨，旬日不止。溝壘悉壞，隘塞不守，斥候懈怠，士卒不戒，敵人夜來，三軍無備，上下惑亂，為之奈何？’”③

　　《荀子·富國》：“觀國之治亂臧否至於疆，易而端已，其候徼支繚，其竟關之政盡察。”楊倞注：“候，斥候徼巡也。支繚，支分繚繞，言委曲巡警也。”④

　　《尚書·禹貢》疏：“斥候謂檢行險阻，伺候盜賊。”⑤

可見簡文此處的候應當理解為“斥候”。

“耐”是秦簡法律文書中常見的一種刑名。《說文》：“耏，罪不至髡也。從而從彡。耐，或從寸。”⑥可見耐是一種輕於髡的刑罰。古書上的注釋多指剃去鬢毛。《禮記正義》云：“按《說文》云：耐者，鬚也，鬚謂頤下之毛。象形字也。古者犯罪以髡其鬚，謂之耐罪，故字從寸。寸為法也，以不虧形體，猶堪其事，故謂之耐。”⑦睡虎地秦簡整理小組亦從此說：“耐，刑罰的一種，即剃去鬚鬢，古書多作耏。”⑧

二、識劫婉案

簡 0044 正：“吏議：婉為大夫□妻；貲識二甲。或曰：婉為庶人；完識為城旦，絫（縲）足輸蜀。”原整理者注釋：

　　完為城旦，秦及漢初律特有的複合刑之一。完，訓“全”，不施加黥等肉刑。這應該是針對劫罪的量刑……按，識勒索婉，贓額在六百六十錢以上，坐贓為盜，

　　① 陶安：《嶽麓秦簡〈為獄等狀四種〉釋文注釋》（修訂本），上海：上海古籍出版社 2021 年版，第 75 頁。
　　② 江平主編：《中國司法大辭典》，長春：吉林人民出版社 1991 年版，第 1154 頁。
　　③ 沈應明：《武經集注·卷七之四六韜》，明崇禎九年經世堂刻本，第 43 頁。
　　④ 王先謙撰，沈嘯寰、王星賢點校：《荀子集解》，北京：中華書局 1988 年版，第 192 頁。
　　⑤ 阮元校刻：《尚書正義》，《十三經注疏》（清嘉慶刊本），北京：中華書局 2009 年版，第 322 頁。
　　⑥ 許慎：《說文解字》，北京：中華書局 2013 年版，第 194 頁。又《說文》：“髡，髮也。”許慎：《說文解字》，北京：中華書局 2013 年版，第 183 頁。
　　⑦ 阮元校刻：《禮記正義》，《十三經注疏》（清嘉慶刊本），北京：中華書局 2009 年版，第 3080 頁。
　　⑧ 睡虎地秦墓竹簡整理小組編：《睡虎地秦墓竹簡》，北京：文物出版社 1978 年版，第 86 頁。

應處以黥為城旦；識擁有公士爵位，免除黥刑，僅判完為城旦。①

“完識為城旦”，此處的“完”應是動詞。對“完”的強調似可說明“完”並非保全身體之意，應當還是一種與剃去毛髮有關的刑罰。

完、髡、耐都是秦簡法律文書中常見的詞，關於這三者的關係，學者們有過許多討論，主要是以下四種觀點：

第一，完是髡刑。以蔡樞衡、楊廣偉、安忠義等為代表。他們的主要依據有兩方面：首先，據傳世文獻記載，髡刑在《儀禮》《周禮》時代就出現了，在戰國到東漢初年的學者看來，完刑與髡刑是同一種刑罰。《周禮》：“墨者使守門，劓者使守關，宮者使守內，刖者使守囿，髡者使守積。”班固《漢書·刑法志》將“髡者使守積”改為“完者使守積”。鄭眾注《周禮》“髡者使守積”時也說“髡當為完”。其次，出土秦漢簡中耐刑和完刑常常同見，因此完刑不可能是耐刑。此外，還有學者試圖從語言文字的角度尋找完、髡二字的聯繫。如日本學者堀毅在《秦漢刑名考》中說：完與丸同韻，完丸相通。完刑就是剃去頭髮，使其頭成為“丸”刑。②

第二，完是耐刑。段玉裁、程樹德、劉海年等都持此觀點（參看劉海年，1981）。段玉裁《說文解字注》云：“按耐之罪輕於髡，髡者，鬄髮也，不鬄其髮，僅去須鬢，是曰耐，亦曰完，謂之完者言完其髮也。”（段玉裁，2013）程樹德的說法與之類似（參看程樹德，2010）。他們依據的書證主要是《史記索隱·廉頗藺相如列傳》引江遂注：“漢令稱完而不髡曰耐。”③

第三，完是保全完好身體之意，不是刑罰。栗勁、王森、連宏、趙久湘均持此觀點（參看栗勁，1985；王森，1986；連宏，2012；趙久湘，2017）。

第四，完的含義發生過演變，不同歷史時期的完刑含義不一樣。韓樹峰認為秦代的完即耐刑，漢文帝改革以後，“完”變成了現在理解的“完好無損”之意（參看韓樹峰，2003）。與韓氏意見相同的還有呂帥（參看呂帥，2017）。張全民認為先秦至漢初，完相當於髡；漢文帝以後，完又相當於耐（參看張全民，2001）。劉曉認為秦至漢文帝刑制改革前，完等同於髡。漢文帝刑制改革後，完是指完整、完備（參看劉曉，2015）。

今按：秦簡法律文書中的“完”為髡刑的說法應較為可靠。首先，“髡”與“完”音近，或可通。《說文》：“髡，鬄髮也。從髟兀聲。髡，或從元。”裘錫圭先生曾指出，“髡”字或體作“髡”，其所從之“兀”或即“元”之變體（參看裘錫圭，2012）。此外，傳抄古文“髡”下有一形體作(海5·15)，從字形上看應是“完”，說明傳抄古文以“完”為“髡”。“完”“髡”可通，應當是可以成立的。

其次，秦簡“完”與“耐”同見，可據此推斷出“完”與“耐”當為兩種刑罰。值得

① 朱漢民、陳松長主編：《嶽麓書院藏秦簡》（叁），上海：上海辭書出版社2013年版，第165頁。
② 堀毅：《秦漢刑名考》，《早稻田大學大學院文學研究科紀要》1977年第4期，轉引自王森：《秦漢律中髡、耐、完刑辨析》，《法學研究》1986年第1期。
③ 司馬遷撰，裴駰集解，司馬貞索隱，張守節正義：《史記》，北京：中華書局1982年版，第2446頁。

注意的是，在文獻史料中，完刑多和"城旦舂"結合，而耐多與"鬼薪"搭配。研究者多已指出，徒刑"城旦"重於"鬼薪"，或可推想完刑應當是重於耐刑的。以往秦簡中出現得較多的都是"完城旦"或"完為城旦（舂）"。簡文"完識為城旦"，對"完"的強調似也可說明"完"並非保全身體之意，否則應當不用再作特別說明。

最後，認為"完"即耐刑的觀點的書證時代都較晚，可信度不及漢代學者的觀點。班固、鄭眾皆認為完即是髡，他們對於當時的律制應當比較清楚，不至於出錯。而時代較後的"完"含義產生了演變則是完全有可能的。也有可能"完"作為一種刑名的義項就在歷史上消失了。

三、芮盜賣公列地案

簡 1214："敢瀗（讞）之：江陵言：公卒芮與大夫材共蓋棺列，吏後弗鼠（予）。"

吏字形作，此字應當隸定為"事"。于省吾已指出古文字"吏"與"事"同字，有時與"史"通用（參看于省吾，1962）。里耶秦簡《更名方》"吏如故，更事"，陳侃理認為此句"應是將原來經常用的'吏''事'二字（主要是用'吏'表示'事'）根據詞義作了區分，記錄官吏之'吏'仍用'吏'字，記錄事務之'事'改用'事'字"（參看陳侃理，2014）。嶽麓秦簡的時代早於里耶秦簡，"事"寫作"吏"是正常現象。

四、未蝕

"䚣盜殺安、宜等案"簡 0419/164："有母、妻、子，在䚣（魏）。即買大刀，欲復以盜殺人，得錢材（財）以為用，亡之䚣（魏）。未餤（蝕）而得。"整理者注釋：

> 未蝕，未遂。《法律答問》簡 065："'內（納）奸，贖耐。'今內（納）人，人未蝕奸而得，可（何）論？除。"本簡能證明"未蝕"不限於奸罪使用。[1]

此外，《嶽麓書院藏秦簡》（叁）"得之強與棄妻奸案"中多次出現"未蝕"：

> 簡殘 119/0629 正："得之與人奸，未餤（蝕）。"
> 簡 0420 正："得之改之曰：欲與㚔奸，未餤（蝕）。"
> 簡 0441 正："㚔與得之務，未餤（蝕）奸。"
> 簡 0628 正："詰得之：得之強與㚔奸，未餤（蝕），可（何）故而气（乞）鞫？"

---

① 朱漢民、陳松長主編：《嶽麓書院藏秦簡》（叁），上海：上海辭書出版社 2013 年版，第 194 頁。

簡 0424 正："□□不強與棄婦奱奸，未銓（蝕），當陽論耐。"

荷蘭漢學家何四維認為"蝕"讀為"食"，是性交之意，懷疑是性關係方面的犯罪，意思是通奸未遂。① 陳劍先生在《結合出土文獻校讀古書舉隅》一文中，將"蝕"讀為"食"，並指出其與《上海博物館藏戰國楚竹書（七）·凡物流形》甲本簡 7－8 的"食"同義：

順天之道，吾奚以為首？吾欲得百姓之和，吾奚事之□？天之罪（明）奚得？鬼之神奚飤（食）？先王之智奚備？②

陳劍先生認為這類用法特殊的"食"，也可說有時意義與"得"甚近。此外，陳文還引《左傳·哀公元年》"後雖悔之，不可食已"，並指出此"食"字亦當與前述"食"意義相同。陳劍先生認為：

"食/蝕"字之所以會有此義，或與"食"之本義有關。裘錫圭先生曾指出，"祭鬼神可以叫做'食'，鬼神饗祭祀也可以叫做'食'"。我們體會，對於祭祀之"食（飤）鬼神"之事來講，如其"得食（鬼神繪祭祀）"，則也就是饗祭之事"實現"了，故"食"字可以引申為"實現"一類義。但此說把握也不大，姑記此備考。③

陶安《嶽麓秦簡〈為獄等狀四種〉釋文注釋》對"未蝕"的注釋從陳說：

蝕，疑讀為"食"，從祭獻、享祀義引申為得到、實現意。④

今按：陳劍先生的觀點有合理之處，也有值得商榷的地方。《凡物流形》的"食"也可能只是因語境而產生的隨文意，或者還有一種可能，"鬼之神奚飤（食）"的"食"也可理解為單純的"祭饗"，即為了順應天道，使百姓和樂，該如何祭饗祖先的神靈。而不一定要理解為"得"。至於後文所提及的從祭祀的完成引申為"實現"一說，缺乏書證。

《爾雅·釋詁》："載、謨、食、詐，偽也"，王引之主張"食"讀為"飭"（亦作飾），

---

① 轉引自曹旅寧：《讀〈嶽麓書院藏秦簡（叁）札記》，張德芳主編：《甘肅省第三屆簡牘學國際學術研討會會議論文集》，上海：上海辭書出版社 2017 年版。

② 陳劍：《結合出土文獻校讀古書舉隅》，賈晉華、陳偉、王小林、來國龍編：《新語文學與早期中國研究》，上海：上海人民出版社 2018 年版，第 308 頁。

③ 陳劍：《結合出土文獻校讀古書舉隅》，賈晉華、陳偉、王小林、來國龍編：《新語文學與早期中國研究》，上海：上海人民出版社 2018 年版，第 309 頁。

④ 陶安：《嶽麓秦簡〈為獄等狀四種〉釋文注釋》（修訂本），上海：上海古籍出版社 2021 年版，第 136 頁。

訓為"治"，與"為"同義。① 這啓發我們，"蝕"或可徑讀為"飭"。"蝕"與"飭"均屬於食字聲系，同屬職部，音近可通。且從字形上看，二者寫法亦接近。傳世文獻中有"飭力""飭末"等詞：

> 《周禮·考工記序》："或飭力以長地財。"賈公彥疏："飭，勤也。"②
> 《國語·吳語》："周軍飭壘。"韋昭注："飭，治也。"③
> 《管子·幼官》："計凡付終，務本飭末則富。"④
> 《淮南子·時則訓》："飭喪紀。"高誘注："飭，治也。"⑤

"飭"有修治、整治、致力義，"未飭"或可理解為"只有計劃，尚未致力於此"，也即"尚未做"。如此便不必迂迴從祭饗的角度理解字義。

參考文獻

［1］陳劍：《結合出土文獻校讀古書舉隅》，賈晉華、陳偉、王小林、來國龍編：《新語文學與早期中國研究》，上海：上海人民出版社 2018 年版。

［2］陳侃理：《里耶秦方與"書同文字"》，《文物》2014 年第 9 期。

［3］程樹德：《九朝律考》，北京：商務印書館 2010 年版。

［4］段玉裁：《說文解字注》，北京：中華書局 2013 年版。

［5］何寧：《淮南子集釋》，北京：中華書局 1998 年版。

［6］韓樹峰：《秦漢律令中的"完"刑》，《中國史研究》2003 年第 4 期。

［7］江平主編：《中國司法大辭典》，長春：吉林人民出版社 1991 年版。

［8］蔣偉男：《〈里耶秦簡（壹）〉文字編》，安徽大學碩士學位論文，2015 年。

［9］黎翔鳳：《管子校注》，北京：中華書局 2004 年版。

［10］栗勁：《秦律通論》，濟南：山東人民出版社 1985 年版。

［11］連宏：《秦漢髡、耐、完刑考》，《古代文明》2012 年第 2 期。

［12］劉海年：《秦律刑罰考析》，中華書局編輯部編：《雲夢秦簡研究》，北京：中華書局 1981 年版。

［13］劉曉：《秦漢耐刑研究》，東北師範大學碩士學位論文，2015 年。

［14］呂帥：《秦漢勞役刑的發展演變研究》，河北師範大學碩士學位論文，2017 年。

［15］裘錫圭：《甲骨文中所見的商代五刑：並釋"刖""刻"二字》，《裘錫圭學術文集》（第一卷甲骨文卷），上海：復旦大學出版社 2012 年版。

［16］阮元校刻：《尚書正義》，《十三經注疏》（清嘉慶刊本），北京：中華書局 2009 年版。

［17］阮元校刻：《周禮注疏》，《十三經注疏》（清嘉慶刊本），北京：中華書局 2009 年版。

［18］睡虎地秦墓竹簡整理小組編：《睡虎地秦墓竹簡》，北京：文物出版社 1978 年版。

---

① 王引之：《經義述聞》，南京：江蘇古籍出版社 2000 年版，第 625－626 頁。
② 阮元校刻：《周禮注疏》，《十三經注疏》（清嘉慶刊本），北京：中華書局 2009 年版，第 1956 頁。
③ 徐元誥撰、王樹民、沈長雲點校：《國語集解》（修訂本），北京：中華書局 2002 年版，第 548 頁。
④ 黎翔鳳：《管子校注》，北京：中華書局 2004 年版，第 133 頁。
⑤ 何寧：《淮南子集釋》，北京：中華書局 1998 年版，第 379 頁。

［19］沈應明：《武經集注·卷七之四六韜》，明崇禎九年經世堂刻本。

［20］司馬遷撰，裴駰集解，司馬貞索隱，張守節正義：《史記》，北京：中華書局 1982 年版。

［21］陶安：《嶽麓秦簡〈為獄等狀四種〉釋文注釋》（修訂本），上海：上海古籍出版社 2021 年版。

［22］王森：《秦漢律中髡、耐、完刑辨析》，《法學研究》1986 年第 1 期。

［23］王先謙撰，沈嘯寰、王星賢點校：《荀子集解》，北京：中華書局 1988 年版。

［24］王引之：《經義述聞》，南京：江蘇古籍出版社 2000 年版。

［25］徐元誥撰，王樹民、沈長雲點校：《國語集解》（修訂本），北京：中華書局 2002 年版。

［26］許慎：《說文解字》，北京：中華書局 2013 年版。

［27］于省吾：《雙劍誃諸子新證》，北京：中華書局 2009 年版。

［28］張全民：《髡、耐、完刑關係考辨》，《湘潭大學社會科學學報》2001 年第 5 期。

［29］趙久湘：《秦漢簡牘法律用語研究》，北京：人民出版社 2017 年版。

［30］朱漢民、陳松長主編：《嶽麓書院藏秦簡》（叁），上海：上海辭書出版社 2013 年版。

Notes about the Qin Bamboo Slips in Yuelu Academy（Ⅲ）

Wu Qiujue

Abstract：In this paper, we have reorganized some of the words in the Qin Bamboo Slips in Yuelu Academy（Ⅲ）："*nai*"（廼）is still written in the form of ancient characters. The word "*hou*"（侯）in the phrase "*nai wei hou*"（耐為侯）means "scout". "*Wan*"（完）of "*Wanshi wei chengdan*"（完識為城旦）means scalping. "*Li*"（吏）of the "*li hou fu shu*"（吏後弗鼠）should be replaced by "*shi*"（事）. "*Weishi*"（未蝕）can be read as "*weichi*"（未飭）.

Key words：The Qin Bamboo Slips in Yuelu Academy（Ⅲ）, scalping, not yet committed

（復旦大學出土文獻與古文字研究中心）

《詩經》諧音藝術新考[*]

龐光華

提　要　諧音藝術是重要的漢字文化藝術，在中國的語言文字藝術中有重要地位。從上古以來的古書中有很多漢字諧音現象。《左傳》和《詩經》都有很多諧音藝術。但《詩經》學界對《詩經》的諧音藝術缺乏深入的研究，至今還基本是空白。本文具體考證《詩經》中六首詩的諧音藝術，有利於深入理解《詩經》的藝術成就和思想內涵。

關鍵詞　詩經　比興　雙關語

一、我國漢字的諧音文化

漢字的諧音文化是漢字的重要文化和文字藝術，與訓詁學也有密切關係。諧音文化的藝術效果，是利用漢字的諧音，使得漢字包含雙重含義，從而使得文學修辭富於聯想和含蓄。我國人民對諧音甚是熱衷，在生活和觀念中非常喜歡漢字的諧音文化。如數字喜"八"，因"八"與發財的"發"為諧音，象徵發財。數字喜"六"，因"六"與官祿的"祿"為諧音。[①] 把"財"字倒掛，因"倒"與"到"諧音，象徵財到、發財。古人有罵"道學"為"倒學"的，錢鍾書稱為妙語。[②] 桑樹本為佳木，但因"桑"與"喪"諧音[③]，國人至諱言桑。蝙蝠本為醜物，但因"蝠"與"富、福"諧音，人們便以"蝙蝠"為"遍富、偏福"的象徵。[④] 蠶吐絲可喻摯情不忘，因"絲"與"思"諧音，象徵深情思念。贈別以柳，因"柳"與"留"諧音，寓勸留之意。女子贈鞋以寄情，因"鞋"與"諧"同音，而且"鞋"總是成雙成對，可以表達願與情人結為配偶、和諧生活的情感。現代人的

---

* 參考文獻隨文出注，文末不詳列。本文承蒙友生黃順銀同學幫助校勘，特致謝忱。

① 日本有位漢學家叫足立喜六。

② 見錢鍾書：《中國固有的文學批評的一個特點》，《人生邊上的邊上》，北京：生活·讀書·新知三聯書店 2010 年版。

③ 《水經注》卷二十八謂佐桑又作左桑。《漢書·五行志》："桑猶喪也。"

④ 《釋名·釋言語》："福，富也。"

習俗以酒席須有鷄和魚，因“鷄”和“吉”諧音、“魚”和“餘”諧音，寓吉祥、有餘之意。① 其實“鷄”與“吉”、“魚”與“餘”的古音不同，不可能諧音，“鷄”與“吉”只是在入聲消失後的北方官話中才變得可以諧音了。“魚”應該是在疑母消失後，“餘”的以母消失後，二者才能諧音，所以二者的諧音在元代以後。因此，這個諧音民俗的產生不會很早。過年過節，門前放大象，因為“象”與“祥”諧音，象徵吉祥如意。嶺南地區春節多以桔子來作裝飾，因為“桔”與“吉”諧音，象徵吉祥。過年吃“年糕”，“糕”與“高”諧音，象徵年年高升。

廣東方言詞彙稱“豬舌頭”為“豬脷”。因為“舌頭”的“舌”與“折本”的“折”諧音，喜歡經商的廣東人以為聽起來不吉利，要虧錢，於是改“豬舌”為“豬脷”。

廣東很多姓“李”的人不吃“鯉魚”，因為“鯉”與“李”諧音。

重慶人對話。甲：“這是真的呀?”乙：“不是蒸的，是煮的呀!”因為在重慶話中，“真”與“蒸”同音。這種前後鼻音在細母音前相混的語音現象在眾多方言中都存在。

《三國演義》第七十四回稱：“卻說關平見關公箭瘡已合，甚是喜悅。忽聽得於禁移七軍於樊城之北下寨，未知其謀，即報知關公。公遂上馬，引數騎上高阜處望之，見樊城城上旗號不整，軍士慌亂；城北十里山谷之內，屯着軍馬；又見襄江水勢甚急，看了半響，喚嚮導官問曰：‘樊城北十里山谷，是何地名?’對曰：‘罾口川也。’關公喜曰：‘於禁必為我擒矣。’將士問曰：“將軍何以知之?”關公曰：‘魚入罾口，豈能久乎?’諸將未信。”關公這裏以“於禁”的“於”和“魚”諧音，認為“魚（於）入罾口”，等於陷入網中，必被生擒。考論古音，“魚”是疑母，“於”是喻三，二者在元末明初的《三國演義》中同音。可見在《三國演義》的元末明初時代，疑母的“魚”已經失去了後鼻音聲母，而讀為撮口呼了，喻三的“於”（早與影母合流）也已經讀為撮口呼聲母。這則音韻學的諧音材料雖然很少被音韻學家使用，卻與音韻學家的研究結論完全吻合。王力《漢語語音史》②卷上“歷代的音系”第七章“元代音系”稱：“在元代，疑母消失了，原疑母字併入喻母，而元代的喻母包括守溫字母的影喻兩母。”以影母切疑母、以喻母切疑母的例證眾多，文煩不錄。耿振生《音韻通講》第六章“近代音”第一節“中原音韻”和“元代北京音系”：“喻母的全部和疑母的大多數字併入影母，即變成了零聲母。”③

張廷興《諧音民俗》一書是研究諧音文化的專著，收集漢字文化中的諧音技巧頗為豐

---

① 不僅文人好用諧音，古代的術士、讖語更多用諧音（及拆字術），以示祥異。《史記·秦始皇本紀》：“燕人盧生使入海還，以鬼神事，因奏錄圖書，曰：‘亡秦者胡也。’”秦始皇以胡為匈奴，因胡與匈諧音，不知胡乃胡亥。同篇載流言：“今年祖龍死。”祖即始，龍為皇帝的象徵，言今年始皇死。另如《玄怪錄》卷2“尼妙寂”條的隱語。此雖不關諧音，然亦讖語之術。《後漢書·五行志二》注曰：“臣昭曰：‘槐是三公之象，貴之也。’”則以槐為貴之諧音和雙關語，故槐為三公之象。《後漢書·五行志》錄有許多童謠，多是用漢字的形、音、義來作文字隱語。如拆董字為千里草，拆卓字為十日卜。《後漢書·袁術傳》袁術見讖書言“代漢者當塗高”，則以“當塗高”為“魏”字之意。楊慎《丹鉛總錄》卷21“隋末詩讖”條引《海山記》有曰：“三月三日到江頭，正見鯉魚波上游。意欲持鉤往撩取，恐是蛟龍還復休。”此是唐興之兆。蓋以鯉為李唐王朝之李的諧音和雙關語。

② 見王力：《王力文集》（第十卷），濟南：山東教育出版社1987年版，第389頁。其中“元代音系”一章利用的是《中州音韻》的反切系統。關於《中州音韻》，可參看何九盈先生的《〈中州音韻〉述評》，收入何九盈：《音韻叢稿》，北京：商務印書館2002年版。董冰華：《〈中原雅音〉與〈中州音韻〉考論》，廈門：廈門大學出版社2017年版。

③ 耿振生：《音韻通講》，石家莊：河北教育出版社2001年版，第368頁。

富，論述很詳盡，值得參考。我們從中轉述一些材料。其書寫道："有些作家，善於根據人物特徵，選取與之相諧音的名字給文學作品中的人物命名。如《金瓶梅》中的遊守，諧音遊手；郝閒，諧音好閒；溫必古，諧音'溫屁股'，喜男風；韓道國，諧音'還搗鬼'，'國'方言中讀 guǐ，同'鬼'音；車淡，諧音'扯蛋'；應伯爵，諧音'應白嚼'，當篾片，小混混，混吃混喝；常時節，諧音'常時借'；吳典恩，諧音'無點恩'，忘恩負義的白眼狼；卜志道，諧音'不知道'（卜的入聲已經消失）；雲離守，諧音'雲裏手'，翻雲覆雨，在官場上遊刃有餘；李外傳，諧音'裏外賺'。《紅樓夢》中有些名字也是用這種方法取的，如甄士隱，為'真事隱'的諧音；元春、迎春、探春、惜春，取第一個字為'原應嘆息'的諧音。"[1] 另外，《紅樓夢》第五回的美酒名"千紅一窟"，"窟"與"哭"諧音；美酒"萬艷同杯"的"杯"與"悲"諧音。

張廷興《諧音民俗》列舉了豐富的諧音材料，很有啓發性，大致轉錄如下：

八—發：888—發發發。

掰—百：把一個饅頭一掰等於一百個饅頭。

柏—百："百事大吉"用柏枝。

爆—報：竹報平安，即爆竹燃放。

蔔—福：舊時蘿蔔稱為"蘿菔"，有春節吃蘿蔔求福習俗。

材—財：棺木俗稱"材"，諧音"財"。

菜—財：春節吃生菜，諧音"生財"。

柴—財：春節有送柴習俗。

秤—稱：婚禮用秤，義為"稱心如意"。

綢—稠：用綢料做嫁衣，祈子多福多。

綢—愁：嫁衣禁忌用綢料。

竹—祝：用在賀壽圖中。

蔥—聰：用在祈子儀式中。

倒—到：將東西倒置，或將"福、喜"字倒貼，取"到了"之義。

燈—丁：用在祈子儀式中。丁的意思是人丁、人口。

蝶—耋：用在賀壽圖中。

釘—丁：用在祈子習俗中。

斗—陡：婚禮中斗中放有麥麩，取"陡富"之義。

豆—鬥：祭祀不用豆製品。

緞—斷：不用緞料做嫁衣、做壽衣。

鵝—我、餓：稱鵝為"長脖""望天"。

芙—夫：樂府民歌以芙蓉諧"夫容"。

①　張廷興：《諧音民俗》，北京：中央民族大學出版社 2000 年版，第 83 頁。

蝙—福：蝙蝠在民間圖案中象徵福。

腐—福：民間春節喜用豆腐，取義“都有福”。

糕—高：棗糕，諧音“早高”，為春節食品。

瓜—娃：祈子吉祥物。

棺—官：諧音解夢方法。

丸—完：待客的最後一道菜為“丸子”。

桂—貴：組成“早生貴子”的口彩語，或取“富貴”之義。

盒—和：用在民間圖案中，取“和睦”之義。

槐—壞：不用槐木為建築材料。

鷄—吉：取吉利之義。

薑—僵：蠶民忌說僵。

今—金：“金日大吉”用於店鋪開張。

九—久：9月9日，為結婚佳期。

韭—九：以韭代替九種菜。

橘—吉：春節送金橘，諧“金吉”。

空—凶：粵方言忌言“空”，逢“空”言為“吉”。

褲—富：民間有新娘縫褲風俗。[①]

梨—離：忌用梨作禮品。寓意：分離、離別。

栗—利、立：取“立子”“吉利”之義。

蠣—利：同上。

蓮子—戀子：樂府詩歌中常用“蓮子”借指所愛戀的人。

梁—梁：民間喜用榆木為梁，諧音“餘梁”。

柳—留：古有“折柳送別”習俗。

六—溜：東北忌上六個菜待客。

鹿—祿：鹿為民間吉祥圖案。

貓—耄：用作祝壽圖案。

梅—媒、眉：要梅、送梅以象徵求偶，梅又為民間圖案，如《喜上眉梢》。

瓶—平：民間吉祥圖案，“平安”之義。

芹—勤：育兒習俗。

磬—慶：民間吉祥圖案。

桑—喪：民間院前不栽桑樹。

笙—生：用在催生禮俗中。

柿—事：柿餅用在春節中，取義“百事大吉”。

---

① 光華案：在粵方言中，“褲”讀音與“富”相同，讀 fu。

　　書—輸：忌以書為禮品。①

　　瘦—壽：瘦石是長壽的象徵。②

　　四—死：民間忌諱"四"。

　　絲—思：民歌常用絲表達思念。

　　碎—歲：取"歲歲平安"之義。

　　蒜—算：取知數、會計算之義。

　　桃—逃：民間以桃木為驅邪之具。③

　　童—同：民間圖案以"童"諧音"同"，構成"普天同慶""同賀新禧"等。

　　錫—媳：民間將"偷錫"說成"扒灰"，以避"偷媳"。

　　嬉—喜：民間以嬉子為喜兆。④

　　鹹—賢：民間以鹽放入婚嫁嫁妝中，取"賢慧"之義。

　　象—祥：民間吉祥圖案。

　　洗—死：上海人避"洗"，為"汰""抹""揩"。

　　騷—燒：船家、商人忌船頭、門口小便。

　　鞋—諧：新娘向婆家人贈鞋，取"和諧"之義。

　　杏—幸：民間喜用杏木做門板。

　　鴨—壓：民間不用鴨為宴菜，稱鴨為"老歪、扁嘴"。

　　羊—祥：舊以羊為聘禮，取吉祥之義。

　　酉—有：民間春節有張貼"酉"字的風俗。

　　魚—餘：民間用魚表示"有餘"。

　　榆—餘：民間喜用榆木做梁。

　　鐘—終：民間不用鐘為禮物。

　　柱—住：民間喜用"柱子"為乳名。

　　豬—朱：姓朱的人忌言"豬""殺豬"。

　　箸—住：船民忌言"箸"，說成"快"。

　　粽—宗：民間以粽子為祭品，以祭祖宗。⑤

　　此書還收集了很多諧音民俗的材料，難以詳錄。以上的眾多例證可以表明，漢字的諧音文化廣泛滲透到了中國人的生活與思想之中。日本古代的貴族詩歌——和歌也極重視此種技巧，日語稱為"掛言葉"（讀為 Kakekotoba），廣泛使用於和歌的創作中，使得和歌富有藝術性和感染力。

---

① 光華案：廣東、香港等地人喜歡做生意，也喜歡賭博，忌諱"書"與"輸"同音。
② 光華案：祝壽的麵條要細長（即瘦），象徵長壽（諧音瘦）。
③ 光華案：道教徒作法驅邪用桃木劍，寓意是讓疫鬼快逃。
④ 光華案：《全唐詩》卷 328 權德輿《玉台十二首》："昨夜裙帶解，今朝蟢子飛。鉛華不可棄，莫是藥砧歸。"
⑤ 張廷興：《諧音民俗》，北京：中央民族大學出版社 2000 年版，第 61－64 頁。

二、漢字的諧音技巧與訓詁學

　　我國古文獻的語言藝術自西周以來已經高度發展，極其優美。語言的諧音技巧是語言優美藝術的一個重要方面，對諧音技巧的研究，會有助於訓詁學的研究。我們對上古文獻中訓詁與諧音現象的關係作了比較詳細的探討和考察（最後一例是中古時代）。今舉證討論如下：

　　《左傳·僖公四年》載卜人諫晉獻公立驪姬為夫人，卜人曰：“專之渝，攘公之羭。一熏一蕕，十年尚猶有臭。”“渝”與“羭”諧音，“蕕”與“猶”諧音，言猶（蕕）有臭，熏已無香氣，香氣和臭氣混在一起，香氣敵不過臭氣。

　　《左傳·僖公五年》記晉獻公假途滅虢時，虞公借道與晉。其時有童謠兆虢將亡。其辭有曰：“鶉之賁賁，天策焞焞。火中成軍，虢公其奔。”“奔”與“賁”諧音。①

　　《尚書大傳》卷三：“商子曰：‘喬者，父道也。……梓者，子道也。’”喬為父道，只因“喬”是“考”的諧音。梓為子道，只因為“梓”為“子”的諧音。②

　　《左傳·宣公三年》：“吾聞姬姞耦，其子孫必蕃。姞，吉人也。”因“姞”與“吉”諧音，石癸竟以娶姞姓女子為吉利。

　　《左傳·宣公二年》：“城者謳曰：‘睅其目，皤其腹，棄甲而復。’”這首諷刺歌謠的妙處也在於“腹”與“復”諧音。

　　《左傳·莊公二十二年》記陳氏將興於姜姓的齊國，那神秘的占卜之言，其神秘完全在諧音上。其辭曰：“鳳凰於飛，和鳴鏘鏘。有媯之後，將育於姜。五世其昌，並於正卿。八世之後，莫之與京。”其中姜暗喻姜姓的齊國。姜、卿、京三字諧音，不僅押韻而已。“將”又與“鏘”諧音。

　　《左傳·襄公四年》：“國人誦之曰：‘我君小子，朱儒是使。朱儒朱儒，使我敗於邾。’”國人的刺譏表現為利用了朱儒的“朱”與邾國的“邾”為諧音字。

　　《國語·魯語上》：“夫婦贄不過棗、栗。”韋注：“棗，取蚤（早）起；栗，取敬慄。”分明以“棗”與“蚤（早）”諧音，“栗”與敬慄的“慄”諧音雙關，彰彰可明。

　　《漢書·李廣蘇建傳》：“（任立政）數數自循其刀環，握其足，陰諭之，言可還歸漢也。”此則“環”與“還”字諧音。

　　《論語·八佾》：“宰我對曰：‘周人以栗，曰使民戰慄。’子聞之曰：‘成事不說，遂事不諫，既往不咎。’”孔曰：“宰我不本其意，妄為之說。因周用栗，便云使民戰慄。”包曰：“孔子非宰我，故歷言此三者，欲使慎其後。”宰我長於言語，與子貢齊名，對語言的諧音極敏感，他把作為社木的栗與戰慄的慄相聯繫，雖失於鑿，但善於利用語言的諧音。

---

　　① 《禮記·檀公上》：“縣賁父御。”《經典釋文》：“賁音奔。”《後漢書·百官志》注：“虎賁，舊作虎奔。”喻虢滅亡時，虢公將如同鶉鳥一樣逃奔。

　　② 《禮記·檀弓上》：“殷人棺槨。”《經典釋文》：“殷人上梓。梓音子。”梓又作杍。

後世劉成國的《釋名》以動詞釋名詞，全用音訓。其方法與宰我完全一致。①

《國語·晉語一》："公說，是故使申生伐東山，衣之偏裻之衣，佩之以金玦。"韋注："玦如環而缺，以金為之。"又"故告之以離心，而示之以堅忍之權"。韋注："離心，偏衣中分也。堅忍，金玦也。玦亦離。《傳》曰：'金寒，玦離'。""玦"之所以示離別之意，正是因為"玦"是"訣"字的諧音字。②

《國語·晉語二》謂公子夷吾奔梁，"居二年，驪姬使奄楚以環釋言"。韋注："環，玉環。環，還也。"用"環"表和解，只因"環"與"還"字諧音，寓勸其回還之意。

《白虎通·文質》言古人以諧音喻象徵，最為詳析。如以璋與章、琮與綜、瑁與冒、珪與規皆為諧音。③

《劉子·鄙名》："而人懷愛憎之意者，以其名有善惡也。今野人晝見蟢子者，以為有喜樂之瑞，夜夢見雀者，以為有爵位之象。"則以"蟢"為"喜"的諧音，"雀"與"爵"諧音。其例甚眾，不可悉舉。④

我們如果不了解上古文獻中的諧音技巧，則對於古文獻的訓詁和深入理解都將產生隔膜。我們舉出若干重要的材料來討論《詩經》的諧音藝術。

三、《詩經》的諧音藝術新考

《詩經》中有諧音藝術，這是學者們常常忽略的。本文列舉六個例證來作詳細的考論。

（一）《詩經·卷耳》"卷耳"

《詩經·卷耳》："采采卷耳，不盈頃筐。嗟我懷人，置彼周行。"這首詩的主題思想是甚麼呢？王先謙《詩三家義集疏》⑤引《魯詩》："思古君子官賢人，置之列位也。"《毛詩序》："后妃之志也。又當輔佐君子，求賢審官，知臣下之勤勞，內有進賢之志，而無險詖私謁之心，朝夕思念，至於憂勤也。"都是說"思念賢人來輔佐君子"。問題在於"思念"的主題除了詩中的"懷人"之外，為甚麼前面要有"采采卷耳"來作起興呢？"采采卷耳"與"嗟我懷人"之間有甚麼邏輯關聯呢？"卷耳"這種低賤的野菜怎麼能夠與"懷人"相

---

① 饒宗頤《梵學集》認為以動詞釋名詞之法與古天竺冥合，可能受自西天。實則我國春秋時的宰我早明此法。

② 《說文新附》："訣，別也。"《玉篇》："訣，死別也。""訣"訓"別、離"，《經籍籑詁》《康熙字典》中引證甚多。《莊子·田子方》："緩佩玦者事至而斷。"玦為飾玉而象徵果斷之意，因玦與決諧音。成疏："玦，決也。"《國語·晉語二》韋注："玦，決也。"決即果決、決斷之意。《急就篇》卷4王應麟補注引《白虎通》曰："君子能決斷則佩玦。"《太平御覽》卷692引《白虎通》為"能決嫌疑即佩玦"，《初學記》卷26所引同於《太平御覽》。故佩帶玦者寓意為事至而斷。《易·繫辭下》："蓋取諸夬。"注："夬，決也。書契所以決斷萬事也。"《釋名·釋言語》："夬，決也。"《易乾鑿度》："夬之為言決也。"《文心雕龍·徵聖》："書契斷決以象夬。"《白虎通·諫諍》："賜之環則反，賜之玦則去。"《左傳·閔公二年》："金玦不復。"顧炎武《補正》曰："人臣賜玦則去，故曰不復。"《閔公二年》又曰："金寒玦離。"又曰："佩以金玦，棄其衷也。"亦見《漢書·五行志》所引。

③ 此為我所釋，原文以琮為聖，以珪為瑞，似未中肯。

④ 其他例子可參考朱光潛：《詩論·詩與隱》，北京：中華書局2012年版；錢鍾書《管錐編·毛詩正義》卷"澤陂"章、《管錐編·全三國文》卷十四"惡物而成吉征"章（均見錢鍾書：《錢鍾書集》，北京：生活·讀書·新知三聯書店2011年版）；呂叔湘：《語文雜記》，上海：上海教育出版社1984年版，第30頁，論《北夢瑣言》中有諧音。

⑤ 王先謙撰，吳格點校：《詩三家義集疏》，北京：中華書局1987年版，第23頁。

關聯呢？古今的經學家們都沒有說清楚其中的奧秘。我認為其中有諧音的藝術技巧。我的研究認為：《詩經》的"卷耳"二字與"眷爾"諧音，象徵"眷念你、思念你"，於是才能與《詩經·卷耳》中的"懷人"、《毛詩序》中的"朝夕思念"發生邏輯上的關聯。只有明確了這個諧音，才能真正解決《卷耳》的訓詁以及為甚麼用"卷耳"作為描寫的意象。《詩三家義集疏》引《本草》稱"卷耳"有別名為"常思"，這是對的，但沒有從訓詁學上予以闡明為甚麼"卷耳"有"常思"這個別名。

(二)《詩經·靜女》"彤管"

《詩經·靜女》："靜女其姝，俟我於城隅。愛而不見，搔首踟躕。靜女其孌，貽我彤管。彤管有煒，說懌女美。自牧歸荑，洵美且異。匪女之為美，美人之貽。"王先謙《詩三家義集疏》引《齊詩說》《毛詩序》《鄭玄箋》都把這首詩的主題解釋為諷刺衛國國君無道，恐不是詩歌的本義，還是應該解釋為一首愛情詩。其中難以理解的是，為甚麼靜女要贈送我"彤管"呢？"彤管"有甚麼含義呢？這是經學家眾說紛紜的難題。魯詩解釋為："古者后夫人必有女史彤管之法，后妃群妾以禮御於君所，女史書其日，授其環，以示進退之法。"毛傳解釋為："古者后夫人必有女史彤管之法，史不記過，其罪殺之。"云云。這樣的闡釋過於牽強，明顯與《詩經·靜女》詩意本身不符合。其他學者的解釋也多，不必詳錄。我認為其中最難解的"彤管"和"荑"有諧音的技巧。我們前面所引的漢字諧音文化的材料顯示，贈送禮物的名稱往往有其象徵意義。男女之間贈送禮物是為了表達愛情。有些學者將"管"解釋為"菅"，並聯繫民俗學，我以為也不能解決問題。考"管"的上古音是見母元部，"顏"是疑母元部，疑母和見母都是舌根音，發音部位相同，可以相通，在諧聲字中例證極多：

見母	疑母
澆	堯
見	峴
各	額
艮	眼
皋	翺
今	吟
金	鑒
圭桂	崖涯
幹	岸

類例尚多。加上"管"和"顏"同為元部，因此，二者上古音相近，可以諧音。"彤管"可以隱喻"紅顏"。女子將"彤管"送給男子，就可以象徵"我願意做你的紅顏知己"。這就是靜女送男子彤管的寓意，是委婉含蓄地表達愛情，與女史彤管之法毫無關係。

只有理解這個諧音技巧，才能對"彤管"的含義作出精確的訓詁。

　　《詩經·靜女》接着說："自牧歸荑，洵美且異。匪女之為美，美人之貽。"美人為甚麼要送很普通的"荑"草給心愛的男子呢，而且男子能夠看懂美女的情意？這也是因為作為男女示愛禮物的"荑"字有諧音，可以表達愛意。"荑"的上古音是定母脂部，其所得聲的"夷"是喻四脂部。在上古音中，"喻四歸定"，而且"荑"就是以"夷"為聲符，因此，二者一定可以諧音。"夷"正有喜歡的意思。《詩經·鄭風·風雨》："云胡不夷？"毛傳："夷，說也。""說"就是"悅"。《詩經·小雅·節南山》："既夷既懌。"鄭箋："夷，說也。"《詩經·商頌·那》："我有嘉客，亦不夷懌。"毛傳："夷，說也。"《詩經·草蟲》："我心則夷。"王先謙《詩三家義集疏》引魯說："夷，悅也，喜也。"《爾雅·釋言》："夷，悅也。"因此，美女送我"荑"草可以象徵美女喜歡我，雖然"荑"草並不是貴重之物，但可以表達美女對我的喜悅之情。只有理解這個諧音技巧，才能有對"荑"的精準訓詁。

　　贈送禮物以表達情意，並不在於禮物本身是否有價值，而在於其通過語音表達的象徵意義。舉一個旁證：廣東人喜歡吃北方草原上很普通的"髮菜"，本來其語源來自這種植物細長如髮絲，也不好吃，沒有味道，但是因為"髮菜"和"發財"可以諧音，於是廣東人在粥和湯裏面常常加"髮菜"，盼望能夠發財。再如，女子送自己的貼身內衣給心儀的男子，象徵女子對男子的依戀、依靠，則是利用了"衣"和"依"的諧音。

（三）《詩經·鄘風·相鼠》"有齒"

　　《詩經·鄘風·相鼠》："相鼠有皮，人而無儀！人而無儀，不死何為？相鼠有齒，人而無止！人而無止，不死何俟？相鼠有體，人而無禮，人而無禮！胡不遄死？"這首詩也有諧音的藝術技巧。為甚麼要說"人而無止"的時候前面要說一個"相鼠有齒"呢？二者有甚麼邏輯或意象上的關聯呢？這是因為"相鼠有齒"的"齒"和"人而無止"的"止"諧音，"齒"是从"止"得聲，因此"齒、止"上古音可以諧聲。"止"訓"容止"或"禮"，意思是"看老鼠尚且有齒（諧音止，訓為有容止、有禮），人卻沒有容止，沒有禮"，人不如鼠。《詩經·鄘風·相鼠》："人而無止。"鄭箋："止，容止也。"《詩經·大雅·抑》："淑慎爾止。"鄭箋："止，容止也。"這是訓"容止"。更考《詩經·小雅·小旻》："國雖靡止。"鄭箋："止，禮。"《荀子·不苟》："見由則恭而止。"楊注："止，禮也。"《廣雅·釋言》："止，禮也。"《廣韻》："止，禮也。"這是訓"禮"。其實"止"訓"容止"和訓"禮"，意思是相近的。只有將"齒"理解為"止"的諧音字，才能準確解釋"相鼠有齒，人而無止"這兩句的邏輯關聯。

　　那麼前面的"相鼠有皮"和"人而無儀"有甚麼關聯呢？這裏面沒有諧音，但是有意思上的關聯。"皮"和"儀"都是外表，都是表面形式，這是常識，無須舉證。老鼠尚且有皮（儀表），但是人卻沒有儀表，人不如老鼠。二者的關聯從此可以見出。於此可見中國古代的禮儀文化是重視形式的，講究儀容得體，並非專重內涵。

　　"相鼠有體"和"人而無禮"兩句有甚麼邏輯關聯呢？這可以說也有音義上的聯繫。

因為"體"訓"禮","禮"訓為"體",這是聲訓,二者是同源詞,音義皆通。《周易·坤卦·文言》:"正位居體。"焦循《章句》:"體猶禮也。"《詩經·邶風·谷風》:"無以下體。"《韓詩外傳》引"體"作"禮"。《法言·問道》:"禮,體也。"《廣雅·釋言》:"禮,體也。"《玉篇》《集韻》同。《禮記·禮運》孔穎達疏:"禮者,體也。""禮"是來母,"體"是透母,而且二者聲符相同,古音可以相通相諧。來母和透母上古音可以諧聲。如獺/賴、體/禮、離/離、寵/龍、瘳/醪,這些都是來母和透母相通的諧聲字。因此,"相鼠有體,人而無禮"的意思是:看那老鼠尚且有體(諧音"禮"),人卻沒有禮。也可以說:老鼠尚且有體,人卻沒有禮(諧音"體"),人連老鼠都不如。這樣解釋,全詩的關鍵意思都豁然貫通了。

(四)《詩經·衛風·木瓜》"瓜·琚"

《詩經·衛風·木瓜》:"投我以木瓜,報之以瓊琚。匪報也,永以為好也!投我以木桃,報之以瓊瑤。匪報也,永以為好也!投我以木李,報之以瓊玖。匪報也,永以為好也!"

關於《詩經·衛風·木瓜》的主題思想,參看王先謙《詩三家義集疏》所引各家說,此不錄。① 我們只是解說此詩本體的意思。本詩明顯是男女互贈禮物以表示情意。春秋時代的衛國人引用來表達對齊桓公的感恩之情,這是很正常的。《毛詩序》:"美齊桓公也。衛國有狄人之敗,出處於漕,齊桓公救而封之,遺之車馬器服焉。衛人思之,欲厚報之而作是詩也。"我以為與其說是衛人"作",不如說是衛人"誦"或"賦"。這首詩的關鍵是為甚麼要用"木瓜、瓊琚"這些意象,這是因為利用了諧音來表達象徵的意義。考論如下:

"投我以木瓜,報之以瓊琚。匪報也,永以為好也。"投木瓜的一定是女子,其中的"瓜"諧音"家","瓜、家"的上古音都是見母魚部,僅有開合口的不同,完全可以諧音。古代女子出嫁,故有"家"。女子將"木瓜"投給男子,可以象徵願意嫁給那個男子。"琚"與"居"諧音,即居處。男子報以"瓊琚",象徵我用給你一個美好的居處(豪宅)來報答你要嫁我的情意。但情義無價,所以說"匪報也,永以為好也"。"好"是"情好"的意思。《詩經·鄭風·遵大路》:"不寁好也!"朱子《詩集傳》:"好,情也。"這是正確的訓詁。

"投我以木桃,報之以瓊瑤"這兩句的"桃、瑤"都與"嫖"諧音。"桃"為定母宵部,"瑤、嫖"為喻四宵部,"喻四歸定",二者可以諧音。"嫖"可以表示男女之間的愛情。《廣雅》:"嫖,姪也。"《方言》卷六:"佚,姪也。"戴震《方言疏證》:"嫖,與姪通用。""姪"正是表示男女不以禮發生性關係。② 所以,互贈木桃、瓊瑤可以隱喻男女之間的愛情。詩人選擇的各種意象都是精心而為,都有明確的象徵意義,不是普通的交換禮物。

"投我以木李,報之以瓊玖",其中的"李",諧音"理",二者古音相通。③ "理"是

---

① 王先謙撰,吳格點校:《詩三家義集疏》,北京:中華書局1987年版,第311頁。
② 參看宗福邦、陳世鐃、蕭海波主編:《故訓匯纂》,北京:商務印書館2003年版,第528頁。
③ 參看宗福邦、陳世鐃、蕭海波主編:《故訓匯纂》,北京:商務印書館2004年版,第175頁。

婚嫁的"媒人"。《廣雅·釋言》："理，媒也。"王念孫《廣雅疏證》① 引《楚辭·離騷》："吾令蹇修以為理。"蔣驥注："理，媒使也。"又《楚辭·離騷》："理弱而媒拙兮。""理"與"媒"同義。《楚辭·九章·抽思》："理弱而媒不通兮。"《楚辭·九章·思美人》："令薜荔以為理兮。"姜亮夫《楚辭通故》（三）② 將這些"理"釋為"媒"。"理"與"媒"同義。所以"李"（諧音"理"）可以象徵媒。而"玖"諧音"久"，象徵我將與你長久相守，我們的愛情一定會長久。"投我以木李，報之以瓊玖"，意思是你既然派遣媒使來向我傳情，我就回報你永久的愛情。這就是詩人選擇"木李、瓊玖"要表達的意思。

只有理解了這些諧音藝術，我們才能真正讀懂此詩。

（五）《詩經·邶風·新台》"泚·灑"

《詩經·邶風·新台》："新台有泚，河水瀰瀰。燕婉之求，籧篨不鮮。新台有洒，河水浼浼。燕婉之求，籧篨不殄。魚網之設，鴻則離之。燕婉之求，得此戚施。"這首詩的主題是諷刺衛宣公強淫兒子伋之妻荒淫無恥。《毛序》："刺衛宣公也。納伋之妻，作新台於河上而要之，國人惡之而作是詩也。"鄭箋："伋，宣公之世子。"三家無異義。孔疏："此時伋妻蓋自齊始來，未至於衛，而公聞其美，恐不從已，故使人於河上為新台，待其至於河，而因台所以要之耳。"王先謙《詩三家義集疏》③ 稱："案，《疏》說是也。《易林·歸妹之蠱》：'陰陽隔塞，許嫁不答。《旌丘》《新台》，悔往嘆息。'此《齊詩》說。"

要精確解釋此詩的內涵就必須懂得詩中的諧音技巧。"新台有泚，河水瀰瀰"，毛傳："泚，鮮明貌。瀰瀰，盛貌。水所以潔污穢，反於河上而為淫昏之行。""泚"，三家詩作"玼"。《說文》："玼，新色鮮也。"則"玼"和"泚"為同源詞，為色澤鮮明的樣子。文字表面上是說新台因為是剛剛建成的，所以很新，鮮妍光華。但其諷刺的含義表現在"玼"或"泚"都是"恥"的諧音字，隱喻新台有"恥"。衛宣公在新台上強行要和剛來的兒媳發生亂倫關係。衛國人認為這是國君的羞恥，也是衛國的羞恥。

"新台有灑，河水浼浼"，這裏有異文問題，非常重要。《韓詩》"灑"作"漼"。當以作"漼"為精確。《說文系傳》引《詩》"新台有漼"，云字本作"渾"。以作"渾"為本字。《說文》："渾，新也。"《廣韻·上聲·賄韻》："渾，新水狀也。"與"漼"同音（同在《廣韻》的一個小韻）。"渾"從"皋"得聲，因此二者可以諧音。"皋"就是"罪"字④。"新台有渾"表面上是說新台的建築很光鮮亮麗，但隱喻新台有"罪"。所以，只有懂得這個諧音的技巧，才能有對《詩經·邶風·新台》諷刺衛宣公的淫亂作出準確的詮釋。如果依據《毛詩》作"灑"，則不可能有精確的訓詁來理解詩的諧音技巧。不理解諧音藝

---

① 見王念孫撰，張其昀點校：《廣雅疏證》，北京：中華書局 2019 年版，第 384 頁。錢大昭稱：未詳。見錢大昭撰，黃建中、李發舜點校：《廣雅疏義》（上冊），北京：中華書局 2016 年版，第 397 頁。

② 姜亮夫：《楚辭通故》（三），昆明：雲南人民出版社 1999 年版，第 522 頁。

③ 王先謙撰，吳格點校：《詩三家義集疏》，北京：中華書局 1987 年版，第 209 頁。

④ "皋"是"罪"的古字。秦始皇統一全國後稱始皇帝，而"皋"的字形與"皇"字相近，所以秦始皇另造了"罪"字，廢棄"皋"字不用。參看《說文解字》"皋"字和段注（"罪"本來是從"非"聲的形聲字，訓捕魚網。代替"皋"後，成了會意字）。

術，就不能理解詩的諷刺所在。於此可見，古文經的《毛詩》也不是完全可信的，《韓詩》此處的"濯"就勝過《毛詩》的"灑"。

(六)《詩經·鄭風·子衿》"佩"

《詩經·鄭風·子衿》："青青子衿，悠悠我心。縱我不往，子寧不嗣音？青青子佩，悠悠我思。縱我不往，子寧不來？挑兮達兮，在城闕兮。一日不見，如三月兮。"這是一首情詩，一覽即明。問題是"青青子佩"和"悠悠我思"之間有甚麼邏輯關聯呢？關鍵在於"佩"這個具體的佩玉①，是"服"的諧音字。"佩"的上古音是並母之部，"服"是並母職部，二者是嚴格的陰陽對轉，可以相通和諧音。在故訓中，往往將"服"解釋為"佩"②，這是音訓。"服"在上古有"相思"的意思。《尚書·康誥》："服念五六日。"孔傳釋"服念"為"思念"。《詩經·周南·關雎》："寤寐思服。"毛傳："服，思之也。"《詩經·大雅·文王有聲》："自西自東，自南自北，無思不服。"《莊子·田子方》："吾服女也甚忘。"郭象注："服者，思存之謂也。"《韓詩外傳》卷五："子其勉強之，思服之。"《後漢書·章帝紀贊》："思服帝道。"《潛夫論·救邊》："普天思服。"謝靈運《燕歌行》："展轉思服悲明星。"思與服互文同義。

《詩經·鄭風·子衿》中的是"子"是男子還是女子？與"子"相對的"我"是男子還是女子？依據毛傳，佩玉的是男子，則"我"是女子。《詩經·鄭風·女曰雞鳴》這首詩的主題，經學家有不同的解釋，毛傳以為是賓客之間的應酬。但詩的本身明顯是表達男女之情。③ 此詩描寫女子思念男子，將"佩"贈送給男子，分明以"佩"有表達"相思"之義："知子之來之，雜佩以贈之。知子之順之，雜佩以問之。知子之好之，雜佩以報之。"可見"佩"可以作為男女之間表達情意的禮物。

《詩經·秦風·終南》④："佩玉將將，壽考不亡。"魯詩"將"作"鏘"，魯詩、齊詩"亡"作"忘"，當以作"忘"為正，"亡"借為"忘"。考《詩經·小雅·蓼蕭》："其德不爽，壽考不忘。"正作"忘"字。另，《詩經·秦風·終南》"壽考"一詞，經學家以為是尋常義，多不解釋。王先謙《詩三家義集疏》對此不作訓詁。我認為"壽考"一詞是用的典故。考《詩經·大雅·棫樸》："周王壽考。"鄭箋以"周王"為"周文王"，時年九十餘歲。因此可以用"壽考"一詞來代指周文王。《詩經·秦風·終南》"壽考不亡"乃謂不忘周朝先王周文王之美德。佩玉之聲可以象徵對先王恩德的"思念"。

《詩經·衛風·竹竿》序稱："衛女思歸也。"詩曰："巧笑之瑳，佩玉之儺。"毛傳：

---

① 佩還有大帶的意思，但在此詩中依據毛傳不是大帶，是佩玉。
② 參看宗福邦、陳世鐃、蕭海波主編：《故訓匯纂》，北京：商務印書館 2004 年版。又，《晏子春秋·內篇·雜上·曾子將行晏子送之而贈以善言第二十二》章云："庶人不佩。"《荀子·勸學》"佩"作"服"。《史記·三王世家》："君子不近，庶人不服。"也作"服"。《淮南子·說林訓》："賢者以為佩。"注："佩，服也。"
③ 關於此詩主題的各家說，參看魯洪生主編：《詩經集校集注集評》（卷四），北京：現代出版社 2015 年版，第 1948－1951 頁。
④ 參看王先謙撰，吳格點校：《詩三家義集疏》，北京：中華書局 1987 年版，第 452 頁。

"瑳，巧笑貌。儺，行有節度。"① 今按："瑳"既為巧笑貌，"儺"當是佩玉聲，以調節走路的節度。"佩玉之儺"可以表達"衛女思歸"。可知"佩"有相思之意。

《楚辭·離騷》："溘吾遊此春宮兮，折瓊枝以繼佩。及榮華之未落兮，相下女之可詒。"屈原要用"佩"和"瓊枝"來贈送給"下女"。屈子繼續求美女，云："吾令豐隆乘雲兮，求宓妃之所在。解佩纕以結言兮，吾令謇修以為理。"《楚辭·離騷》："何瓊佩之偃蹇兮。"《文選》六臣注引逸曰："言我佩瓊玉，懷美德。"② 足證"佩"有懷思之意。曹植《洛神賦》："願誠素之先達兮，解玉佩以要之。"陳思王解下玉佩以要約洛神，玉佩是男女交往的信物。郭景純《江賦》："感交甫之喪佩。"《文選》李善注引《韓詩內傳》："鄭交甫遵彼漢皋臺下，遇二女，與言曰'願請子之佩'，二女與交甫。交甫受而懷之，超然而去。十步，循探之，即亡矣。迴顧二女，亦即亡矣。"請佩的意思是請求留情的信物。劉向《列仙傳》"江妃二女"條亦謂："江妃二女者，不知何所人也。出遊於江漢之湄，逢鄭交甫，見而悅之，不知其神人也。謂其僕曰'我欲下請其佩……'"云云，與《韓詩內傳》同。阮籍《詠懷詩》云："二妃游江濱，逍遙順風翔。交甫懷環佩，婉孌有芬芳。猗靡情歡愛，千載不相忘。"從阮步兵這首詩看，"佩"有令人相思不忘的功用。《楚辭·九歌·湘君》："遺餘佩兮澧浦。"王逸注："言己雖見放逐，常思念君。"足見"佩"有"思念"的寓意。《楚辭》王褒《九懷》："撫余佩兮繽紛，高太息兮自憐。"撫佩正謂懷思不忘。顏延年《祭屈原文》："訪懷沙之淵，得捐佩之浦。"捐佩表示思念屈原。"佩"有思念之義。

基於以上的考證，我們可以明確地得出結論："佩"在古文化中有寄託"思念、相思"的含義，"佩"是"服"的諧音字和雙關語，"服"訓"思念"是常訓。因此"青青子佩"可以引發"悠悠我思"。只有搞清楚了裏面的諧音和訓詁，才能真正賞析《詩經·鄭風·子衿》。

我們考證以上《詩經》的六個具體的諧音，來闡明《詩經》的諧音藝術。這是迄今為止學界沒有注意到的重大學術問題，希望引起學界的高度重視。

參考文獻

[1] 黃侃點校：《黃侃手批白文十三經》（影印本，第 2 版），上海：上海古籍出版社 2008 年版。

[2] 錢鍾書：《管錐編》，北京：中華書局 1994 年版。

[3] 楊樹達：《積微居小學述林全編》（影印本，第 2 版），上海：上海古籍出版社 2007 年版。

[4] 朱光潛：《詩論》，南京：江蘇文藝出版社 2008 年版。

---

① 參看王先謙撰，吳格點校：《詩三家義集疏》，北京：中華書局 1987 年版，第 299 – 300 頁。

② 見《宋刊明州本六臣注文選》（影印本），北京：人民文學出版社 2011 年版，第 506 頁。今本洪興祖《楚辭補注》無此王逸注。參看洪興祖撰，白化文等點校：《楚辭補注》，北京：中華書局 2000 年版，第 40 頁。

New Criticism of Puns in *Book of Poetry*

Pang Guanghua

Abstract：Pun is very important to Chinese language，occupying a remarkable position in the arts of Chinese. There are lots of puns in ancient Chinese language，just as in *Zuo's Commentry* (*Zuozhuan*) and *Book of Poetry*. However，little intensive study has been made about puns in *Book of Poetry* so far. I made a deep research of six puns in *Book of Poetry* in the paper so as to understand accurately the fine arts and ideological content of *Book of Poetry*.

Key words：*Book of Poetry*，*bixing*（比兴），pun

（五邑大學文學院）

西漢文獻的關係動詞及句法研究

胡　偉

提　要　西漢傳世文獻中單音節關係動詞有 19 個，西漢出土文獻中單音節關係動詞有 7 個。本文提出了判定西漢時期關係動詞的四條標準。西漢關係動詞可分為判斷類關係動詞、比類關係動詞和稱呼類關係動詞。西漢關係動詞的句法框架比較簡單，處於發展階段。

關鍵詞　西漢時期　關係動詞　句法

一、西漢文獻中的關係動詞

關係動詞不表示動作、行為或具體的狀態，而只是在句法平面上表示兩種事物之間的關係，這和其他動詞類有所不同。語義上一般都比較抽象，屬於非自主動詞。關係動詞有［＋關係］［－自主］的語義特徵，有起事（關係雙方的起方）和止事（關係雙方的止方）兩個必有語義成分，在意義自足的最小主謂句中，起事為主語，止事為賓語。

從句法功能講，關係動詞所表達的事物之間的關係是定性的、靜態的，因此它們大多不能重疊；不能與時體助詞“了、卻、着、過”等共現；不能帶動量補語、時量補語；不能受程度副詞、頻率副詞修飾。由於關係動詞屬非自主動詞，關係動詞均不出現於祈使句，而是大量出現於陳述句中，極少部分用於反問句中。

關係動詞既然表示的是一種關係，那它必然包含存在這種關係的雙方，語法上表現為需要兩個動元與之共現，所以關係動詞大多為二價動詞。

起事、止事是關係動詞所聯繫的動元。如“徵舒似汝”一句中，“徵舒”是起事，“汝”是止事。

關係類動詞的兩端具有開放性，即主語和賓語既可以由體詞性成分充當，也可以由謂詞性成分充當。無論是由體詞性成分還是由謂詞性成分充當，從語用角度看都具有指稱性。

關係動詞又被人稱為“同動詞、係詞、聯繫動詞、判斷詞、判斷動詞、分類動詞”等，是漢語動詞中較為特殊並受到廣泛關注的一類詞。關係動詞的名稱及數量，前人多有提及。馬建忠稱關係動詞為決辭，有“是、非、為、即”4 個；另有“有、無、似、在、類、如、若”7 個同動詞，合計 11 個。黎錦熙編《新著國語文法》把關係動詞稱為同動詞，另有准同動詞。他把同動詞分為兩大類：決定的同動詞和推較的同動詞。前者有“是、系、為、就是、即、便是、乃是、乃、算是、算、不是、非、匪、為、作（做）、成、化為”17 個；後者有“像、像是、好像、好像是、猶如、如同、如、好似、似、等於”10 個。另有“決定名稱或情狀的”准同動詞“叫做、叫、說是”3 個，文言的“謂之、之謂、曰”3 個，

同内動的 "有" 及其否定式 "沒有"，以及 "沒、無、欠" 5 個；認定名義的外動詞 "認、稱、謂、當、以、以為" 6 個亦應屬此類，共計 44 個。王力、呂叔湘都把關係動詞分為係詞和准係詞兩類。王力（1989）確定為係詞的有 "是、非、為、即、乃、系" 6 個，准係詞有 "像、似、如" 3 個，合計 9 個。呂叔湘（1990）提到 "是、為、乃、即、非" 5 個係詞，准係詞有表 "作為" 義的 "為、做" 2 個，表 "變化" 義的 "化為、化成、變為、合為、分為、為" 6 個，表 "稱謂" 義的 "謂、曰、字、號、叫作" 5 個，表 "猶若" 義的 "猶、如、同" 3 個，共計 21 個。趙元任（1979）把 "等於、叫、姓、號稱、做、當、像" 7 個詞稱為分類動詞，另有一個係詞 "是"，合計 8 個。張靜（1986）稱關係動詞為判斷動詞，只舉了 "是、叫、算、等於、在於、叫作、像" 7 例。劉月華等（2001）稱這類詞為關係動詞，也只舉了 "是、叫、姓、當作、成為、像、等於" 7 例。張寶林（1997）對關係動詞進行過一些探討，經計量考察，共篩選出 65 個關係動詞。張寶林（2002）把上述各家提到的這類詞合在一起，除去重複的，共有 92 個。即：是、為、即、乃、系、便是、乃是、就是、說是、算、算是、非、匪；姓、字、號、叫、叫做、叫作、稱、號稱、簡稱、合稱、謂之、之謂、謂、曰；變、成、變成、變為、成為、合成、合為、分成、分為、組成、構成、化為、化成、化做；當（兵、夥計）、做（好人、東、官、賊）、擔任、充當、充任、兼、兼任、作為、做為、當作、當選；等於、同、相當（於）；認、以、以為、看作；像、像是、好像、好像是、好比、好似、類、似、類似、近似、如同、猶如、如、若、猶；演、扮演、改扮、扮裝、裝、裝作、假裝、假冒、冒充、充；有、沒有、沒、無、欠、在、在於；不是。張先生認為，"非" 與 "匪"、"作為" 與 "做為"、"叫做" 與 "叫作"，都分別是同一個詞的不同寫法，應該分別視為一個詞。這樣合併了 3 個詞之後，還剩 89 個詞語。

張寶林（2002）提出鑒定關係動詞的標準有：①關係動詞的語義功能是對其前後兩個成分之間的同一或類屬關係加以肯定或認定，這種肯定或認定沒有動作性，是相對靜止的、沒有發展變化的；②一般不帶動態助詞 "了" "着" "過"；③一般不能重疊；④一般用 "不" 表示否定；⑤不能帶表示幅度或次數的數量詞語。在這五條標準當中，第一條語義功能標準是決定性的，凡不符合此條的，即可判定其不是關係動詞，後四條是句法功能標準，其中第五條具有決定性作用，不符合這一條的，也不是關係動詞。因此，第一、五兩條是判定關係動詞的必備條件，即必須同時滿足這兩條標準的動詞才有可能是關係動詞，其他三條標準可用作參考。

張寶林（2002）通過用自己的鑒定標準排除上述詞語之後，得到了 37 個關係動詞，根據語體，把它們分為三類。

第一，口語體（5 個）：是、算、姓、叫、像。

第二，書面語體（18 個）：作為（做為）、當作、看作、等於、同、相當（於）、叫做（叫作）、稱、號稱、簡稱、合稱、好像、好比、好似、類似、近似、如同、猶如。

第三，文言語體（14 個）：即、為、乃、系、類、似、如、若、猶、謂之、之謂、謂、曰、非（匪）。

筆者認為關係動詞的判定標準有：

第一，關係動詞屬於非自主動詞，有起事（關係雙方的起方）和止事（關係雙方的止方）兩個必有語義成分，在意義自足的最小主謂句中，起事為主語，止事為賓語。

第二，關係動詞的語義功能是對其前後兩個成分之間的同一或類屬關係加以肯定或認定，這種肯定或認定沒有動作性，是定性的、靜態的。

第三，不能帶表示幅度或次數的數量詞語。

第四，不能與時體助詞共現。

西漢傳世文獻中單音節關係動詞有 19 個，它們是：比、稱、當、得、等、而、呼、類、譬、如、若、是、似、同、為、謂、象、猶、曰。

西漢出土文獻中單音節關係動詞有 7 個，它們是：比、稱、如、若、為、謂、曰。

我們的分類方法是：

第一，判斷類關係動詞。典型的判斷類動詞有“是”“為”。在西漢時期，“乃”“即”“非”類判斷句中，“乃”“即”“非”不是判斷動詞，而是判斷副詞。

第二，比類關係動詞。一是表示相似關係的比類動詞，表明在該動詞所聯繫的不同的雙方之間存在着相似性，可以概括為：A 相似於 B。這一類動詞主要有：而、類、譬、如$_1$、若、似、猶。二是表示比較關係的比類動詞。這一類動詞主要有：如$_1$（不如、莫如、弗如）、若（不若、莫若），這兩個比類動詞都分別使用否定的形式。

第三，稱呼類關係動詞。一是謂、曰$_1$；二是稱$_1$、呼$_1$、為$_1$。

二、西漢文獻關係動詞的句法

（一）判斷類關係動詞

典型的判斷類動詞有“是”“為”。

1. 是

西漢時期判斷動詞“是”處於發展期，“是”有作指示代詞、副詞、判斷動詞幾種用法。下面是作判斷動詞的“是”，句法結構主要為“［NP］＋是＋NP”。

　　（1）終滅范氏者必是子也。（《列女傳·晉范氏母》）

　　（2）臣是夫桑下之餓人也。（《說苑·復恩》）

　　（3）口是何傷？禍之門也。（《說苑·敬慎》）

　　（4）固曰：“此是家人言耳。”（《史記·儒林列傳》）

　　（5）商君亡至關下，欲舍客舍，客人不知其是商君也。（《史記·商君列傳》）

　　（6）今俱是民也，俱是臣也，安危勞佚不齊，獨不當調耶？（《鹽鐵論·地廣》）

（7）且三代之亡，及恭太子之廢，皆是物也。（《列女傳・晉羊叔姬》）

（8）☒□汝是育婦……生汝……（居延新簡四九・四四A）

（9）今候奏記府，願詣鄉受書是正府？（居延新簡二二・三〇）

形容詞“是”可活用作動詞，表意動，有“認為……對”之義。楊伯峻、何樂士（2001）認為係詞“是”和用作動詞的“是”有區別。

第一，係詞“是”後的名詞是謂語（或叫表語），前後所指為同一對象。動詞“是”後的名詞是賓語，“是”前後所指不是同一對象。動詞“是”表示肯定，有“認為……對”之義。動詞“是”的例子如下：

（10）主爵都尉汲黯是魏其。（《史記・魏其武安侯列傳》）

第二，動詞“是”前可加“欲”“所”等字，係詞“是”則不行。

第三，動詞“是”可帶“之”作賓語。例如“是之”就是“以之為是”。

第四，動詞“是”若刪去，則句意全非；係詞“是”若刪去，不影響句意。

筆者認為所說有理。

2. 為

（11）是時漢邊郡李廣、程不識皆為名將。（《史記・李將軍列傳》）

（12）彼來者為誰？（《史記・范雎蔡澤列傳》）

（13）陽者陰之長也。其在鳥，則雄為陽，雌為陰；其在獸，則牡為陽，而牝為陰；其在民，則夫為陽，而婦為陰；其在家，則父為陽，而子為陰；其在國，則君為陽，而臣為陰。（《說苑・辨物》）

如果“為”是一般動詞，“誰”作它的賓語時往往位於它前面。例如：

（14）曰：“可移於歲。”景公曰：“歲饑民困，吾誰為君？”（《史記・宋微子世家》）

“誰”作“為”的間接賓語。

楊伯峻、何樂士（2001）認為辨別動詞“為”和係詞“為”可用下面幾點：

第一，“為”所在句都可轉換為無係詞的判斷句而基本意義不變。

第二，主語前都不能加“使”變換為兼語式。

第三，“為”作係詞的句子，句末除少數有“也”外，大多沒有語氣詞。

第四，係詞“為”前不出現助動詞，只能出現部分副詞，如“皆”“俱”“誠”等。

在西漢時期，"乃""即"類判斷句中，"乃""即"其實是判斷副詞。判斷句可以不用判斷詞來表達，而用副詞"即""乃""非"，語氣詞"者""也"等來幫助表達。

起事＋乃＋止事：

（15）臣非知君，知君乃蘇君。（《史記·張儀列傳》）

起事＋乃＋止事＋也：

（16）呂公女乃呂后也。（《史記·高祖本紀》）

再看下面"即"作判斷副詞的例子，很容易誤認為判斷動詞。

（17）竊料匈奴控弦大率六萬騎，五口而出介卒一人，五六三十，此即戶口三十萬耳，未及漢千石大縣也。（《新書·匈奴》）

（二）比類關係動詞

1. 特點

比類關係動詞是表示兩個事物之間存在的客觀關係，其語義特徵就是表示比較或比擬。相應地，形成比較句和比擬句。此外，從語用上看，比類動詞用於比較句中側重說明同類事物的異同，而用於比擬句時則形成比喻辭格，具有描寫性，使本體更具體、生動、形象。

比類動詞具有如下特點：

第一，必須有不同的兩方，才可能構成比較或相似的關係。

第二，比類動詞所聯繫的兩方，只能構成比較或相似的關係，不能是等同關係或分類關係；否則，比類動詞的性質就變了。

2. 分類

根據能否用來表示比擬，比類動詞可分為兩類：

第一，表示相似關係的比類動詞，表明在該動詞所聯繫的不同的雙方之間存在着相似性，可以概括為：A 相似於 B。這一類動詞主要有：比、類、譬、如、若、似、喻₁、象、猶、而。

（18）天下惡之，比之三凶。（《史記·五帝本紀》）

（19）使者對曰："狀貌類大儒，衣儒衣，冠側注。"（《史記·酈生陸賈列傳》）

（20）鄭人或謂子貢曰："東門有人，其顙似堯，其項類皋陶，其肩類子產，然自要以下不及禹三寸。纍纍若喪家之狗。"（《史記·孔子世家》）

（21）奢對曰："其道遠險狹，譬之猶兩鼠鬥於穴中，將勇者勝。"（《史記·廉頗藺相如列傳》）

（22）皆叩頭，叩頭且破，額血流地，色如死灰。（《史記·滑稽列傳》）

（23）及秦始皇帝，似是而卒非也，終於無狀。（《新書·數寧》）

（24）靈龜文五色，似玉似金，背陰向陽。（《說苑·辨物》）

（25）此言雖小，可以喻大。（《史記·司馬相如列傳》）

（26）上隆象天，下平法地，盤衍象山，四趾轉運應四時，文著象二十八宿。（《說苑·辨物》）

（27）馬之似鹿者千金，天下無千金之鹿。（《淮南子·說山訓》）

（28）諺曰："有白頭而新，傾蓋而故。"（《新序·雜事第三》）

　　第二，表示比較關係的比類動詞，這一類動詞主要有：比₁、同、異、等、如₁（不如、莫如、弗如）、若（不若、莫若）。這一類動詞根據語義的不同側重，主要有如下語義：一是表比較意義，例如"比₁"、"如₁"（不如、莫如、弗如、無如）、"若"（不若、莫若）；二是表相同意義，例如"同""等"。筆者沒有把有比較意味的動詞"超""逾"等歸入比類動詞，因為如果這樣的話，很多動詞都可歸入。

（29）猛虎之猶豫，不若蜂蠆之致螫；騏驥之蹢躅，不如駑馬之安步；孟賁之狐疑，不如庸夫之必至也；雖有舜禹之智，吟而不言，不如瘖聾之指麾也。（《史記·淮陰侯列傳》）

（30）無以禁制，則比肩齊勢，而無以為貴矣。（《春秋繁露·保位權》）

（31）其俗土著，大與大夏同，而卑濕暑熱云。（《史記·大宛列傳》）

3. 句法框架

比類關係動詞能進入下列句法框架：

第一，起事＋比類動詞＋止事（比類動詞置於起事和止事之間，引進止事的介詞"於"可出現也可不出現）。能進入的比類動詞有"比""類""及""象""似"等。

（32）於漢家勳可以比周、召、太公之徒，後世血食矣。《史記·淮陰侯列傳》

（33）使者對曰："狀貌類大儒，衣儒衣，冠側注。"（《史記·酈生陸賈列傳》）

（34）上隆象天，下平法地，盤衍象山，四趾轉運應四時，文著象二十八宿。（《說苑·辨物》）

第二，起事＋止事＋比類動詞。能進入的比類動詞有"等""齊""同""相似""相同"等。止事常由介詞引進，充當句子的狀語。後代則繼承發展了這種句式。例如：

（35）形與周禮同，皆短小。（《史記·五帝本紀》）

（36）韓生推詩之意而為內外傳數萬言，其語頗與齊魯間殊，然其歸一也。（《史記·儒林列傳》）

（37）滑忽聲相亂，始又與治相似。（《史記·夏本紀》）

第三，（起事＋止事）＋比類動詞。能進入的比類動詞有"相似""殊""同"。起事和止事或是並列關係或相同，有時不能將止事和起事截然分開。例如：

（38）葶藶似菜而味殊，玉石相似而異類。（《鹽鐵論·刺議》）

大多數比類動詞都能進入"起事＋比類詞＋止事"，即"起事＋比類詞＋止事"為基本句式。後代繼承發展了"（起事＋止事）＋比類動詞"這種句式。

能進入"起事＋比類詞＋止事"的比類動詞多為不自由動詞，也有學者稱為粘賓動詞。它們一般不能單獨作謂語，即不能直接進入"名＋動"這個功能框架，而必須和它後面的賓語組合在一起作謂語。能進入"起事＋止事＋比類動詞""（起事＋止事）＋比類動詞"的比類動詞則不然。

（三）稱呼類關係動詞

根據稱呼類動詞的用法差異，我們將其分為兩類：

第一，謂、曰₁。這一類動詞直接帶賓語，賓語表示事物的名稱。例如：

（39）衣服疑者，是謂爭先；澤厚疑者，是謂爭賞；權力疑者，是謂爭強；等級無限，是謂爭尊。（《新書·服疑》）

（40）然聞其西可千餘里有乘象國，名曰滇越，而蜀賈奸出物者或至焉，於是漢以求大夏道始通滇國。（《史記·大宛列傳》）

（41）父曰太公，母曰劉媼。（《史記·高祖本紀》）

（42）此胃（謂）順天之道。（張家山漢簡·蓋盧8）

在西漢的傳世文獻語料中，我們只發現了"云"作言說動詞的例子，沒有發現"云"作稱呼類動詞的例子，但是在後世的文獻中，有"云"作稱呼類動詞的例子，例如《祖堂集》中有"此云七葉岩"的用例。這可能是"云"受到"曰"的影響，因為"曰"很早有稱呼類動詞的用法，人類認知時發生的類推機制使"云"也有了作稱呼類動詞的用法。

第二，稱₁、為₁、呼₁。例如：

（43）人稱三傑，辯推八難。（《史記·留侯世家》）

（44）萬民皆寧其性，是以稱堯舜以為聖。（《淮南子·本經訓》）

（45）人主左右諸郎半呼之"狂人"。（《史記·滑稽列傳》）

（46）上竟不能遣長公主，而取家人子名為長公主，妻單于。（《史記·劉敬叔孫通列傳》）

（47）其名為龜。（《史記·龜策列傳》）

三、小結

關係動詞有［＋關係］［－自主］的語義特徵，有起事（關係雙方的起方）和止事（關係雙方的止方）兩個必有語義成分，在意義自足的最小主謂句中，起事為主語，止事為賓語。筆者借鑒前輩時賢的經驗，提出了判定西漢時期關係動詞的四條標準。筆者將其分為三類：判斷類關係動詞、比類關係動詞、稱呼類關係動詞。西漢文獻中的單音節關係動詞還比較簡單，處於發展階段。

參考文獻

［1］戴耀晶：《現代漢語動作類二價動詞探索》，《中國語文》1998 年第 1 期。

［2］戴耀晶：《漢語否定句的語義確定性》，《世界漢語教學》2004 年第 1 期。

［3］黎錦熙編：《新著國語文法》，北京：商務印書館 1924 年版。

［4］劉月華等：《實用現代漢語語法》（增訂本），北京：商務印書館 2001 年版。

［5］呂叔湘：《呂叔湘文集》，北京：商務印書館 1990 年版。

［6］馬建忠：《馬氏文通》，北京：商務印書館 1898 年版。

［7］王力：《漢語語法史》，北京：商務印書館 1989 年版。

［8］楊伯峻、何樂士：《古漢語語法及其發展》（修訂本），北京：語文出版社 2001 年版。

［9］張寶林：《關係動詞的鑒定標準》，《語言教學與研究》2002 年第 4 期。

［10］張玉金：《甲骨文語法學》，上海：學林出版社 2001 年版。

［11］張玉金：《西周漢語語法研究》，北京：商務印書館 2004 年版。

［12］趙元任著，呂叔湘譯：《漢語口語語法》，北京：商務印書館 1979 年版。

A Study of Relative Verbs and Syntax in Western Han Documents

Hu Wei

Abstract: There are 19 monosyllabic relative verbs in the literature handed down from the Western Han Dynasty and 7 in the literature unearthed from the Western Han Dynasty. This paper puts forward four criteria to judge relative verbs in Western Han Dynasty. The Western Han relative verbs can be divided into judgment relative verbs, comparative relative verbs and salutation relative verbs. The syntactic framework of Western Han relative verbs is relatively simple and in the developing stage.

Key words: Western Han Dynasty, relative verb, syntax

(暨南大學文學院)

"其"在《左傳》中的調查與辨析

尹世英

提　要　在漢語史中，"其"作為代詞經歷了很長的發展過程。我們通過對《左傳》中"其"的全面調查，認為《左傳》中的假借字"其"，在主句謂語前且句末沒有語氣詞的語境下，是第三人稱代詞作主語；在句末有語氣詞的語境下，是副詞，作狀語；在疑問代詞前的"其"是指示代詞，作主語。"其"在《左傳》中沒有形容詞詞頭的用法。"其"的句法功能、"其"在句中的線性位置，與該句句末是否有語氣詞有不可忽視的關聯。

關鍵詞　其　第三人稱代詞　指示代詞　語氣副詞　《左傳》

張玉金先生認為："其"字在甲骨文中很常見，但那是作為語氣副詞使用的。在西周早期的金文中，"其"還沒有用作代詞的。從西周中期的金文開始，"其"作代詞才逐漸增多。"其"崛起之後，"厥"就逐漸退出了歷史舞臺，讓位於"其"（張玉金，2006）。楊伯峻、何樂士先生認為：在古書中，"其"作代詞的用法較多，一般用在領位，也可用於作兼語。至於用作主語，必須是複合句的分句或者包孕句的子句。用作賓語，可說是絕無僅有。"其"也有用作獨立句的主語的，這種現象出現在南朝梁、齊時代，而且用的是當時的口語，這可能是當時的口語"渠"字音的誤寫（楊伯峻、何樂士，1992）。

漢語發展到《左傳》時期，"其"的作用還存在許多過渡狀態，描述《左傳》中"其"的真實狀態，既利於對《左傳》的正確解讀，也利於對漢語史語法發展的準確認識。

調查《左傳》的語言，首先要涉及《左傳》版本，我們以清人阮元校勘的《十三經注疏》中的《左傳》文本為底本，今人楊伯峻編著的《春秋左傳注》為主要參照本，所有例句及統計數字只以《左傳》語言為研究對象，不包括《春秋》經文。

據我們統計，"其"在《左傳》中共出現 2 577 次，去掉 6 個人名用字（4 個"庶其"、2 個"梁其踁"）和 1 個地名用字（"祝其"），本文的研究對象有 2 570 個。[①] 我們首先辨析含有"其"的句子的語法結構，確定"其"在句子的謂語中心詞之前還是之後，然後辨析它的語境義。由此，我們的結論是《左傳》中的"其"按照語義分類，結果是：領屬義 1 673 例，佔總用例的 65.1%，其中，第三人稱領屬義的 1 521 例，佔 59.2%；副詞 370 例，佔 14.4%；主格第三人稱代詞 343 例，佔 13.4%；指示代詞 229 例，佔 8.9%。按照句法

---

① 何樂士：《〈左傳〉虛詞研究》，北京：商務印書館 1989 年版，第 396 頁。據何先生統計，《左傳》的"其"共出現 2 470 次，其中代詞"其"1 846 次，副詞"其"624 次（另有 3 例引自其他古籍，未計算在內）。我們和何先生的總體數量差 100 例，這是我們使用 word 進行查找、統計的數據；在語料分析中，對"副詞"的統計數量差別很大，我們認為《左傳》中能够作副詞的"其"是 370 例。

功能分類，結果是：定語 1 673 例，佔 65.1%；狀語 370 例，佔 14.4%；主語 371 例，佔
14.4%；賓語 56 例，佔 2.2%。《左傳》中的"其"沒有作連詞和形容詞詞頭的用法。詳
細統計結果如表 1：

表 1　"其"在《左傳》中的使用情況

對象			數量		語境意義	語法功能	
			調查數量	固定結構數量		該結構句法功能	"其"的功能
"其"在固定結構中	其若之何		10	2	0	謂語	副詞
				8	0	主謂結構	指示代詞
	若之何其		4	0		倒裝主謂結構	領屬義 1 例，主格 3 例
	其是之謂		15	0		獨立成句	副詞
	與其		40	11		連詞	構詞語素
	何其		5	0		狀語	副詞
	其 + ×	其中	5	0		賓語	領屬義
		其餘	9	1		定語	領屬義
		其次	7	7		主語 5 例，謂語 1 例，賓語 1 例	領屬義
		其他	5	5		賓語	領屬義
領屬義"其"			1 673（65.1%）	1 521	第三人稱	定語	
				7	自己的	定語	
				145	近指代詞	定語	
"其"作第三人稱主格			343（13.4%）	32	第三人稱主格	短語主語	
				9	第三人稱主格	短語主語	
				128	第三人稱主格	短語主語	
				68	第三人稱主格	近賓語 54 例，兼語 2 例	
				106	第三人稱主格	主句主語	
"其"作指示代詞			84（3.3%）	84	主格	疑問句主語	
"其"作副詞			370（14.4%）	68	應該	體詞 + 其 + 謂語：副詞，狀語	
				58	應該	體詞 + 其 + 謂語 + 語氣詞：副詞，狀語	
				13	應該，也許	其 + 動詞 + 賓語 + 語氣詞：副詞，狀語	
				29	應該	其 + 謂語 + 語氣詞：副詞，狀語	
				195	難道，大概	"其……乎"式：副詞，狀語	
				7	確實	其 + 單音節謂詞：副詞，狀語	
"其"作假設連詞			沒有作假設連詞的用法				

以下是對"其"的描述和辨析：

一、領屬義"其"

領屬義"其"在上古就存在，王力先生在《漢語史稿》中說："第三人稱的情形比較單純。'其'字用於領格，'之'字用於賓格。'厥'的用途和領格的'其'大致相當。"（王力，1980）

"其"作為領屬義代詞，作定語是顯而易見的，《左傳》共有1 673例，領屬義"其"和中心語成偏正結構，作定語，再作句子成分，可以作主語、賓語，這些"其"都有明顯的領屬義品質，都作定語，但是，具體語境義不盡相同，不能和現代漢語第三人稱的領屬義相提並論，"其"的領屬義包括第三人稱領屬、反身歸屬和指示歸屬三類，分別舉例如下：

(一)"其"的語境義是第三人稱領屬

第三人稱領屬義是"其"的主要用法，語境義是"他的"，有1 521例。例如：

(1) 立穆公，其子饗之，命以義夫！（隱公三年1·30①）

(2) 穎考叔，純孝也，愛其母，施及莊公。（隱公元年1·15）

(3) 宋武公生仲子，仲子生而有文在其手。（隱公元年1·4）

(二)"其"的語境義是反身歸屬

"其"作領屬義代詞，語境義是"自己的"，有7例。例如：

(4) 百濮離居，將各走其邑，誰暇謀人？（文公十六年2·618）

(5) 人之愛其子也，亦如餘乎？（昭公十三年4·1346）

(三)"其"的語境義具有指代色彩

"其"作為領屬義代詞，在語句中具有明顯的近指代詞作用，和名詞構成偏正短語，有145例。"其"的領屬義具有指示代詞義，從其句法功能看，這些短語可以分為三種類型，如下：

第一，"其+名"式作句首狀語，"其"的意思是"那個"，有5例。例如：

(6) 其五月，秦、晉為成。（襄公二十五年3·1109）

第二，"其+……者"式，有29例，23例是主語，6例是賓語，"其"的意思是"那"

---

① 1·30："1"是楊伯峻先生編著《春秋左傳注》的冊數，"30"是其頁碼，下同。

"那些"。例如：

> （7）庶其竊邑於邾以來，子以姬氏妻之，而與之邑，其從者皆有賜焉。（襄
> 公二十一年3·1057）
> （8）鄙我，亡也。殺其使者，必伐我。（宣公十四年2·755）

第三，"其＋名詞"式作賓語，有111例這種用法，在語境的制約下，在閱讀體驗上感
覺是指示代詞，"其"的意思是"那個""那些"。例如：

> （9）公聞其期，曰："可矣！"（隱公元年1·13）
> （10）諸侯之師敗鄭徒兵。取其禾而還。（隱公四年1·37）
> （11）臣竭其股肱之力，加之以忠貞。（僖公九年1·328）
> （12）從其豐，則寡君幼弱，是以不共，從其省，則吉在此矣。（昭公三十年
> 4·1507）

"其"具有指示代詞的功能，顯示"其"的多功能性和"其"的功能的模糊性，在
《左傳》中還有"是、此、茲、斯"作為近指代詞。王力先生認為："'其'字用於指示的
時候，也是用作定語的，它是特指（非近指，亦非遠指）的指示代詞，略等於現代漢語的
'那種''那樣''那個'。它具有特定的意義，古人用它來表示它後面的名詞所代表的人物
是'適當'的。"（王力，1980）"在上古漢語裏，指示代詞和人稱代詞的關係非常密切。
'其''之'兩字是比較明顯的例子。楊樹達先生把'其''之'歸入指示代詞，是有相當
理由的。'其''之'既然可以指物，就和第一、二人稱專指人不同。殷虛卜辭中不用
'其''之'作人稱代詞，可見它們不是和'余''汝''朕'等人稱代詞同時產生的，可
能是它們先用作指示代詞，然後發展為人稱代詞。"（王力，1980）楊伯峻、何樂士先生涉
及這個問題時說："還有些近指代詞，與其死譯為'這'，不如活譯為他稱代詞。"（楊伯
峻、何樂士，1992）從以上各位先生的觀點可知，每個人的閱讀體驗不盡相同，這也許是
上古漢語句法發展的階段性的真實狀況，相對應現代漢語的"明確性"，《左傳》的這種表
達在當時或許是明確的，但在後人看來，就是不夠成熟和完善。

二、第三人稱代詞主格"其"

《左傳》有343例"其"是作第三人稱代詞主格的，包括作主句主語、子句主語、近
賓語和兼語。楊伯峻、何樂士先生認為：在古書中"其"作代詞的用法較多，一般用在領
位，也可用作兼語。至於用作主語，必須是複合句的分句或者包孕句的子句。用作賓語，
可說是絕無僅有。"其"也有用作獨立句的主語的，這種現象出現在南朝梁、齊時代，而且

用的是當時的口語，這可能是當時口語"渠"字音的誤寫（楊伯峻、何樂士，1992）。王力先生認為：上古第三人稱不用於主格，也就是不用於主語。凡是現代漢語需用主語"他"或"他們"的地方，在上古漢語裏就只用名詞來重複上文，或者省略了主語。"其"字在某些情況下，很像句子形式（子句）中的主語。但是，實際上它仍是處於領格（王力，1980）。

從我們對《左傳》中"其"的調查看，"其"作主句主語有106例，作主句賓語有68例。在上古漢語中，"其"作複合句的分句或者包孕句的子句的主語，以及兼語和近賓語，是與楊伯峻、何樂士兩位先生的觀點相吻合的。分別舉例如下：

（一）第三人稱代詞"其"作主句主語

"其＋謂語"式，"其"在句首，作主語有106例，"其"具有第三人稱代詞主格的特點，"其"前可以有"夫""豈""殆"作狀語。例如：

　　（13）夫其柔服，求濟其欲也，不如早從事焉。（哀公十一年4·1664）
　　（14）役人曰："從其有皮，丹漆若何？"（宣公二年2·654）
　　（15）若其不間，雖士大夫有所不獲數矣。（昭公三十年4·1507）
　　（16）居大國之間，而從於強令，豈其罪也。（文公十七年2·627）
　　（17）國不忌君，君不顧親，能無卑乎？殆其失國。（昭公十一年4·1327）

也可以是複雜謂語句。例如：

　　（18）其承寧諸侯以退，豈敢徼亂？（成公十三年2·865）

這裏，"其"的謂語是"承寧諸侯以退，豈敢徼亂"。這種用法不同於主謂短語作主語，主謂短語作主語往往會在該主謂短語的後面即主語後面加"也"，表提頓。例如：

　　（19）豆區釜鐘之數，其取之公也薄，其施之民也厚。（昭公二十六年4·1480）
　　（20）宋其興乎！禹、湯罪己，其興也悖焉；桀、紂罪人，其亡也忽焉。（莊公十一年1·188）

（二）第三人稱代詞"其"作主句賓語

第三人稱代詞"其"作賓語，有68例，66例"其"是雙賓語的近賓語，它們和現代漢語的用法差別不大，而且這些謂詞都有"給予"義。例如：

　　（21）宣子使史駢送其幣。（文公六年2·552）

（22）子木懼，言諸王，益其祿爵而復之。（襄公二十六年3·1123）

"其"作兼語，有2例。即：

（23）君之妾棄使其獻。（襄公二十六年3·1119）
（24）使其驂乘謂之曰："牛則有皮，犀兕尚多，棄甲則那?"（宣公二年2·654）

總之，"其"的這些用法很好地證明了楊伯峻、何樂士兩位先生的觀點："在古書中'其'作代詞的用法較多，一般用在領位，也可用作兼語。至於用作主語，必須是複合句中的分句或者包孕句的子句。用作賓語，可說是絕無僅有。"（楊伯峻、何樂士，1992）《左傳》沒有"其"單獨作賓語的用例。

（三）第三人稱代詞 "其" 作主語的短語

第三人稱代詞"其"作主語，構成主謂短語，在句子中可以作主語、狀語和賓語，有169例，分述如下：

含"其"的主謂短語作主語，有32例，這種句子的主語和謂語之間通常有"也"，只有2例沒有。"其"作主語的主謂短語作主語，或作時間狀語，在該短語之後往往有語氣詞"也"，這個"也"不同於句末的"也"，它是主謂之間表示停頓的語氣詞，傳統上說是表提頓，這是和"其"作主句主語句子的最大區別。例如：

（25）孔子曰："楚昭王知大道矣! 其不失國也，宜哉!"（哀公六年4·1636）①
（26）且虞能親於桓、莊乎，其愛之也?（僖公五年1·309）②

"其"作主語的短語作句首狀語，表示"……的時候"，有9例。例如：

（27）及陳之初亡也，陳桓子始大於齊。其後亡也，成子得政。（莊公二十二年1·224）
（28）初，晉侯之豎頭須，守藏者也。其出也，竊藏以逃，盡用以求納之。（僖公二十四年1·415）

此外，還有"其亡也""其少也""其藏冰也""其出之也""其藏之也""其出也"。這裏令人最困惑的是"其+單音節詞"，如果該單音節詞是名動或名形、名動兼類，就要辨別是主謂結構還是偏正結構，《左傳》主謂結構作句子成分在主謂之間會有"之"，但有

---

① 按：主謂短語作主語，加"也"。
② 按：主謂短語主語，倒裝句。

"其"的短語沒有這個取獨助詞，但從例（27）"及陳之初亡也"和"其後亡也"可知，這個"其後亡也"是主謂結構，但在此不能獨立成句，只是句首狀語。

"其"作主語的短語作賓語，有128例，這是通常認為的"其"在上古漢語作第三人稱主格的主要用法。例如：

（29）鄭伯喜於王命，而懼其不朝於齊也，故逃歸不盟。（僖公五年1·306）

（30）交贄往來，道路無壅，謀其不協，而討不庭。（成公十二年1·440）

三、指示代詞"其"

在陳述句中，"其"具有指示代詞功能，但究竟是近指還是遠指代詞，難以判斷，看作第三人稱的代詞也不為過，主要是歸屬作用，在陳述句中，"其"是作定語的，但在疑問句中，"其"的作用就是主語，"其"和後邊的疑問結構構成主謂結構，"其"是主語，疑問結構是謂語，有84例。其中"其誰……"28例，"其何……"35例，"其孰……"1例，"其焉……"4例，"其曷……"1例，"其將何……"1例，"其又奚……"1例，"其若之何……"8例，"其與幾何……"3例，"其幾何……"1例，"其又何……"1例。"其"在這些句子中是指示代詞，作主語。例如：

（31）賓曰："若讓之以一矢，禍之大者，其何福之為？"（成公十二年2·857）

（32）莒子曰："辟陋在夷，其孰以我為虞？"（成公八年2·840）

（33）若以大夫之靈，得保首領以沒，先君若問與夷，其將何辭以對？（隱公三年1·29）

（34）對曰："吾一婦人而事二夫，縱弗能死，其又奚言？"（莊公十四年1·199）

"其"後有疑問詞，只有4例帶語氣詞，在語氣上有強調作用，不改變"其"的指示代詞性質，句末語氣詞是"乎"1例，"焉"2例，"也"1例。例如：

（35）美哉室，其誰有此乎？（昭公二十六年4·1480）①

（36）若專賜臣，是臣興諸侯以自封也，其何罪大焉？（襄公十年3·976）

這裏，例（35）的"其"是代指"美哉室"，例（36）的"其"是指代"專賜臣，是臣興諸侯以自封"。

---

① 按："其"是對"美哉室"的指代。

四、副詞 "其"

《左傳》有370例 "其" 用在主句謂語前，作狀語，是副詞。從綫性結構看，分六種情況：體詞＋其＋謂語、體詞＋其＋謂語＋語氣詞、其＋動語＋賓語＋語氣詞、其＋謂語＋語氣詞、其……乎、其＋單音節謂詞，分述如下：

(一) "體詞＋其＋謂語" 式

"體詞＋其＋謂語" 式，有68例，該格式中 "其" 的用法比較明瞭，是語氣副詞 "應該"。例如：

(37) 孝而安民，子其圖之，與其危身以速罪也。（閔公二年 1·272）

(38) 昭王之不復，君其問諸水濱！（僖公四年 1·291）

(二) "體詞＋其＋謂語＋語氣詞" 式

"體詞＋其＋謂語＋語氣詞" 式，有58例，"其" 是語氣副詞，表肯定，語氣詞有 "也""焉""矣""哉""諸"。例如：

(39) 得志於諸侯而誅無禮，曹其首也。（僖公二十三年 1·407）

(40) 晉公子有三焉，天其或者將建諸！君其禮焉。（僖公二十三年 1·408）

(三) "其＋動語＋賓語＋語氣詞" 式

"其＋動詞＋賓語＋語氣詞" 式，有13例，"其" 的作用受這個短語在語境中的位置影響，出現在敘述的後半部分，句末有 "也"，則是表肯定語氣的副詞，有9例。例如：

(41) 姑歸，不穀有事，其告子也。（昭公十三年 4·1349）

(42) 朝夕立於其朝，又何饗焉，其飲酒也。（昭公二十七年 4·1489）

若 "其" 出現在後半部分，句末有 "矣"，則表推測的語氣多一些，有4例。例如：

(43) 臣謂君之入也，其知之矣。（僖公二十四年 1·414）

(44) 君子有信，其有以知之矣。（昭公二年 4·1228）

(四) "其＋謂語＋語氣詞" 式

"其＋謂語＋語氣詞" 式，有29例，"其" 是副詞，表肯定，語氣詞有 "也""矣"

"與""焉""而已""哉"，這是表示肯定情態的副詞，意思是"應該、必須"。這種用法必須確定這個謂語是主句謂語。例如：

(45) 不寧唯是，又使圍蒙其先君，將不得為寡君老，其蔑以復矣。（昭公元年 4·1200）

(46) 不棄其親，其有焉。（襄公二十一年 3·1060）

（五）"其……乎"式

"其……乎"式，有 195 例，"其"用在謂詞前，句末的語氣詞是"乎"，表示感嘆和反問兩種語氣，分為"其"在句首和在句中兩種格式，在句首的有 98 例。例如：

(47) 諺所謂老將知而耄及之者，其趙孟之謂乎！（昭公元年 4·1211）

(48) 天若祚大子，其無晉乎？（閔公元年 1·259）

在句中的有 97 例。例如：

(49) 不及四十年，越其有吳乎。（昭公三十二年 4·1516）

(50) 晉不失諸侯，魏子其不免乎。（定公元年 4·1522）

綜上，"其"作為主謂之間的語氣副詞，如果是肯定語氣，我們會理解為"大概"，疑問或反問語氣，我們就說是"難道"。《左傳》"其……乎"句式是表達反問還是感嘆，要由句義確定，也體現了《左傳》中語法作用的模糊性或綜合性，姚振武先生在《試論上古漢語語法的綜合性》一文中說："上古漢語綜合性的主要表現是'一種形式多種功能'和'多種形式一種功能'現象。"（姚振武，2016）

（六）"其+單音節謂詞"式

《左傳》中有"其已""其然""其信""其可"的用法，句末沒有語氣詞，現代標點本往往是獨立句，我們調查的結果是："其已"2 例，"其然"1 例，"其信"1 例，"其可"3 例，共 7 例。例如：

(51) 子若以君命賜之，其已。（昭公十三年 4·1354）

(52) 對曰："其然！將具敝車而行。"（襄公二十三年 3·1078）

(53) 其信！知罃之父，成公子骯也。（成公二年 2·804）

(54) 若使輕者肆焉，其可。（文公十二年 2·590）

它們都表示強烈的語氣，雖然它們存在的語境極其簡約，但是表達的意思很明確，我們認為這裏的"其"是語氣副詞。

綜上，副詞"其"的"語氣"與句末的語氣詞有直接的關係，這說明，這類句子的語氣主要依靠句末語氣詞，而不是副詞"其"。

五、關於"其"作假設連詞的討論

"其"作假設連詞，筆者最早見於清人王引之的《經傳釋詞》"其，猶'若'也"，有三個用例，如下：

（55）其濟，君之靈也；不濟，則以死繼之。（僖公九年 1·328）

（56）其輸之，則君之府實也，非薦陳之，不敢輸也。（襄公三十一年 3·1187）

（57）其然！將具敝車而行。（襄公二十三年 3·1078）

這三個用例都是"其+動"式，查看楊伯峻先生的注釋，我們知道：楊伯峻先生對例（55）"其濟"例沒有採用"連詞"的處理（楊伯峻，1981）。例（56）"其輸之"，楊伯峻先生注："其，猶若也，假設連詞。"（楊伯峻，1981）例（57）"其然"，楊伯峻先生注："其，假設連詞，若也。言若如此，我將套我之車而出走。"（楊伯峻，1981）

表假設，《左傳》主要用"若"，《左傳》使用"若"字543次，3次"若夫"，是句首發語詞，其他540例都是單用。例如：

（58）君若待於曲棘，使群臣從魯君以卜焉。若可，師有濟也。君而繼之，茲無敵矣。若其無成，君無辱焉。"（昭公二十六年 2·1471）

《左傳》是左丘明的專著，語言表達應該具有一貫性，既然有"若"表假設了，再臨時借一個"其"來表假設，並不十分合理，而且"其"作為假設連詞的使用頻率很低，如果沒有前人訓詁結論的干擾，閱讀者可能感覺不到這個連詞用法的存在。其實，楊伯峻先生也沒有完全採納清人的觀點。

孫雍長先生認為，"'隨文釋義'是訓詁家就'語境'對詞義的制約功能和解釋功能的一種體認"，"同詞異訓的隨文釋義，主要是因詞義有引申，有變通滲透，形成詞的多義性，而多義詞的使用所表達的具體意義往往因語境的不同而有所不同，所以訓釋必隨之而有不同。這種情況下，雖隨文所釋之義每不相同，但與其本義總是相通的"（孫雍長，2009）。從孫雍長先生的話中，我們了解到當代的學者也認為"隨文釋義"要尊重"詞的語言義"，一個詞，既可以是"代詞""副詞"，又可以是"連詞"，這不符合漢語詞使用的常規存在，當然"其"在《左傳》中是個假借字，其用法可以自由很多。但是，從句法結構說，"其"在謂語中心詞前，只能是主語或狀語，所以只能是代詞或副詞，連詞不會出現在句子的這個位置上，例（58）"君若待於曲棘"中的 "若"，我們也只能認為它是一個語氣副詞，不是連詞。因此，我們不主張《左傳》"其" 有作為連詞的用法，我們認為 "其濟" "其輸之" 的 "其" 都是主語，符合 "其" 作主句主語的語法特徵，"其" 是具有稱代作用的代詞。"其然" 從語境看，"其" 是副詞，表示 "大概、也許" 義，"然" 是謂語中心詞。

六、"其" 在固定用法中的作用

關於這個問題，何樂士先生在《〈左傳〉虛詞研究》中作了比較詳細的描述（何樂士，1989）。我們對《左傳》中的語料進行了辨別，一共得到 187 例，我們認為 "其" 的這些用法絕大部分不適合看作固定結構，它們只是臨時搭配，"其" 是有獨立身份的，在這些結構中，"其" 具有第三人稱代詞、指示代詞或副詞的功能，與非固定結構中的功能是一脈相承的，詳細敘述請看拙文《〈左傳〉中 '其' 的幾種固定結構用法考察》（尹世英，2017），此不贅述。

七、總論

綜上所述，《左傳》"其" 具有領屬義代詞、主格代詞、指示代詞和副詞的功能。領屬義具有反身、他指和指示三種功能；第三人稱主格已經具有在主句中作主語的功能；指示代詞的指示意味不夠明確；語氣副詞的語氣是與句末語氣詞相呼應的。"其" 的這種狀態，使我們知道它存在的必要性和 "其" 發展變化的必然性。

比《左傳》更早的西周時期的 "其"，張玉金先生（2006）在《西周漢語代詞研究》中有詳細的敘述，張先生使用金文、甲骨文及《尚書》《逸周書》《詩經》《周易》的語料，《左傳》晚於這些文獻，但《左傳》語言豐富、系統，通過以上的窮盡調查與分析，我們知道，《左傳》的 "其" 既繼承了早期 "其" 的領屬義代詞、分句主語和副詞的特性，又增加了指示代詞的特性，但指代的意味模糊，近指、遠指和他指不甚明瞭。

從語法發展的角度說，謂語中心詞前的 "其" 就是一個漢語發展過程的真實存在狀態：作為語言語法手段的不完善性，或者是綜合性（姚振武，2016）。至少在今天看來，和現代漢語相比較確實存在着語言機制上的待完善因素，《左傳》只是漢語史上的一個節點，"其" 作為謂詞前的一個成員，或許是漢語發展過程中的一個新生手段。王力先生的聯結詞觀點也是一個佐證：在漢語裏，介詞和連詞的界限不是十分清楚的。我們給它們一個總名，叫作聯結詞（王力，1980）。謂語中心詞前 "其" 的作用受語境的影響很大，句末的語氣詞、句首的體詞都是幫助我們判斷 "其" 的作用的條件，我們對《左傳》"其" 的解讀要接受語法的規約性，而不是不遵守時代語法規則過度 "隨文釋義"。

於今人而言，閱讀傳世先秦文獻，要面對的困難包括漢字形體發展、漢語詞彙發展、漢語語法發展等問題。隨着漢語的發展，"其" 在後來是一個純粹的第三人稱代詞，當然它的主格和所有格依然需要語境的限制；再往後，領屬義代詞是通過在主格代詞與中心詞之間加結構助詞“的”的辦法實現規約，當然“其”的領屬義用法始終都沒有添加結構助詞；“其”的副詞用法在後代漢語中分化並替換為“應該”“也許”“難道”等詞；指示代詞用法被近指代詞“這”和遠指代詞“那”代替；他指代詞在書寫形式上分化為“他”“它”“她”，它們不再依賴語境。

之所以調查《左傳》“其”的用法，不僅僅是為了釐清《左傳》“其”的用法，還有一個目的是描述《左傳》“其”的複雜性，呈現漢語史的階段性的文字、詞彙和語法狀態。

參考文獻

［1］高名凱、石安石主編：《語言學概論》，北京：中華書局 1963 年版。

［2］何樂士：《〈左傳〉虛詞研究》，北京：商務印書館 1989 年版。

［3］孫雍長：《訓詁原理》，北京：高等教育出版社 2009 年版。

［4］王力：《漢語史稿》，北京：中華書局 1980 年版。

［5］楊伯峻編著：《春秋左傳注》，北京：中華書局 1981 年版。

［6］楊伯峻、何樂士：《古漢語語法及其發展》，北京：語文出版社 1992 年版。

［7］尹世英：《〈左傳〉中“其”的幾種固定結構用法考察》，《綏化學院學報》2017 年第 9 期。

［8］姚振武：《試論上古漢語語法的綜合性》，《古漢語研究》2016 年第 1 期。

［9］張玉金：《西周漢語代詞研究》，北京：中華書局 2006 年版。

［10］張玉金：《西周漢語語法研究》，北京：商務印書館 2004 年版。

“*Qi*”（其）in *Zuozhuan*，Investigation and Analysis

Yin Shiying

Abstract：“*Qi*”（其）in Chinese history as a pronoun has a long development process. With comprehensive investigation about “*qi*”（其）in *Zuozhuan*, we consider “*qi*”（其）in *Zuozhuan*, which before the main clause predicate in the context of no words at the end of the modal particle, is the third personal pronouns to do the subject; In the context of a modal particle, the end of a sentence is an adverb, do the adverbial; Before the interrogative pronoun “*qi*”（其）is a demonstrative pronoun, do the subject. “*Qi*”（其）in *Zuozhuan* isn't used as a adjective morpheme; Syntax function and the linear position of “*qi*”（其）in the sentence, have nonnegligible connection with whether the sentence has modal words at the end or not.

Key words：qi（其）, the third personal pronouns, demonstrative pronoun, modal adverbs, *Zuozhuan*

（廣東技術師範大學文學與傳媒學院）

說 "交交" 及相關字[*]

周　翔

提　要　傳世與出土文獻中有 "交交" 一詞，此外還有 "咬咬" "鮫﹦" 兩種寫法，當是用以譬況鳥鳴聲。"交" 字本義為交叉，假借記錄鳥鳴聲。"咬" "鮫" 二字是記錄鳥鳴聲的專字，"咬" 與牙咬之 "咬" 同形，"鮫" 與鳥名之 "鮫" 同形。三字及相關諸字存在比較複雜的關係。

關鍵詞　交交　專字　安大簡《詩經》

傳世與出土文獻中有一疊音詞 "交交"，亦作 "咬咬"，《安徽大學藏戰國竹簡（一）·詩經·秦（風）·黃鳥》（下文簡稱 "安大簡"）中首次出現了 "鮫﹦"。這些寫法及相關字詞問題值得系統梳理，今結合新舊材料談談我們的看法，以祈正於方家。

一、"交交" 的寫法及訓釋

"交交" 一詞在不同時代的傳世古詩文中時有出現，目前所見最早的辭例當屬《詩經》中的三首，諸家訓釋有所不同：

《秦風·黃鳥》："交交黃鳥，止於棘。" "交交黃鳥，止於桑。" "交交黃鳥，止於楚。" 毛傳："交交，小貌。" 朱熹《詩集傳》："交交，飛而往來之貌。" 高亨（1980）："交交，讀為咬咬，鳥鳴聲。" 高亨（2004）："交讀做咬（音交）。咬咬，鳥鳴的聲音。" 袁梅（1985）："交交，黃鳥（黃雀）的叫聲，猶 '啾啾'。" 袁梅（2013）："'交交' 為本字，象聲詞。'咬咬' 乃後世滋益之俗字。"

《小雅·小宛》："交交桑扈，率場啄粟。" 毛傳："交交，小貌。"《詩集傳》："交交，往來之貌。" 高亨（1980）："交交，通咬咬，鳥鳴聲。一說：交交，小貌。"

《小雅·桑扈》："交交桑扈，有鶯其羽。" "交交桑扈，有鶯其領。" 鄭箋："交交，猶佼佼，飛往來貌。"《詩集傳》："交交，飛往來之貌。" 高亨（1980）："交交，鳥鳴聲。一說：交交，小貌。" 按："佼" 本義為交往。《說文·人部》："佼，交也。從人，從交。"《管子·明法解》："如此，則群臣皆忘主而趨私佼矣。" 當本是交往、結交之 "交" 的專字。疊音詞 "佼佼" 在典籍中除訓解《詩經》之 "交交" 外，並不常見於表示與鳥有關的概念，知其當非常訓，故不引入討論。

---

* 本文是安徽省哲學社會科學規劃青年項目 "甲骨文專字整理與研究"（項目編號：AHSKQ2020D189）的研究成果。

　　上述故訓總結起來有三種：第一，形容鳥形體嬌小的樣子；第二，形容鳥飛翔之態；第三，形容鳥鳴聲。按：三詩之例均當以鳥鳴說為是。一方面，古代字書、韻書及典籍中有訓鳥聲的“咬”或“咬咬”。《玉篇·口部》：“咬，鳥聲也。”《集韻·爻韻》：“咬，咬咬，鳥聲。”《文選·彌衡〈鸚鵡賦〉》：“采采麗容，咬咬好音。”李善注：“《韻略》：‘咬咬，鳥鳴也。’《毛詩》曰：‘睍睆黃鳥，載好其音。’”嵇康《贈秀才入軍》：“咬咬黃鳥，顧疇弄音。”李善注：“古歌曰：‘黃鳥鳴相追，咬咬弄好音。’”呂向注：“咬咬，鳥聲。”《樂府詩集·長歌行·古辭》：“黃鳥飛相追，咬咬弄音聲。”該字非記錄“牙咬”之字，待後文詳論。《詩經》中有多種譬況鳥鳴聲之疊音詞，如《周南·關雎》之“關關”、《鄭風·風雨》之“喈喈”、《邶風·匏有苦葉》之“雝雝”。這些“咬咬”從語境上看，顯然與《詩經》中之“交交”一脈相承。

　　另外，安大簡（一）《詩經·秦（風）·黃鳥》篇中，與《毛詩》該句對應之簡文三見於第 51～53 號簡，作“鵁(交交)黃鳴（鳥）”（黃德寬、徐在國，2019）。“鳴”字作、、，當分析為從口鳥聲，與從口從鳥表“鳴叫”之“鳴”同形異字。當是“鳥”字因在語境中與鳴叫義有關，故加從口。類似的寫法亦見於上博簡（一）《孔子詩論》第 9 號簡，作“黃鳴（鳥）則困天〈而〉谷（欲）反丌（其）古也”。李零（2002）認為該字寫法同第 23 號簡《鹿鳴》之“鳴”，是“鳥”字誤寫。同樣，夏含夷（2021）也認為安大簡“鵁黃鳴”之“鳴”字與其說是增繁不如說是錯字。二者觀點都認為竹簡抄手實際本想寫“鳥”但誤用或誤寫成了“鳴”（鳴叫）。客觀地說，從現有古文字材料中偏旁構成為“鳴”的字來看，除上博簡、安大簡這兩處限定在《黃鳥》篇語境中的用例外，其他用例都是記錄“鳴叫”“耳鳴”“樂器鳴響”“聞名”“人名”“方國、地名”“族氏名”等①，確實並未見到類似這兩例的用法。甚至安大簡《詩經》中除該篇外其他“鳴”字亦記錄“鳴叫”，如《周南·葛覃》第 4 號簡“亓（其）鳴剌（喈喈）”（黃德寬、徐在國，2019）。不過如果按照李、夏之說，兩個不同書手所抄寫的不同材料中，在相同的“黃鳥”辭例下竟能不謀而合地“誤寫”作“鳴”（鳴叫），這種“巧合”屬實可疑。還是應該理解為加口旁之“鳥”，之所以這種構形的“鳥”在古文字材料中較為少見，一是因為其限定於“鳴鳥”這一特殊辭例，再者也應該是這種做法帶有一定的主觀性，並不廣為接受，劉釗（2011）將這種做法稱為專字的“隨文改字”特點。該寫法的“鳥”與“交交”（鳥鳴聲）從口作“咬咬”異曲同工。② 此外，上博簡（四）《逸詩·交交鳴鵁》

---

　　① 商代文字“鳴”所見記錄對象：①“鳴叫”庚申亦虫設虫鳴鳥（《合集》522 反·典賓）。②“耳鳴”庚戌卜，朕耳鳴，虫钋于且庚羊百，虫用五十八虫女卅丏今日（《合集》22099·午組）。③“人名”甲寅卜，乎隹鳴網雉，隻，丙辰風隻五（《合集》10514·師賓）。④“方國、地名”辛酉貞，王步于鳴（《合集》23684·出一）。⑤“族氏名”鳴（《集成》6034·鳴觶）。西周文字暫未發現。春秋文字“鳴”所見記錄對象：“樂器鳴響”自乍（作）訶（歌）鐘，元鳴無斁（期），子孫鼓之（《集成》211·蔡侯紐鐘）。戰國文字“鳴”除文中所舉兩例外所見記錄對象：①“鳴叫”又（有）口不鳴（《上博五·融師》5）。②“聞名”六二：鳴䜭（謙）（《上博三·周易》12）。③“姓氏”寠（集）胆（厨）鳴育（腋）（《包山》194）。④“地名”鳴瓟（狐）邑人某（梅）慗（憬）（《包山》95）。

　　② 退一步講，即便上博簡、安大簡兩例確係書寫錯誤，那麼在同樣涉及《黃鳥》這一詩時都錯成“鳴（鳴叫）”，也足以說明該語境必與“鳴叫”有關，仍可以證明“交交”是形容鳥鳴聲而非其他。

第 3 ~ 4 號簡有 "交₌鳴鷈"，讀為 "交交鳴鳥"（馬承源，2005），辭例與 "交交黃鳥" "交交桑扈" 類似，其以 "交交" 形容 "鳴鳥" 明矣。這些都進一步證明所謂 "交交" 應是形容鳥鳴聲，而非形體嬌小、飛翔之態等義。

簡文與 "交交" 相對之詞 "鷈₌" 亦頗值得注意，其字形分別作 🐦、🐦、🐦，當分析為從鳥，交聲。顯然，這是一個為譬況鳥鳴 "交交" 聲所造的專字，因為與鳥類有關，故從 "鳥"。由此推之，典籍中所謂 "咬咬" 也應是這一意義的專字，取義於鳥鳴發聲，故從 "口"。從這個意義上講，"鷈" 與 "咬" 當是表意着眼點不同所造的替換意符之異體字。

由此可見，形容鳥鳴聲的疊音詞至少有 "交交" "咬咬" "鷈₌" 三種寫法，下面就讓我們來詳細探討一下三者的關係及相關字詞問題。

二、三種寫法之辨及其字詞關係

（一）交

《說文·夭部》："交，交脛也。從大，象交形。" 就各時期古文字字形來看，都是一個象人正面站立兩腿交叉疊放之形的象形字，如 🧍（《合集》20799 師小·商代）、🧍（《合集》9518 典賓·商代）、🧍（《合集》32509 歷二·商代）、🧍（《集成》2459 交鼎·西周）、🧍（《集成》4048.2 雕伐父簋·西周）、🧍（《集成》4565.1 交君子叕簋·西周）、🧍（《集成》11280 惠公戈·春秋）、🦅（《九店》A27·戰國）、🧍（《璽彙》0669·戰國）等。本義或為小腿交叉，引申而泛指交叉、交錯、連接、結交、交往、交互等義（李學勤，2013）。該字造字本義與鳥鳴聲無關，《毛詩》用以記錄譬況鳥鳴聲之詞當是假借。因為 "交交" 應與所謂 "關關" "喈喈" "雝雝" 一樣都是擬聲詞，模擬鳥鳴聲。考慮到這類詞主要是起記音功能，用音同或音近借字代之並無不可。同理，《關雎》形容雎鳩鳥鳴聲的 "關關"、《邶風·匏有苦葉》形容雁鳴聲的 "雝雝" 用的也是借字而非本字。清代學者馬瑞辰即已指出 "'交交' 通作 '咬咬'，謂鳥聲也"，"《毛詩》作 '交交' 者，省借字耳"。這種用法不僅見於《毛詩》，上文提到的上博簡（四）《逸詩·交交鳴鷈》之 "交₌" 作🐦、🐦，即用不加任何偏旁的 "交" 字加重文符號表示 "交交"（廖名春，2005），可見以 "交交" 記錄 "鳥鳴聲" 的做法至遲到戰國時代已經產生。

（二）咬

首先，有必要確認從口交聲記錄 "鳥鳴聲" 之字與我們所熟知的 "牙咬" 之 "咬" 字是何關係。考慮到二者不太可能是同一字所記錄之詞義引申的結果，那麼究竟是後者假借記錄鳥鳴聲，還是兩個歷時的同形字就需要討論。為了便於區分，我們把記錄 "鳥鳴聲" 者標記為 "咬₁"，把記錄 "牙咬" 者標記為 "咬₂"，以下行文皆依此。針對這一問題，歷代字書、韻書已經有所探討，如《說文·齒部》："齩，嚙骨也。從齒，交聲。" 段注："俗以鳥鳴之咬為齩嚙。"《集韻·巧韻》："齩、齧、嚙、咬，五巧切，《說文》'嚙骨也'。或從堯，亦作嚙、咬。"《字彙·口部》："《佩觿集》：'有以鳥鳴之咬為齩嚙，其順非有如此者。’”《正字通·口部》：“《佩觿集》：‘鳥鳴之咬不當為齩嚙之齩。’按：此說是，狀（然）古今皆誤借如杜甫《彭衙行》‘痴女飢咬我’是也。或曰杜本作齩。”

這些討論至少說明：第一，古原無“咬₂”而有“齩”，“咬₂”為後起俗字，簡言之，二字為古今字與正俗字的關係；第二，“咬₁”與“咬₂”屬同形異字，混為一談者非；第三，古人將二字混淆者恐怕還不在少數，否則這些工具書也不會不厭其煩地加以辨析。

其次，要注意的是，段玉裁所謂“俗以鳥鳴之咬為齩嚙”，只是陳述客觀字用現實，不宜理解作段氏認為“咬₁”與“咬₂”發生了字形替代。因為就目前所見材料而言，在“咬₁”行用的時代，“咬₂”尚未出現，而是用“齩”記錄“牙咬”。後為“齩”造了俗體“咬₂”，造該字時可能沒有注意到或者說未必知道以前已有一個形體、結構相同的“咬₁”。因為鳥鳴聲“咬咬”一般不作單字使用且使用頻率也不高，而傳世的《毛詩》等經典文獻亦多用“交”字記錄之。當我們統觀古今用字情況時，就會發現這種字形“雷同”的現象。因此，我們今天所看到的“咬₁”與“咬₂”並存，應該是歷時層疊形成的同形字。不過，從“咬₁”出現的辭例時代來看，它應該也是一個相對後起的專字。俞樾《群經平議·毛詩二》“交交黃鳥”條按曰：“《文選·鸚鵡賦》注引《韻略》曰：‘咬咬，鳥鳴也。’《說文》無‘咬’字，蓋即《詩》之‘交交’，而後人加口旁耳。”當合乎實際。另外，在現有的商代至秦的古文字材料中尚未發現“咬₁”與“咬₂”也證明了這一點。

此外，古代字書、韻書及典籍中還記載了兩類與聲音有關的“咬”字，一併論之：

其一，哀婉淒切之聲。如《集韻》除上引“齩”之異體外，亦單立字頭（巧韻）作“咬，聲也。《莊子》‘宎者，咬者’”。《集韻·怪韻》又有“咬，風聲。《莊子》‘宎者，咬者’”。《莊子·齊物論》：“激者，謞者，叱者，吸者，叫者，譹者，宎者，咬者。”成玄英疏：“咬者，哀切聲也。”陸德明《經典釋文》引司馬彪云：“聲哀切咬咬然。”王先謙《莊子集解》：“咬鳴而聲清。”

其二，淫邪不正之聲。如《集韻·爻韻》：“咬，哇咬，淫聲。”《類篇·口部》：“咬，窐咬，淫聲。”《廣韻·肴韻》：“咬，淫聲也。”《文選·張衡〈東京賦〉》：“咸池不齊於搉咬。”李善注：“咬，亦不正之聲也。”傅毅《舞賦》：“吐哇咬則發皓齒。”潘岳《笙賦》：“哇咬嘲哳。”李善皆注云：“咬，淫聲也。”

這兩種“咬”雖然也是形容聲音，但明顯與鳥鳴聲不同。它們是否也可視為“咬₁”，理解成“咬₁”詞義引申的不同結果？《莊子·齊物論》宣穎注：“宎深而聲留，咬鳴而聲清。”王先謙《莊子集解》案云：“‘交交黃鳥’，《三家詩》作‘咬咬’。”顯然是認為這一類“咬”即“咬₁”。不過我們認為還是要謹慎一些，因為形容鳥鳴聲的“咬₁”在目前所見到的辭例中都是以構成疊音詞的形式出現的，未見單獨使用例，這與《莊子》中可以單字記錄“哀切聲”的“咬”判然有別。至於記錄“淫邪聲”的“咬”則總是以構成“哇咬”“搉咬”“咬哇”等連綿詞的形式存在，上古音“哇”（支部）、“咬”（宵部）韻部旁轉，“哇咬”“搉咬”“咬哇”當為疊韻連綿詞。眾所周知，連綿詞整體連綴表義，其中的單個字只是記錄語音的符號，與整個詞義並無絕對聯繫。至於二者究竟是何關係，則有待更多材料進一步證明。

（三）鵁

譬況鳥鳴聲的該字係安大簡首見，如前所述，當是楚文字鳥鳴聲“交交”的專字。由於楚文字中表示該義時也有如上博簡用“交”字之例，目前所見出土文獻材料中又尚未發現更早的用例。所以很難判斷在實際的語言文字發展過程中，究竟是本以“交交”記錄“鳥鳴聲”，後造專字“鵁”加以明確；還是先造的專字，後專字專用的做法弱化，而改以通行字“交交”記錄之。但可以肯定的是，戰國文字階段，尤其是楚文字中，記錄“鳥鳴聲”一詞時呈現“交”“鵁”並行的字用現實。考慮到目前所見材料中，“鵁”行用的時代明顯早於“咬₁”，故二字從嚴格意義上講亦可以理解為古今字關係。

有趣的是，傳世文獻中同樣也有一個從鳥交聲的字。《說文·鳥部》：“鵁，鵁鶄也，從鳥，交聲。一曰鵁鸕也。”朱駿聲《說文通訓定聲》：“此鳥以交目而得名，睛交而孕。《上林賦》‘交精旋目’，字作‘交精’是也。”亦作“鴷”。《字彙補·鳥部》：“鵁，鴷本字。”《爾雅·釋鳥》：“鳽，鵁鶄。”郭璞注：“似鳬，腳高，毛冠。江東人家養之，以厭火災。”陸德明《釋文》：“鵁，音交，本亦作‘交’。”郝懿行《爾雅義疏》：“（鵁）通作‘交精’。”

又《山海經·北山經》：“有鳥焉，群居而朋飛，其毛如雌雉，名曰鵁，其名自呼，食之已風。”《玉篇·鳥部》：“白鵁鳥，群飛，尾如雌雞。”《爾雅·釋鳥》：“鵁頭，鵁。”郭璞注：“似鳬，腳近尾，略不能行，江東謂之魚鵁。”

不過從古人的描述及用字情況來看，這兩類記錄“鳥名”之“鵁”不當是同形字而應視為一字。主要判斷依據是兩類“鵁”的異體“鴷”及另一從鳥攴聲的異體“鴷”。《集韻·爻韻》：“鵁、鴷，鳥名。《說文》：‘鵁鸕也。’或從攴。”“鵁、鴷，鳥名。《爾雅》：‘鵁頭，鵁。似鳬，腳近尾。或從攴。’”《字彙·鳥部》：“鴷，同鴷。”《正字通·鳥部》：“鴷，俗鴷字。”如果說記錄“鵁鶄”的“鵁”與記錄“水鳥名”的“鵁”非一字，是同形字，那麼“二字”的異體“鴷”“鴷”同時也是同形關係，這實在不合情理。所以我們傾向於認為“鵁鶄”與“水鳥名”都是“鵁”所記錄的兩個詞。至於這兩種名稱究竟記錄的是同一種鳥，還是其他關係，它們的區別是如何產生的，尚不得而知。不過，這些已不是本文所要討論的問題，故不贅述。

回到安大簡的字形上來，古書中的“鵁”與簡文字形是何種關係，這一點更為重要。我們認為，目前沒有發現以“鵁”這一字形同時記錄“鳥鳴聲”與“鳥名”的階段，兩種情況所出現的文獻又存在明顯的時代差異。因此，有理由相信，楚人在造“鵁”（鳥鳴聲）時，未必知道或者說未必考慮到了所謂“鳥名”，而後世在造“鵁”（鳥名）時應該也並不清楚戰國（楚）文字中有一形容鳥鳴聲的專字。今天，當我們對讀安大簡《詩經》材料與傳世典籍時，就會面臨兩個歷時層疊的同形字，這與前文所述“咬₁”與“咬₂”的同形關係如出一轍。為了便於區分，我們也同樣將記錄“鳥鳴聲”之字標記為“鵁₁”，將記錄“鳥名”者標記為“鵁₂”。如此繁複的同形異字關係似乎令人感到無所適從，事實上，我們之所以會發現“咬₁”與“咬₂”、“鵁₁”與“鵁₂”的同形，是得益於我們作為後世人能夠有幸同時看到這些材料。但在實際的文字運用過程中，它們互不相見，動如參商。所以對於各字所處的字用環境，它們的所指是唯一、固定的，當時人並不會感受到這些困擾（劉剛，2018）。

至此，我們可以將相關諸字及其字詞關係簡要歸納如圖1：

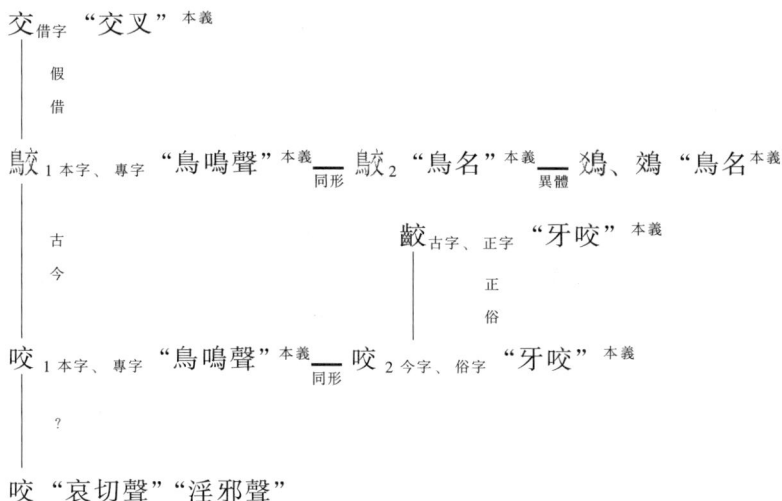

圖1　"交交"相關諸字字詞關係

三、結語

通過辨析、梳理"交交"相關諸字及其字詞關係，可以啓發我們關注和思考如下幾個問題：

首先，專字與非專字即通行字之間的關係並非涇渭分明、不可逾越，在漢字實際的發展流變過程中，二者交替並用的情況不乏其例。究其原因，當是由漢字自身的發展規律和特點決定的，具體來說就是所謂漢字體系總體上"孳乳寖多"的發展趨勢與"專字專用"的理想追求之間的矛盾（黃德寬，2014）。

其次，我們在探討專字與通行字的關係時，往往會不自覺地推究到底是先造的專字，後改用通行字；還是先以通行字代替記錄，後造專字專門記錄。但在現實的文字材料中，常常會出現如楚文字中"交"與"䴓₁"幾乎同時並存的局面。換句話說，即便我們可以找到二者在不同時代的明確用例，由於材料（主要是出土文獻材料）有限，也很難斷定這就是它們真實的出現順序。這也進一步說明漢語字詞關係矛盾運動的複雜性，在研究過程中不能過於理想化（黃德寬，2018）。

最後，由於專字的傳承問題，其常常與後來造的字形產生歷時層疊的同形現象。這啓發我們在研讀出土古文字材料時，既要注意參考古代字書、韻書等工具書及古書的注解、訓釋，正確認識古代語言文字學者的貢獻；同時也要避免把古文字隸定之後的字形與典籍、工具書中記載的同形異質之字機械地等同起來（周翔，2017）。客觀地探討它們之間的關係，努力避免不恰當的趨同與立異（裘錫圭，2012）。

參考文獻

［1］高亨注：《詩經今注》，上海：上海古籍出版社 1980 年版。

［2］高亨注：《詩經選注》，《高亨著作集林》（第四卷），北京：清華大學出版社 2004 年版。

［3］黃德寬：《從出土文獻看漢語字詞關係的複雜性》，中國社會科學院語言研究所《歷史語言學研究》編輯部編：《歷史語言學研究》（第七輯），北京：商務印書館 2014 年版。

［4］黃德寬：《漢語史研究運用出土文獻資料的幾個問題》，《語言科學》2018 年第 3 期。

［5］黃德寬、徐在國主編：《安徽大學藏戰國竹簡》（一），上海：中西書局 2019 年版。

［6］李零：《上博楚簡校讀記：〈子羔〉篇 "孔子詩論" 部分》，李國章、趙昌平主編：《中華文史論叢》（2001 年第 4 輯　總第 68 輯），上海：上海古籍出版社 2002 年版。

［7］李學勤主編：《字源》，天津：天津古籍出版社 2013 年版。

［8］廖名春：《楚簡〈逸詩·交交鳴鳥〉補釋》，《中國文化研究》2005 年第 1 期。

［9］劉剛：《楚文字 "同形字" 舉隅》，中國古文字研究會、吉林大學中國古文字研究中心編：《古文字研究》（第三十二輯），北京：中華書局 2018 年版。

［10］劉釗：《古文字構形學》，福州：福建人民出版社 2011 年版。

［11］馬承源主編：《上海博物館藏戰國楚竹書》（四），上海：上海古籍出版社 2005 年版。

［12］裘錫圭：《中國古典學重建中應該注意的問題》，《裘錫圭學術文集》（第二卷　簡牘帛書卷），上海：復旦大學出版社 2012 年版。

［13］夏含夷：《從安大簡〈詩經〉談簡帛學的 "趨同" 與 "立異" 現象（六則）》，安徽大學漢字發展與應用研究中心編，徐在國主編：《戰國文字研究》（第三輯），合肥：安徽大學出版社 2021 年版。

［14］袁梅：《詩經譯注》，濟南：齊魯書社 1985 年版。

［15］袁梅：《詩經異文彙考辨證》，濟南：齊魯書社 2013 年版。

［16］周翔：《楚文字專字研究》，安徽大學博士學位論文，2017 年。

A Study on the Word "*Jiaojiao*"（交交）and Related Characters

Zhou Xiang

Abstract：There are three kinds of words "*jiaojiao*"（交交）, "*jiaojiao*"（咬咬）and "*jiaojiao*"（鮫＿）in unearthed and handed down documents, which all stand for birdcall. The original meaning of character "*jiao*"（交）is cross, stand for birdcall as borrowing method. "*Jiao*"（咬）and "*jiao*"（鮫）are the special characters for birdcall. "*Jiao*"（咬）and another "*jiao*"（咬）, "*jiao*"（鮫）and another "*jiao*"（鮫）are homograph. These three "*jiao*" and other related characters experienced a complex development.

Key words：*jiaojiao*（交交）, special character, *Shijing* of Anhui University Bamboo Slips

（安徽大學漢字發展與應用研究中心、古文字與中華文明傳承發展工程協同攻關創新平台）

琴曲《霹靂引》解題中的數術內容考*

劉　晶

提　要　古代關於琴曲《霹靂引》的解題主要集中在《琴操》和《琴苑要錄·古操十二章》。解題描述了許多其實用來推占君王之事的災異之象，屬於專門的數術內容。本文運用傳統訓詁方法，間以必要的校勘，嚴格以兩漢材料爲據，對這些災異之象的專門數術意義進行完整而具體的解釋。包括：疾風賷雹、雷電奄冥、天火（大水）四起、霹靂下臻、孤虛設張、八宿相望、熒惑干角、五星失行等。

關鍵詞　《霹靂引》　解題　數術　訓詁

一、引言

《琴操》一書，一般認爲由東漢蔡邕或西晉孔衍所作。兩漢，數術盛行，緒及魏晉；《琴操》所作，正當其時。《琴操》記述了不少數術內容，尤其是關於琴曲《霹靂引》的解題，描述了許多災異數術意義上的天地不正常現象。《琴操》流傳後世，其解題也在不斷豐富、增益中，《琴苑要錄·古操十二章》就衍其流，擴充了《琴操》關於《霹靂引》解題的災異現象的種類和內容，但沒有超出兩漢數術的範圍，依然屬於兩漢數術的災異範疇。對於古代數術範疇，理解上可分爲一般意義和數術意義兩個層面。前者一般易知；後者因專門性和歷史性，難明。但二者的總和，才是完整的理解。上述這些數術災異現象，有些一般意義易曉，如雹、電、火；有些一般意義不易曉，如“孤虛”“失行”；至於專門數術意義是甚麼，解題完全沒有說，但分明對理解解題很重要。學界對《琴操》《琴苑要錄》等書研究不少，但鮮有對琴曲《霹靂引》的專門研究，而對其解題中的災異現象進行數術原理解釋和推占分析的，更是未見。筆者在此先作嘗試，以圖抛磚引玉。

二、琴曲《霹靂引》解題內容與數術

（一）歷代關於琴曲《霹靂引》的解題

琴曲《霹靂引》，最早見錄於《琴操》，最早的解題也出於《琴操》：“楚高梁子出遊九皋之澤，覽漸水之台，張眾置罟於荆山，臨曲池而漁。疾風賷雹，雷電奄冥，天火四起，

＊　本文是 2019 年度國家社科基金後期資助項目“《琴操》全考”（項目批准號：19FZSB041）、中國博士後科學基金第 14 批特別資助項目“今傳先秦兩漢三國琴學文獻考輯”（項目批准號：2021T140221）的階段性成果。

霹靂下臻；玄鶴翔其前，白虎吟其後。乃援琴而歌嘆，作《霹靂引》。"① 這是《琴操》關於《霹靂引》解題最完整的佚文②，但"高梁"有誤，各書所引，一般都作"商梁"。③

《琴操》之後，三國兩晉南北朝文獻對此曲的解題未見，其後，有唐吳兢《樂府解題》④、北宋陳暘《樂書·樂圖論·俗部·八音·絲之屬·琴曲上》、《琴錄》⑤ 等所錄解題，但都未超過《琴操》。

但到了《琴苑要錄·古操十二章》⑥，內容比《琴操》解題增益不少⑦："《霹靂引》者，乃楚商梁之所作也。商梁出遊九皋之澤，覽八水之台，引罘罝周於荆山，臨曲池而漁。疾風賈電，雷電奄冝，大水四起，霹靂下臻，玄鶴翔其後，白虎吟其前。矍然而驚，顧謂其僕曰：'今日出遊，豈非常之行？何其災變之甚邪！'僕對曰：'孤虛設張，八宿相望，熒惑於角，五星失行，此國之□□也。君其返國矣，不可以行。天威不息，大災不衰。玄鶴者避乎羅網，欲高飛也；白虎吟者，閔君竄變不知歸也。'於是商梁返室，援琴嘆之，歌曰：'疾雨盈河，霹靂下臻；洪水浩浩，滔厥天鑒；趑隆愧，隱隱闐闐；國將亡兮喪厥年。'韻聲激發，象霹靂之威聲，故曰《霹靂引》也。"⑧ "雷電奄冝"之"冝"，顯系"冥"之誤；"熒惑於角"之"於"，應作"干"（考詳後）；□□，《古詩紀·古逸·琴操》"《霹靂引》"注和《古樂苑·琴曲歌辭》"《霹靂引》"注均引作"大變"⑨；"閔"，《琴書大全》引作"開"⑩。《古詩紀·古逸·琴操》錄《霹靂引》歌辭，"趑"前有"鏗"字⑪。

其後各書所錄《霹靂引》解題，如南宋鄭樵《通志·樂略·正聲·琴操五十七曲》、明蔣克謙《琴書大全·曲調上·霹靂引》等，都沒有超過《琴苑要錄·古操十二章》。

（二）解題內容與災異數術

《琴操》《琴苑要錄·古操十二章》解題記述大量的天地不正常現象，有疾風賈電、雷電奄冥、天火（大水）四起、霹靂下臻、孤虛設張、八宿相望、熒惑干角、五星失行等；歌辭裏的"疾雨盈河""洪水浩浩"也屬於大水範疇。《琴苑要錄·古操十二章》明確說這

---

① 《太平御覽·樂部·琴》引。李昉：《太平御覽》，上海涵芬樓影宋本（影印本），北京：中華書局1960年版，第2605頁。

② 《琴操》已佚，今存卷本整體上是偽書，不可據。詳劉晶：《今存卷本〈琴操〉偽書考》，《音樂研究》2019年第6期。

③ "高梁"，《事類賦·天部·雷》引同。但是，《太平御覽·樂部·琴》另一則以及《初學記·樂部·琴》《白孔六帖·琴·白》《玉海·音樂·樂器·琴瑟·古琴五曲十二操九引》均引作"商梁"。《琴史·楚商梁》曰："'楚商梁'者，或云'莊王'也。聲之誤，以為'商梁'耳。"可知字本作"商"。《四庫》本《太平御覽》引作"膏梁"，亦誤。

④ 見《樂府詩集·琴曲歌辭》引。《四庫全書》關於今本《樂府古題要解》的提要以為，郭茂倩《樂府詩集》所引《樂府解題》即唐吳兢所撰《樂府古題要解》，只是當時書名已誤。

⑤ 見《事類賦·樂部·琴》引。《琴錄》，作者、時代不明。南宋何㮚《遂初堂書目》只錄書名；各家引此書者，以北宋吳淑《事類賦》最早。

⑥ 《琴苑要錄》所出不明。一般認為宋人所錄，明代《古詩紀》《古樂苑》已大量引用。

⑦ 卷本《琴操·卷上·辟歷引》主要採之為文。

⑧ 《琴苑要錄》，清《瞿氏鐵琴銅劍樓》抄本（影印），見王耀華、方寶川主編：《中國古代音樂文獻集成》（第四輯），北京：國家圖書館出版社2011年版，第13-14頁。下同。

⑨ 馮惟訥：《古詩紀》，文淵閣《四庫全書》（影印本，第1379冊），臺北：臺灣商務印書館1986年版，第33頁；梅鼎祚：《古樂苑》，文淵閣《四庫全書》（影印本，第1395冊），臺北：臺灣商務印書館1986年版，第319頁。

⑩ 蔣克謙：《琴書大全》，明刊本（影印本），中國藝術研究院音樂研究所、北京古琴研究會編：《琴曲集成》（第五冊），北京：中華書局2010年版，第241頁。

⑪ 馮惟訥：《古詩紀》，文淵閣《四庫全書》（影印本，第1395冊），臺北：臺灣商務印書館1986年版，第319頁。

些都是"災變"。"災變"就是災異，董仲舒《春秋繁露·必仁且智》曰："天地之物有不常之變者，謂之異。"① 災異是兩漢數術常見的範疇，其表現是天地間各種或成災或不成災的不正常現象，其意義是上天對人的警告，如董仲舒《春秋繁露·必仁且智》曰："災者，天之譴也；異者，天之威也。"②

災異具有這幾個特點：

其一，災異之象既包括天文之象，也包括地物之象。《漢書·劉向傳》載劉向曰："天變見於上，地變見於下。"③《漢書·翼奉傳》載翼奉曰："天變見於星氣日蝕，地變見於奇物震動。"④

其二，災異之所以可以警告人（指君王，詳下），是因為可以通過災異推占出人的得失。推占的原理是天人同類相感，即災異有一定的陰陽性質，而人的品德、居止、行政也有陰陽性質，天人同類相感（人感於天），故可以災異為陰陽性質變化推知人的得失。⑤

其三，災異的警告物件僅限於君王，一般人不能用災異進行推占。如《淮南子·天文訓》題"天文"高誘《注》曰："日、月、五星及彗孛，皆謂以譴告一人。"⑥ "一人"指的是君王，《漢書·谷永傳》曰："垂三統，列三正，去無道，開有德，不私一姓，明天下乃天下之天下，非一人之天下也。"⑦《後漢書·光武帝紀》載詔曰："百姓有過，在予一人，大赦天下。"⑧ 一般人若將天文數術用於推占自己的事是不行的，王符《潛夫論·卜列》曰："諸神祇太歲、豐隆、鉤陳、太陰將軍之屬，此乃天吏，非細民所當事也。"⑨ 又如《漢書·成帝紀》載詔曰："人君不德，謫見天地，災異婁發，以告不治。" 又《漢書·谷永傳》載谷永曰："臣聞災異，皇天所以譴告人君過失，猶嚴父之明誡。"⑩ 又《漢書·孔光傳》載孔光曰："天右與王者，故災異數見，以譴告之。"⑪ 又《漢書·京房傳》載京房曰："古帝王……末世以毀譽取人，故功業廢而致災異。"⑫ 又《後漢書·順帝紀》載詔曰："朕秉事不明，政失厥道，天地譴怒，大變仍見。"⑬ 又《後漢書·鄭興傳》載鄭興曰："天於賢聖之君，猶慈父之於孝子也，丁寧申戒，欲其反政，故災變仍見，此乃國之福也。"⑭ 又《後漢書·皇甫規傳》載皇甫規曰："天之於王者，如君之於臣，父之於子也。誠以災妖，使從福祥。"⑮ 又，《後漢書·蔡邕列傳》載蔡邕曰："天於大漢，殷勤不已，故

① 蘇興撰，鍾哲點校：《〈春秋繁露〉義證》，北京：中華書局1992年版，第259頁。
② 蘇興撰，鍾哲點校：《〈春秋繁露〉義證》，北京：中華書局1992年版，第259頁。此句互文。
③ 班固撰，顏師古注：《漢書》，北京：中華書局2000年版，第1504頁。
④ 班固撰，顏師古注：《漢書》，北京：中華書局2000年版，第2373頁。
⑤ 詳見《兩漢數術原理導論》第四章第一節。劉晶：《兩漢數術原理導論》，廣州：暨南大學出版社2020年版。
⑥ 劉文典撰，馮逸、喬華點校：《〈淮南鴻烈〉集解》，北京：中華書局1989年版，第79頁。
⑦ 班固撰，顏師古注：《漢書》，北京：中華書局2000年版，第2575頁。
⑧ 范曄撰，李賢等注：《後漢書》，北京：中華書局2000年版，第36頁。
⑨ 王符著，汪繼培箋，彭鐸校正：《〈潛夫論箋〉校正》，北京：中華書局1985年版，第299頁。
⑩ 班固撰，顏師古注：《漢書》，北京：中華書局2000年版，第2563頁。
⑪ 班固撰，顏師古注：《漢書》，北京：中華書局2000年版，第2502頁。
⑫ 班固撰，顏師古注：《漢書》，北京：中華書局2000年版，第2364頁。
⑬ 范曄撰，李賢等注：《後漢書》，北京：中華書局2000年版，第176頁。
⑭ 范曄撰，李賢等注：《後漢書》，北京：中華書局2000年版，第820頁。
⑮ 范曄撰，李賢等注：《後漢書》，北京：中華書局2000年版，第1444頁。

屢出祆變，以當譴責，欲令人君感悟，改危即安。"①

災異是警告君王的，但《琴操》《琴苑要錄·古操十二章》和各書所引解題都沒有提到君王，只提到楚商梁（子）。楚商梁（子）是甚麼人，未見任何記載。北宋朱長文《琴史·楚商梁》曰："余以為苟非人君，何以出畋獵如此之盛，遇風雹如此之懼耶？莊王者，殆是歟？昔人有云楚莊王無災而懼，此亦近之。其卒句云'國將亡兮喪其年'，夫畏天之威而惟危亡之憂者所以不亡也。"② 楚商梁（子）是不是楚莊王有待進一步考證，但將楚商梁（子）看作君王，無疑十分正確。《通志·樂略·正聲·琴操五十七曲》曰："琴操所言者何嘗有是事！琴之始也，有聲無辭，但善音之人，欲寫其幽懷隱思而無所憑依，故取古之人悲憂不遇之事而以命操：或有其人而無其事，或有其事又非其人，或得古人之影響又從而滋蔓之。"③ 琴曲的內容只是琴人寄託之用，不必真實。因此，楚商梁（子）雖史無其人，但在解題裏當是君王。歷代《霹靂引》解題大概就是通過描述楚商梁（子）對天地各種災異變象的敬畏之心，表現其聽從天的譴告，反思自己治國過失的精神。

（三）解題內容與祥瑞數術

兩書解題都提到玄鶴和白虎，《琴苑要錄》以為是用來提醒楚商梁"高飛""知歸"，可見並非災異。但也不可能是祥瑞，因為天不可能一邊現災異一邊現祥瑞。

二、《琴操》解題首先提到的災異數術考

（一）關於疾風賽雹

《琴操》"疾風賽雹"，《琴苑要錄·古操十二章》同。

天降冰雹，是君王失政之象，該說始於《〈春秋〉左傳·昭公四年》："雹之為菑，誰能禦之？"孔穎達《正義》引何休曰："《春秋》書'雹'，以為政之所致。"又引鄭玄曰："雨雹，政失之所致。"④

《漢書·五行志》曰："雹者，陰脅陽也。"⑤ 《淮南子·天文訓》曰："壬子干丙子，雹。"⑥ 數術上，天干與五行配，其中丙屬火為陽，壬屬水為陰，所以這裏也是認為雹是陰害陽所致。由此，根據天人同類相感動的數術原理，天降冰雹所象的君王失政包括三個方面。其一是違月令，即春季行政時不做春天該做的事而做了冬天才做的事，《淮南子·時則訓》曰："孟春……行冬令，則水潦為敗，雨霜大雹。"高誘《注》曰："冬，陰也，水泉湧起；而春行之，故為敗。氣不和，故雨霜大雹。"⑦ 數術上，春屬少陽，冬屬陰，君王春

① 范曄撰，李賢等注：《後漢書》，北京：中華書局 2000 年版，第 1351 頁。
② 朱長文：《琴史》，文淵閣《四庫全書》（影印本，卷二），香港：香港心一堂有限公司 2010 年版，第 4 頁。
③ 鄭樵撰，王樹民點校：《通志二十略》，北京：中華書局 1995 年版，第 910 頁。這裏的"琴操"泛指琴曲解題，不是專指《琴操》。
④ 《十三經注疏》整理委員會整理：《〈春秋左傳〉正義》，北京：北京大學出版社 1999 年版，第 1199 頁。
⑤ 班固撰，顏師古注：《漢書》，北京：中華書局 2000 年版，第 1160 頁。
⑥ 劉文典撰，馮逸、喬華點校：《〈淮南鴻烈〉集解》，北京：中華書局 1989 年版，第 106 頁。
⑦ 劉文典撰，馮逸、喬華點校：《〈淮南鴻烈〉集解》，北京：中華書局 1989 年版，第 161 頁。

天行冬政，就是陰害陽，所以出現冰雹。其二是君王行政受到干涉，《春秋考異郵》曰："強臣擅命，夷狄内侮，后妃專恣，……則天雨雹。"① 數術上，正如《漢書·杜欽傳》所載杜欽曰："臣者，君之陰也；子者，父之陰也；妻者，夫之陰也；夷狄者，中國之陰也。"② 因此，如果天降冰雹，是陰侵陽，說明出現了"強臣擅命，夷狄内侮，后妃專恣"的情況。如《漢書·蕭望之傳》載漢宣帝地節三年夏，京師雨雹，蕭望之上疏曰："《春秋》昭公三年大雨雹，是時季氏專權，卒逐昭公。……今陛下以聖德居位，思政求賢，堯舜之用心也，然而善祥未臻，陰陽不和，是大臣任政，一姓擅勢之所致也。"③ 這是說大臣專政。《後漢書·蔡邕傳》載蔡邕曰："夫權不在上，則雹傷物。"④ 也是說大臣專政。其三是刑罰氾濫，《春秋考異郵》曰："刑殺無辜，則天雨雹。"⑤ 刑罰的性質是陰，《漢書·董仲舒傳》載董仲舒曰："陰為刑，刑主殺。"⑥ 刑罰氾濫是陰太盛，因此，《後漢書·張奐傳》載張奐曰："陰氣專用，則凝精為雹。……今武、蕃忠貞，未被明宥，妖眚之來，皆為此也。"⑦ 這是說刑罰冤案致雹。

（二）關於雷電奄冥

《琴操》"雷電奄冥"，《琴苑要錄·古操十二章》同（"冥"誤作"冝"）。

"奄"，掩蓋，《淮南子·修務訓》"奄之"，高誘《注》："奄蓋之也。"⑧ "冥"，不明，《史記·龜策列傳》曰："正晝無見，風雨晦冥。"⑨

"雷電奄冥"是說在白天的雷電天氣裏，天色很陰暗，《琴史》引作"雷激晝冥"⑩。《漢書·張敞傳》載張敞曰："晝冥、宵光，……皆陰類盛長，臣下顓制之所生也。"⑪ 白天屬陽，被陰雲掩蓋不明，是陰侵陽，根據天人同類相感原理，晝冥是大臣專權損害君王之象。

（三）關於天火（大水）四起

《琴操》"天火四起"，《琴苑要錄·古操十二章》作"大水四起"。另，《琴書大全》作"天災四起"⑫。《〈春秋〉左傳·宣公十六年》曰："凡火，人火曰火，天火曰災。"⑬ 可見，"天災"與"天火"意思相同，都是指天降的大火。

數術上，火屬陽，君王也屬於陽。君王如果恣意妄為，就是陽太盛，失其性，根據天

---

① 安居香山、中村璋八輯：《緯書集成》，石家莊：河北人民出版社 1994 年版，第 788 頁。

② 班固撰，顏師古注：《漢書》，北京：中華書局 2000 年版，第 2025 頁。

③ 班固撰，顏師古注：《漢書》，北京：中華書局 2000 年版，第 2442 頁。

④ 范曄撰，李賢等注：《後漢書》，北京：中華書局 2000 年版，第 1346 頁。

⑤ 安居香山、中村璋八輯：《緯書集成》，石家莊：河北人民出版社 1994 年版，第 788 頁。

⑥ 班固撰，顏師古注：《漢書》，北京：中華書局 2000 年版，第 1904 頁。

⑦ 范曄撰，李賢等注：《後漢書》，北京：中華書局 2000 年版，第 1446 頁。

⑧ 劉文典撰，馮逸、喬華點校：《〈淮南鴻烈〉集解》，北京：中華書局 1989 年版，第 646 頁。

⑨ 司馬遷：《史記》，北京：中華書局 2000 年版，第 2446 頁。

⑩ 朱長文：《琴史》，文淵閣《四庫全書》（影印本，卷二），香港：香港心一堂有限公司 2010 年版，第 4 頁。

⑪ 班固撰，顏師古注：《漢書》，北京：中華書局 2000 年版，第 2403 頁。

⑫ 蔣克謙：《琴書大全》［明刊本（影印）］，中國藝術研究院音樂研究所、北京古琴研究會編：《琴曲集成》（第五冊），北京：中華書局 2010 年版，第 241 頁。

⑬ 《十三經注疏》整理委員會整理：《〈春秋左傳〉正義》，北京：北京大學出版社 1999 年版，第 674 頁。

人相感原理，致火災，《漢書·五行志》曰："火……其於王者，南面鄉①明而治。……若乃通道不篤，或耀虛偽，讒夫昌，邪勝正，則火失其性矣。自上而降，及濫炎妄起。"② 《琴操》這裏說"天火"，正是"自上而降"；說"四起"，正是"濫炎妄起"。

水，數術性質是陰。大水是陰太盛，《春秋繁露·精華》曰："大水者，陰滅陽也；陰滅陽者，卑勝尊也。"③ 劉向《說苑·辨物》曰："大水及日蝕者，皆陰氣太盛，而上滅陽精。"④ 因此，大水是君王行為不端或君王受到臣下侵害之象，《後漢書·陳忠傳》載陳忠曰："《春秋》大水，皆為君上威儀不穆，臨蒞不嚴；臣下輕慢，貴幸擅權。陰氣盛強，陽不能禁，……若國政一由帝命，王事每決於己，則下不得逼上，臣不得干君，常雨、大水必當霽止，四方眾異不能為害。"⑤ 《後漢書·左雄傳》曰："司、冀復有大水，雄推較災異，以為下人有逆上之徵。"⑥

（四）關於霹靂下臻

《琴操》"霹靂下臻"，《琴苑要錄·古操十二章》同。"霹靂"，或作"辟歷"，今本《史記·天官書》《漢書·天文志》均作"辟歷"。

《漢書·揚雄傳》曰："辟歷列缺。"顏師古《注》引應劭曰："辟歷，雷也。列缺，天隙電照也。"⑦ 《淮南子·兵略訓》曰："疾雷不及塞耳。"⑧ 可見，辟歷與雷是一回事；聽到的叫"雷"，看到的則叫"辟歷"。

數術上，霹靂（雷）是陰陽激烈相薄，《淮南子·墜形訓》曰："陰陽相薄為雷，激揚為電。"⑨ 王政上是刑罰氾濫之象，《後漢書·蔡邕傳》載蔡邕曰："辟歷數發，殆刑誅繁多之所生也。"⑩

三、《琴苑要錄·古操十二章》解題增益的災異數術考

（一）關於孤虛設張

孤虛是秦漢流行的數術，如《周家臺秦簡》《放馬灘秦簡》有孤虛占例（詳下）；又如《史記·龜策列傳》"日辰不全故有孤虛"裴駰《集解》曰："劉歆《七略》有《風后孤虛二十卷》。"⑪ 又如《孟子·公孫丑下》"天時"趙岐《注》曰："天時謂時日支干、五行旺

---

① "鄉"，通"向"。下同。
② 班固撰，顏師古注：《漢書》，北京：中華書局 2000 年版，第 1085 頁。
③ 蘇輿撰，鍾哲點校：《〈春秋繁露〉義證》，北京：中華書局 1992 年版，第 86 頁。
④ 劉向撰，向宗魯校證：《〈說苑〉校證》，北京：中華書局 1987 年版，第 450 頁。
⑤ 范曄撰，李賢等注：《後漢書》，北京：中華書局 2000 年版，第 1054－1055 頁。
⑥ 范曄撰，李賢等注：《後漢書》，北京：中華書局 2000 年版，第 1364 頁。
⑦ 班固撰，顏師古注：《漢書》，北京：中華書局 2000 年版，第 2632 頁。
⑧ 劉文典撰，馮逸、喬華點校：《〈淮南鴻烈〉集解》，北京：中華書局 1989 年版，第 502 頁。
⑨ 劉文典撰，馮逸、喬華點校：《〈淮南鴻烈〉集解》，北京：中華書局 1989 年版，第 158 頁。
⑩ 范曄撰，李賢等注：《後漢書》，北京：中華書局 2000 年版，第 1346 頁。
⑪ 司馬遷：《史記》，北京：中華書局 2000 年版，第 2450 頁。

相、孤虛之屬也。"①

　　孤虛數術建立在天干地支這樣的基礎上：其一，因為地支十二辰與東南西北各方向相應，故可指示方位。可參《淮南子・時則訓》。其二，古代以十天干與十二地支組合記年、日、月、時的時候，孤是前一輪（一般稱作"一旬"）干支組合後剩下的二地支（與下一輪天干組合），虛是與孤相對應的地支；所謂對應是指方向完全相反。即《史記・龜策列傳》"日辰不全故有孤虛"裴駰《集解》曰："六甲孤虛法：甲子旬中無戌亥，戌亥即為孤，辰巳即為虛；甲戌旬中無申酉，申酉為孤，寅卯即為虛；甲申旬中無午未，午未為孤，子丑即為虛；甲午旬中無辰巳，辰巳為孤，戌亥即為虛；甲辰旬中無寅卯，寅卯為孤，申酉即為虛；甲寅旬中無子丑，子丑為孤，午未即為虛。"張守節《正義》曰："歲、月、日、時孤虛，並得上法也。"②

　　如下所列簡圖：

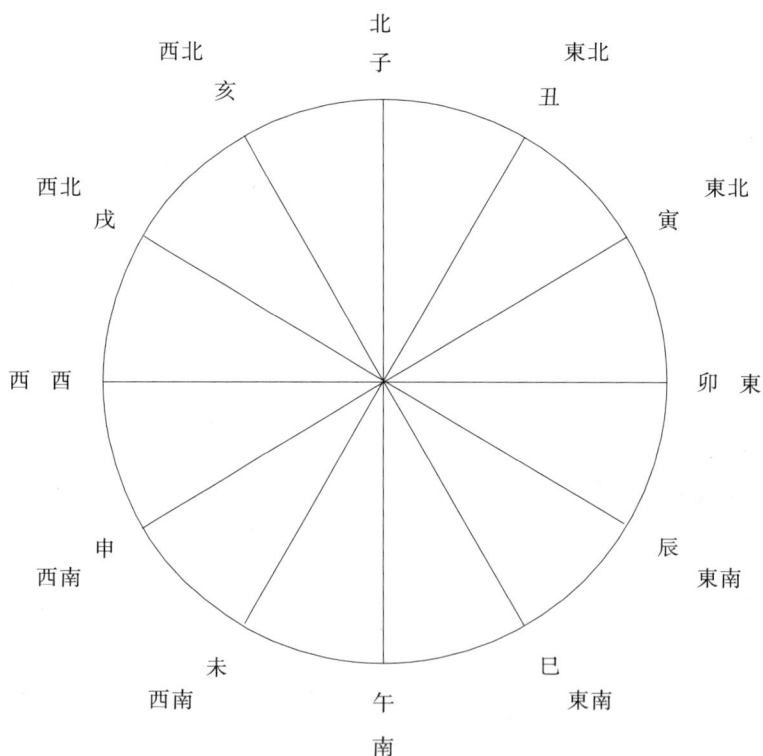

圖 1　天干地支簡圖

　　孤虛數術就是將所推占之事發生時間的地支孤虛情況作為依據，推知所占之事發生的位置、方向。如《周家臺秦簡・病方及其他》曰："甲申旬，午未為孤，子丑為虛，從南方入；甲午旬，辰巳為孤，戌亥為虛，從西北入；甲辰旬，寅卯為孤，申酉為虛，從南方

① 《十三經注疏》整理委員會整理：《〈孟子〉注疏》，北京：北京大學出版社 1999 年版，第 101 頁。
② 司馬遷：《史記》，北京：中華書局 2000 年版，第 2451 頁。

入；甲寅旬，子丑為孤，午未為虛，從北方入。"① 又曰："甲子②亡馬牛，求西北方；甲戌旬，求西方；甲申旬，求南方。甲午旬，求東南方；甲辰旬，求東方；甲寅旬，求北方。"③

孤虛數術可推占的事類很多。可推知失盜，如《周家臺秦簡·日書》曰："以孤虛循求盜所道入者及藏處。"④ 可推知物失，如前引 "甲子亡馬牛，求西北方"。可推占 "死煞"，如《放馬灘秦簡·日書乙種》曰："甲子旬，辰巳虛，戌亥孤：失六，其虛在東南，孤在西北；若有死 [者]⑤，各六 [兇]（凶），不出一歲。甲申旬，子丑虛，午未孤；失，虛在正北，孤在 [正] 南；若有死者，各一凶，不出一歲。甲戌旬，寅卯虛，申酉孤；失，虛在正東，孤在正西；若有死者，各四凶，不出一月。甲午旬，戌亥虛，辰巳孤；失，虛在西北，孤在東南；若有死者，各三凶，不出一日旬。甲辰旬，申酉虛，寅卯孤；失，虛在正西，孤在正東；若有死者，各三凶，不出五月。甲寅旬，午未虛，子丑孤；失，虛……⑥ [若有] 死者，各五凶，不出一歲。"⑦《合集》注曰："此處 '失' 與後文 '死' 對舉，似與孔家坡漢簡日書《死失》篇有某種關聯。孔家坡漢簡整理者認為 '失' 似指一種人死後對生人作祟的死煞。"⑧ 可用於舉兵，如趙曄《吳越春秋·勾踐陰謀外傳》曰："夫興師舉兵，……必察天地之氣，原於陰陽，明於孤虛，審於存亡。"⑨

但是，單純這樣來理解 "孤虛"，沒法解釋《琴苑要錄·古操十二章》裏的 "孤虛設張"。其一，孤虛數術據以推占的都是天干地支，而後面所列的 "八宿相望，熒惑干角，五星失行" 都是天文異象，屬天文數術，二者不類。其二，孤虛數術推占的事，有屬於王政的兵事，也有一般生活的盜失、生死之類，並非專門推占君王之事，與《霹靂引》解題所記數術是專門推占君王之事的災異這一主旨不合。

因此，這裏 "孤虛設張" 必然與天象有關，須與後面 "八宿相望" 相聯繫。

(二) 關於八宿相望

"宿"，指二十八宿。二十八宿是指日、月、五星行止的某一恒星區域，《說苑·辨物》曰："所謂宿者，日、月、五星之所宿也。"⑩《史記·律書》曰："二十八舍，……舍，日、月所舍。"⑪ 在日、月、五星經過二十八宿的過程中，日、月、五星的推占作用是表示有吉凶發生，二十八宿的推占作用是指示吉凶發生的地點（本身並不表示吉凶），張衡《靈憲》

---

① 陳偉主編：《秦簡牘合集》（三）（論文中簡稱 "《合集》"），武漢：武漢大學出版社 2016 年版，第 240 頁，簡 357 – 360。
② 據文義，此處當有 "旬" 字。
③ 陳偉主編：《秦簡牘合集》（三），武漢：武漢大學出版社 2016 年版，第 241 頁，簡 362。
④ 陳偉主編：《秦簡牘合集》（三），武漢：武漢大學出版社 2016 年版，第 214 頁，簡 260。
⑤ 據被引書凡例，此處原簡無字，依文義所加。下同。
⑥ 據被引書凡例，此處原簡殘泐不清。
⑦ 陳偉主編：《秦簡牘合集》（肆），武漢：武漢大學出版社 2016 年版，第 69 頁，簡 115 – 120。
⑧ 陳偉主編：《秦簡牘合集》（肆），武漢：武漢大學出版社 2016 年版，第 69 頁，簡 115 – 120。
⑨ 趙曄主編，吳慶峰點校：《二十五別史·吳越春秋》，濟南：齊魯書社 2000 年版，第 83 頁。
⑩ 劉向撰，向宗魯校證：《〈說苑〉校證》，北京：中華書局 1987 年版，第 443 頁。
⑪ 司馬遷：《史記》，北京：中華書局 2000 年版，第 2451 頁。

曰："四布於方各七，為二十八舍。日、月運行，歷示吉凶；五緯躔次，用告福禍。"① 二十八宿指示吉凶發生的地點，是建立在二十八宿的分野意義基礎上的，如《漢書·天文志》曰："孝景……（前元）四年七月癸未，火入東井，行陰，又以九月己未入輿鬼，戊寅出。占曰：'為誅罰，又為火災。'後二年，有栗氏事。其後未央東闕災。"② 火星之行表示有吉或凶的事情發生，這裏具體指"誅罰""火災"二事。東井、輿鬼二宿表示吉凶發生地，《漢書·地理志》曰："秦地，於天官東井、輿鬼之分野也。"③ 可見，吉凶發生地在秦，當時是漢都長安。事應在"栗氏事"，即漢景帝廢栗太子立漢武帝為太子事，以及"未央東闕災"，二者地點都在長安。

地支十二辰，與東南西北配，而二十八宿分別歸入東南西北四宮，所以十二辰也可以與二十八宿對應，如《史記·律書》以寅與東宮箕宿對應，卯與東宮尾、心、房三宿對應；申與西宮參、罰（二者相當於參、觜）二宿對應，酉與西宮濁（相當於畢）、留（昴）二宿對應。如果要推占的事情發生時的天干地支正值甲辰旬，則寅卯為孤，申酉為虛，在式圖或者式盤上，寅卯為孤、申酉為虛所對應的星宿關係就是箕、尾、心、房與參、觜、畢、昴"八宿相望"。可見，所謂"孤虛設張"，其實是關於星象的設張。根據孤虛確定對應星宿後，按照二十八宿各自分野的作用，可確定欲推占事情所發生的地域。可見，"孤虛設張，八宿相望"所推占的其實也是只與君王有關的事情，與一般百姓無關。

（三）關於熒惑干角

《琴苑要錄·古操十二章》"熒惑於角"，應作"熒惑干角"。《國語·晉語五》"干行"韋昭《注》曰："干，犯也。"④ 古文獻裏"于""於"多通用；"干"先訛作"于"，抄刻時又換作"於"。⑤

"熒惑"，即火星，《尚書考靈耀》曰："熒惑，火精。"⑥ 熒惑是行星，如果按照自己的正常軌道行走，就是瑞象，《尚書考靈耀》曰："熒惑順行，甘雨時。"⑦ 否則，就是災象，《史記·天官書》曰："熒惑為勃亂，殘賊、疾、喪、饑、兵。"⑧ "角"，指角宿，其中的大角是帝廷之象，《史記·天官書》曰："大角者，天王帝廷。"⑨ "熒惑干角"，是說熒惑沒有按照自己正常的行走軌道經過甚至停留在角宿，可據以推知君王周圍有反叛和動亂的事情發生，《史記·天官書》曰："火犯、守角，則有戰。"⑩ 如《漢書·天文志》曰："地節元

① 《晉書·天文志》引。房玄齡等：《晉書》（簡體字本），北京：中華書局 2000 年版，第 185 頁。
② 班固撰，顏師古注：《漢書》，北京：中華書局 2000 年版，第 1072 頁。
③ 班固撰，顏師古注：《漢書》，北京：中華書局 2000 年版，第 1310 頁。
④ 徐元誥撰，王樹民、沈長雲點校：《〈國語〉集解》，北京：中華書局 2002 年版，第 378 頁。
⑤ 《古詩紀·古逸·琴操》《古樂苑·琴曲歌辭》"《霹靂引》"注引《琴苑要錄》均誤作"於"。卷本《琴操》未校本中的《宛委別藏》本和《讀書齋叢書》本，以及孫星衍《〈琴操〉校本》均作"干"。
⑥ 安居香山、中村璋八輯：《緯書集成》，石家莊：河北人民出版社 1994 年版，第 347 頁。
⑦ 安居香山、中村璋八輯：《緯書集成》，石家莊：河北人民出版社 1994 年版，第 351 頁。
⑧ 司馬遷：《史記》，北京：中華書局 2000 年版，第 1136 頁。
⑨ 司馬遷：《史記》，北京：中華書局 2000 年版，第 1120 頁。
⑩ 司馬遷：《史記》，北京：中華書局 2000 年版，第 1121 頁。

年正月戊午乙夜，……熒惑在角、亢。占曰：'憂在宮中，……有內亂，讒臣在旁。'"①

（四）關於五星失行

"五星"，《史記·天官書》曰："水、火、金、木、填星，此五星者。"② 兩漢數術以為，日、月、五星在空中的出現和行走是有規律的，如《漢書·天文志》曰："日有中道。"③ "日所行為中道，月、五星隨之。"④ 具體而言，《漢書·天文志》曰："日行不可指而知也，故以二至二分之星為候：日東行，星西轉，冬至昏，奎八度中；夏至，氐十三度中；春分，柳一度中；秋分，牽牛三度七分中。此其正行也。"⑤ 不按規律出現和行走，就是"失行"，《漢書·天文志》曰："其伏見早晚，邪正存亡。"顏師古《注》引孟康曰："伏見早晚謂五星。"⑥ 就是說五星出現早了或晚了都不正常。又引孟康曰："日、月、五星下道為邪。"⑦ 就是說以行正道為"正"。從現代天文學來說，五星失行其實是人因為視運動形成的五星逆行錯覺，並非真的不正常。古人不知道，以為是凶象，《文子·九守》曰："五星失行，州國受其殃。"⑧

五星失行，可據以推知王政得失，如《尚書考靈耀》曰："政失於春，歲星滿偃，不居其常。政失於夏，熒惑逆行。政失於季夏，鎮星失度。政失於秋，太白失行，出入不當。政失於冬，辰星不效其鄉。五政俱失，五星不明。"⑨ 可據以推知君王失德，如《史記·天官書》曰："禮失，罰出熒惑，熒惑失行是也。"⑩《漢書·哀帝紀》載詔曰："間者日、月亡光，五星失行，……朕之不德，民反蒙辜，朕甚懼焉。"⑪ 前述熒惑干角可以推知君王身邊有亂事，也屬於五星失行的表現和推占。

參考文獻

［1］李零：《中國方術正考》，北京：中華書局 2006 年版。

［2］李零：《中國方術續考》，北京：中華書局 2006 年版。

［3］劉晶：《兩漢數術原理導論》，廣州：暨南大學出版社 2020 年版。

---

① 班固撰，顏師古注：《漢書》，北京：中華書局 2000 年版，第 1075 頁。
② 司馬遷：《史記》，北京：中華書局 2000 年版，第 1158 頁。
③ 班固撰，顏師古注：《漢書》，北京：中華書局 2000 年版，第 1065 頁。
④ 班固撰，顏師古注：《漢書》，北京：中華書局 2000 年版，第 1066 頁。
⑤ 班固撰，顏師古注：《漢書》，北京：中華書局 2000 年版，第 1066 頁。
⑥ 班固撰，顏師古注：《漢書》，北京：中華書局 2000 年版，第 1051 頁。
⑦ 班固撰，顏師古注：《漢書》，北京：中華書局 2000 年版，第 1051 頁。
⑧ 王利器：《〈文子〉疏義》，北京：中華書局 2000 年版，第 116 頁。
⑨ 安居香山、中村璋八輯：《緯書集成》，石家莊：河北人民出版社 1994 年版，第 351 頁。
⑩ 司馬遷：《史記》，北京：中華書局 2000 年，第 1136 頁。
⑪ 班固撰，顏師古注：《漢書》，北京：中華書局 2000 年，第 236 頁。

Research on the Content of Divination in the Abstract of Guqin's Music *Pili Yin*

Liu Jing

Abstract：The abstract of the Guqin's music *Pili Yin* mainly recorded by *Qin Cao* and *Qin Yuan Yao Lu*. It describes many phenomena of calamity used to predict the affairs of the king, which belongs to the special content of Chinese Divination. This paper uses the traditional exegetical method, with the necessary collating, strictly based on the documents of the Han Dynasty, to make a complete and specific explanation of the special divine significancy of these disasters and anomalies. Including：strong wind and hail, thunder and lightning, sky fire（flood）, thunderbolt, the display of Guxu, eight symmetrical constellation, Yinghuo's invasion of Jiao Xiu, five stars missing line, etc.

Key words：*Pili Yin*, abstract, divination, exegetics

（華南師範大學文學院）